Bürokommunikation
DEUTSCH

Mehr als 800 Mustertexte und Textbausteine für
E-Mails und Briefe zum Nachschlagen und Üben
sowie Telefondialoge online zum Herunterladen

von
Josef Wergen
Annette Wörner

PONS
Bürokommunikation
DEUTSCH
Mehr als 800 Mustertexte und Textbausteine für E-Mails und Briefe zum Nachschlagen und Üben sowie Telefondialoge online zum Herunterladen

von
Josef Wergen
Annette Wörner

Dieses Werk ist inhaltlich weitgehend identisch mit ISBN 978-3-12-562908-0.

3. Auflage 2025

Übersetzung der Fachwortschatzliste: Andrea Laufer-Newcomb (Englisch), Sylvie Cloeren (Französisch), Yolanda Madarnás Aceña (Spanisch), Natalia Alexeenkova (Russisch), Néji El Mejri (Arabisch), Derya Zeyrek (Türkisch)
Logoüberarbeitung: Sabine Redlin, Ludwigsburg
Titelfoto: Getty Images / Luis Alvarez
Layout: Petra Michel; PONS Langenscheidt GmbH, Stuttgart
Satz: Design Depot ltd.; Digraf.pl - dtp services
Druck und Bindung: Multiprint Ltd., Kostinbrod

ISBN: 978-3-12-562465-8

So benutzen Sie dieses Buch

Lernen Sie mit diesem Buch alle wichtigen Formen des Schriftverkehrs im Deutschen.

Lesen Sie zuerst das Einführungskapitel **Allgemeine Regeln**.

Prinzipiell sind alle weiteren Kapitel folgendermaßen unterteilt:
Zuerst vervollständigen Sie einen **Lückentext**. Im Anhang des Buches finden Sie den kompletten **Text als Lösung**, der Ihnen auch als **Muster** für Ihre Korrespondenz dienen kann.

Am unteren rechten Rand aller Musterschreiben können Sie an einer Punkteskala den Grad der Förmlichkeit ablesen, der von **formell** bis **informell** reicht.

 Die **Textbausteine** bieten Ihnen eine reiche Auswahl an Formulierungen, die in bestimmten Situationen üblich sind.

In den **Anmerkungen** werden Sie auf besondere sprachliche Formen hingewiesen.

 Schließlich können Sie im Abschnitt „**Sie sind dran!**" das neu Erlernte ausprobieren. Setzen Sie anhand verschiedener Übungen selbst geschäftliche Schreiben auf. Auch für diese Schreiben finden Sie im Anhang **Lösungen** bzw. **Lösungsvorschläge**.

 **Lerntipps** geben Hinweise, worauf Sie achten können, um effizienter zu lernen.

Das Kapitel **Telefonieren** ⤓ macht Sie außerdem fit in der mündlichen Geschäftskommunikation. Alle Dialoge und Textbausteine in diesem Kapitel sind vertont (MP3-Dateien). Sie können sie **online** unter

www.pons.de/buerokommunikation-deutsch

anhören oder sich herunterladen. Und der **kleine Spickzettel für Telefongespräche** auf Seite 224 im Buch wird Ihnen beim Telefonieren rasch auf die Sprünge helfen, damit Sie nicht plötzlich sprachlos sind.

Benutzen Sie dieses Buch jederzeit auch als **Nachschlagewerk**:
Die kompletten Musterschreiben im Anhang sowie die zahlreichen Textbausteine können als Vorlage dienen, wenn Sie zu einem bestimmten Themenbereich einen Brief oder eine E-Mail schreiben wollen.

Noch mehr Musterschreiben finden Sie übrigens **online** unter derselben Internetadresse wie die Telefondialoge.

In der **Wortliste** können Sie die Übersetzung für mehr als 800 in diesem Buch verwendete Begriffe nachschlagen: **ins Englische**, **Französische**, **Spanische** und **Russische**. Online zum Herunterladen finden Sie auch die Übersetzung der Liste ins **Arabische** und **Türkische**.

Und nun: viel Erfolg beim Schreiben und Telefonieren auf Deutsch!

Inhaltsverzeichnis

Themen

Anhang

* Online unter www.pons.de/buerokommunikation-deutsch finden Sie auch eine **Wortliste Deutsch - Arabisch - Türkisch** zum Herunterladen.

Ein Wort zur gendergerechten Sprache in diesem Buch

Wenn wir in diesem Buch von Personen oder Personengruppen im Allgemeinen sprechen, z. B. von Kunden, Geschäftspartnern, Bewerbern, meinen wir Menschen unabhängig davon, welchem natürlichen Geschlecht sie sich zugehörig fühlen. Wichtig ist uns, dass die Texte für Sie als Sprachenlerner:in gut lesbar und verständlich bleiben. Trotzdem verwenden wir an Stellen - wie gerade im Satz zuvor geschehen -, wo es für den Lesefluss unproblematisch erscheint, auch ganz bewusst eine gendersensible Sprache durch die Wahl neutraler Ausdrücke oder durch die Verwendung von „:“, „*“ oder „/“. Mit anderen Worten: Es liegt uns am Herzen, dass alle, die mit diesem Buch arbeiten, sich gleichermaßen angesprochen fühlen, aber die Leserlichkeit entscheidet über die von Fall zu Fall gewählte Formulierung.

Ob und wie Sie gendersensible Formulierungen in Ihrer geschäftlichen Korrespondenz verwenden, bleibt Ihrer Entscheidung überlassen. Falls Sie für ein Unternehmen arbeiten, das eigene Richtlinien zu gendergerechten Formulierungen aufgestellt hat, orientieren Sie sich an den Richtlinien des Unternehmens.

Allgemeine Regeln

Die geschäftliche Korrespondenz hat sich in den letzten fünfzehn Jahren stark verändert. In den meisten beruflichen Situationen hat die **E-Mail** den Brief in der schriftlichen Kommunikation abgelöst. Die E-Mail ist heute das bevorzugte Schriftmedium im Berufsalltag.

Dennoch bleibt der **Brief** mit Originalunterschrift auf möglichst hochwertigem Papier und mit einem schön gestalteten Briefkopf das Aushängeschild eines Unternehmens und ist daher immer noch die erste Wahl für alle wichtige und offizielle Korrespondenz und alle Schreiben, die eine handschriftliche Unterschrift erfordern.

Unabhängig davon, ob eine Mail oder ein Brief geschrieben wird, hinterlässt ein Schreiben beim Empfänger bzw. bei der Empfängerin einen Eindruck über die Person, die die Zeilen verfasst hat. Die Anrede, die Gliederung des Textes, die Wortwahl, der Schreibstil, die Grußformel und nicht zuletzt die Korrektheit bei Rechtschreibung und Grammatik entscheiden darüber, wie positiv oder negativ Ihr Text aufgenommen wird.

Neben E-Mail und Brief werden zunehmend auch so genannte Instant-Messaging-Dienste wie die **SMS** und der **WhatsApp-Messenger** im Berufsalltag benutzt (siehe Seite 18). Sie dienen in der Berufswelt hauptsächlich der unternehmensinternen Kommunikation und kommen besonders dann zum Einsatz, wenn man unterwegs ist, um kurze, dringende Informationen auszutauschen, z. B. Termine abzusprechen, einen Anruf oder seine Rückkehr anzukündigen oder eine schnelle Entscheidung mitzuteilen.

I. Briefe

Musterbrief

Reich & Schön

Reich & Schön GmbH
PR-Agentur
Konstanzer Allee 14
70258 Stuttgart

Tel.: 0711 995588-0
Fax: 0711 995577-0
www.reichundschoen.de
E-Mail: g.wunder@reichundschoen.de

Amtsgericht Stuttgart HRB 22133

Gebrüder Kolb GmbH
Herrn Armin Kolb
Freiligrathstraße 28
70049 Stuttgart

Stuttgart, 20...-08-17

Lieber Herr Kolb,

seit über einem Jahrzehnt sind Sie unserer Agentur durch zahlreiche Projekte und Aktionen treu verbunden, und Sie tragen deshalb einen großen Anteil am Erfolg unseres kleinen Unternehmens. Für Ihr Vertrauen und die allzeit angenehme Zusammenarbeit über diese lange Zeit wollen wir Ihnen heute ganz herzlich danken.

Wie Sie wissen, feiert im kommenden Monat die Agentur Reich & Schön ihr 15-jähriges Bestehen. Anlässlich dieses Jubiläums haben wir eine neue Firmenbroschüre erstellt. Gerne senden wir Ihnen heute ein Exemplar gemeinsam mit der Einladung zu einer kleinen Feier im Kreise mit unseren engsten Kundinnen und Kunden.

Wir würden uns sehr freuen, wenn auch Sie die Zeit fänden, mit uns auf das Jubiläum anzustoßen.

Mit besten Grüßen

G. Wunder

Gisela Wunder
Geschäftsführerin

Dieser Musterbrief entspricht im Wesentlichen den Bestimmungen der DIN 5008 (DIN = Deutsche Industrienorm). Sie werden aber auch andere Varianten antreffen – auch in diesem Buch.

Im Folgenden finden Sie ein Schema für das Anschreiben nach DIN 5008:

4 Leerzeilen nach Briefbogenanfang (2,5 cm)

Vorname und Name
Straße und Hausnummer
Postleitzahl, Ort
Telefon mit Vorwahl (z. B. *0711 9876543*)

Adresse des Absenders

4 Leerzeilen bis Adressbeginn

(ab Grad 50) Datum

Firmen- / Institutionsname
Bezugsperson / Abteilung / Ansprechpartner
Straße und Hausnummer oder Postfach
Postleitzahl, Ort

(Anschrift des Empfängers)

4 Leerzeilen

Betreffzeile(n)

möglichst fett formatiert, ohne die Abkürzung „Betr.", kein Punkt am Ende

2 Leerzeilen

Anrede mit Komma

1 Leerzeile

Ihr Brieftext ...
Ihr Brieftext ...
Ihr Brieftext ...

klein beginnen, z. B. „wir freuen uns ...", es sei denn, das erste Wort ist ein Substantiv

1 Leerzeile

Grußformel (z. B. *Mit freundlichen Grüßen*)
und in der Zeile darunter evtl. *i. A. / i. V.* etc.

3 Leerzeilen

Ihre Unterschrift

Ihr Name
und in der Zeile darunter evtl. Ihre Funktion

1 Leerzeile

Anlage(n) (in der Regel links aufgeführt, aber auch rechts möglich)

Briefkopf und Anschrift

Hat ein Schreiben keinen Briefkopf (wie das Schema auf Seite 9), steht die **Adresse des Absenders** auf der linken Seite. Die **Empfängeradresse** steht, sowohl bei einem Privatbrief als auch bei Firmenpapier mit Briefkopf, ebenfalls links.

Anrede in der Anschrift

- **Frau**: für eine verheiratete und eine ledige Frau
  (**Fräulein** für eine ledige Frau wird nicht mehr verwendet und könnte sogar als sexistisch aufgefasst werden!)
- **Herrn**: für einen Mann
- **Herren**: für zwei und mehr Männer

  Bitte beachten Sie: Die Anschrift steht gewöhnlich im Akkusativ!
- Wenn Sie die Anschrift genderneutral formulieren möchten, können Sie „Frau" bzw. „Herrn" weglassen und stattdessen gleich mit dem Namen beginnen.
- Bei Amtsträgerinnen und Amtsträgern schreibt man z. B.:
  An die Präsidentin des Deutschen Bundestages
  Frau (Vorname und Familienname)
- Schreiben Sie einer Person, die einen Titel trägt, adressieren Sie folgendermaßen:
  Frau
  Prof. Dr. (Vorname und Familienname)

  Ein akademischer Grad wie ein Professoren- und/oder ein Doktortitel sollte in der Anschrift und der Anrede nicht weggelassen werden, es sei denn, man kennt diese Person gut. Man schreibt die Kurzform (**Dr.**) mit dem Namen. Auch der Diplomtitel wird in der Kurzform (z. B. **Dipl.-Ing.**) angegeben, allerdings lässt man diesen in der Anrede weg. Bei einem Professoren-Titel wird der Titel in der Anschrift abgekürzt (**Prof.**), in der Anrede am Briefanfang muss er jedoch ausgeschrieben werden (siehe Seite 11).
- Wenn Sie den Namen der Person, die Sie anschreiben, nicht kennen, können Sie deren Funktion in der Firma angeben, z. B. *Personalleitung*, oder die Abteilung, z. B. *Personalabteilung*.

Datum

Das Datum steht rechts auf gleicher Höhe mit der ersten oder letzten Zeile der Empfängeradresse. Das Datum schreibt sich gemäß DIN 5008 (ISO) Jahr-Monat-Tag, z. B. **2017-10-03**. Typisch für Deutschland ist aber die Reihenfolge Tag.Monat.Jahr, z. B. **03.10.2017**.

Anrede am Briefanfang und am Anfang einer E-Mail

Die folgenden Anredeformen gelten unabhängig davon, ob Sie einen Brief oder eine E-Mail schreiben.

Sie schreiben …	Die Anrede lautet …
Formelle Beziehungen	
einer Firma oder einer Person, von der Sie weder Namen noch Geschlecht kennen	**Sehr geehrte Damen und Herren,**
einer Frau, deren Namen Sie kennen	**Sehr geehrte Frau Schmidt,**
einem Mann, dessen Namen Sie kennen	**Sehr geehrter Herr Maier,**
bei Personen mit akademischem Grad in der Anrede nur den höchsten Titel	**Sehr geehrter Herr Dr. Fabian,** **Sehr geehrte Frau Professor Munkelt,** (nicht: Frau Professor Dr. …)
einem / einer Amtsträger*in	**Sehr geehrte Frau Konsulin,** **Sehr geehrter Herr Ministerpräsident,** **Sehr geehrter Herr Bürgermeister,** **Sehr geehrte Frau Bischöfin,** (bei Amtsträgern und -träger*innen immer ohne Name!)
Informelle oder persönliche Beziehungen	
einer Person, deren Namen Sie kennen	**Liebe Frau Schmidt,** oder **Guten Tag(,) Frau Schmidt,** oder **Guten Tag, liebe Frau Schmidt,** **Lieber Herr Schreiner,** oder **Guten Tag(,) Herr Schreiner,** oder **Guten Tag, lieber Herr Schreiner,**
einer Person, die Sie bereits mit Vornamen anreden	**Liebe Christine,** **Lieber Walter,**
einer Freundin oder einem Freund	**Liebe Susi,** **Lieber Otto,**

Beachten Sie das **Komma nach der Anrede**. Eine Besonderheit gilt allerdings für die Schweiz: Hier entfällt das im übrigen deutschen Sprachraum übliche Komma, und der Brieftext beginnt, anders als sonst, mit Großbuchstaben (siehe Seite 14).

Abschließende Grußformel

Die folgenden Grußformeln gelten unabhängig davon, ob Sie einen Brief oder eine E-Mail schreiben.

Nach der abschließenden Grußformel steht **weder ein Komma noch ein Punkt.**

Sie schreiben ...	Die Grußformel lautet ...
Formelle Beziehungen	
einer Firma oder einer Person, von der Sie weder Namen noch Geschlecht kennen	**Mit freundlichen Grüßen** oder **Freundliche Grüße** (darunter Ihr vollständiger Name)
einer Person, deren Namen Sie kennen	**Mit freundlichen Grüßen** oder **Freundliche Grüße** (darunter Ihr vollständiger Name)
einer Person, die Sie beruflich schon länger kennen	**Mit freundlichen Grüßen** oder **Mit besten Grüßen / Beste Grüße** (darunter Ihr vollständiger Name)
einem Amtsträger / einer Amtsträger*in	**Mit freundlichen Grüßen** oder **Mit vorzüglicher Hochachtung** (darunter Ihr vollständiger Name)
Informelle oder persönliche Beziehungen	
einer Person, deren Namen Sie kennen	**Herzliche Grüße** oder **Mit herzlichen Grüßen** oder **Herzliche Grüße** **Ihr(e)** (darunter Ihr vollständiger Name)
einer Person, die Sie duzen	**Herzliche Grüße** oder **Herzliche Grüße** **dein(e)** (darunter Ihr Vorname)
einer Freundin oder einem Freund	**Herzlichst** **dein(e)** oder nur **Dein(e)** oder **Liebe Grüße** oder **Alles Liebe** (darunter Ihr Vorname)

Die Grußformel „**Hochachtungsvoll**" wird nur noch in Amtsschreiben benutzt.

Unterschrift

Die Unterschrift steht immer links zwischen der abschließenden Grußformel und dem maschinengeschriebenen Namen des Absenders, dem auch Titel sowie Funktion innerhalb der Firma hinzugefügt werden können:

Mit freundlichen Grüßen

W. Schulz
Abteilungsleiter

Die Unterschrift erfolgt normalerweise ohne akademischen Titel.

Wenn aus dem maschinengeschriebenen Namen nicht eindeutig hervorgeht, ob die schreibende Person männlich oder weiblich ist, kann man durch die Angabe der Funktion Klarheit schaffen, z. B. **Leiter** bzw. **Leiterin**, **Manager** bzw. **Managerin**. Wer sich für eine genderneutrale Formulierung entscheidet, benutzt neutrale Funktionsbegriffe, z. B. **Abteilungsleitung**, **Projektmanagement**, **Kundenservice**.

Kurzzeichen und Vermerke

- Oben links unter dem Briefkopf bzw. unter der Anschrift finden Sie manchmal:

  Az: – Aktenzeichen des Absenders, das normalerweise aus den Initialen der Person, die den Brief verfasst hat, und/oder ihrer Assistenz besteht, sowie einer Aktenziffer, einer Kontonummer oder einer Kundennummer, z. B.: **ep / W 75367**
  Unser Zeichen: – Aktenzeichen des Absenders (siehe oben)
  Ihr Zeichen Va2468: – Aktenzeichen des Empfängers, das der Absender in seiner Antwort übernimmt

- Nach der Empfängeranschrift:

  Ihre Bestellung vom 03.04.20... – Betreff des Briefes
  Lieferschein Nr. 3579 vom 10.04.20... – der Brief bezieht sich auf die angegebene Lieferung

- Zwischen abschließender Grußformel und Unterschrift bzw. zwischen Unterschrift und maschinengeschriebenem Namen:

  i. A. – im Auftrag; die unterschreibende Person besitzt keine Vollmacht
  i. V. – in Vertretung, in Vollmacht; die unterschreibende Person ist rechtlich dazu autorisiert, im Namen der Firma oder für jeden anderen stellvertretend zu unterschreiben

- Unten links, unterhalb der Unterschrift:

  PS: – wird in informellen Briefen benutzt, um etwas hinzuzufügen, das im Hauptteil des Briefes vergessen wurde
  Anlage(n) oder **Anl.(n)** – weist darauf hin, dass dem Brief Dokumente (Schecks, Kataloge, Kostenvoranschläge etc.) beigefügt sind
  Kopie: oder **Kopie an:** – bezeichnet die Namen derer, die eine Kopie des Briefes erhalten

Gestaltung und Stil

Deutsch ist Amtssprache in der Bundesrepublik **Deutschland**, in **Österreich** und in der **Schweiz**. Da es sich um drei verschiedene Länder handelt, denken Sie bitte an die unterschiedlichen kulturellen Gewohnheiten. So spielen in Österreich beispielsweise Titel eine große Rolle und sollten immer genannt werden. In der Schweiz sind sie nicht so wichtig.
In der Schweiz hingegen gibt es den Buchstaben **ß** nicht: also **Strasse** anstelle von **Straße**.

- Nach der Anrede folgt stets ein Komma, nur in der Schweiz entfällt dieses Komma.
- Der Textteil des Briefes beginnt mit der ersten Zeile nach der Anrede und wird heutzutage immer folgendermaßen gestaltet:
  - Alle Zeilen beginnen am linken äußeren Rand, Absätze werden durch Leerzeilen markiert.
  - Das erste Wort im Hauptteil des Briefes, also nach der Anrede, wird in der deutschsprachigen Korrespondenz - außer in der Schweiz - kleingeschrieben. Ist das erste Wort ein Substantiv, schreiben Sie es natürlich immer groß.

> Sehr geehrte Frau Wunder,
>
> wir beziehen uns auf Ihr Schreiben vom ...
>
> Leider ist es uns nicht möglich, ...
>
> ...
>
> Mit freundlichen Grüßen

In der Schweiz:

> Sehr geehrte Frau Wunder
>
> Besten Dank für Ihr Schreiben vom ...
>
> Selbstverständlich können Sie ...
>
> ...
>
> Mit freundlichen Grüssen

- Beachten Sie: Nach der abschließenden Grußformel steht weder **ein Komma noch ein Punkt**.
- Ein Geschäftsbrief muss vor allem einfach sein. Ziehen Sie deshalb kurze Sätze vor und vermeiden Sie unnötige Füllwörter.

Umschlag

- Auf dem Umschlag erscheinen Name und Adresse genau wie in der Anschrift. Gegliedert wird durch Leerzeilen:

Art der Sendung, besondere Versendungsform	**Warensendung**
(Firmen)Name	**Müller GmbH & Co. KG**
Postfach mit Nummer oder Straße und Hausnummer	**Mozartstr. 53**
Postleitzahl und Ort	**5010 Salzburg**
Land	**ÖSTERREICH**

- Folgende besondere Hinweise können auf dem Umschlag stehen:

Bitte nachsenden	Infopost	Postlagernd
Büchersendung	Luftpost	Warensendung
Eilbrief (Express)	Muster	Zerbrechlich
Einschreiben	Nachnahme	
Gebührenfrei	Persönlich	

Diese Hinweise stehen über der Anschrift des Umschlags (wie im Beispiel oben das Wort „Warensendung“). Dazwischen wird eine Zeile frei gelassen.

II. E-Mails

Gesendet: Di 27.06.20... 14:42:39
Von: Irmgard Steinle <i.steinle@reichundschoen.de>
An: Kelly McLaren <mclarenfamily@aol.com>
Betreff: **Kundendatei**

Hallo Kelly,

hier kommen die Entwürfe für die Plakate, die du angefordert hast. Ich habe die Dateien als Attachment angehängt.

Die anderen Dateien, über die wir gesprochen hatten, will der Kunde mir in den nächsten Tagen mailen, ich werde sie dir dann sofort weiterleiten.

Kannst du vielleicht die Logos als Grafikdateien von seiner Homepage herunterladen? Oder brauchst du ein anderes Dateiformat? Die Webadresse dürftest du ja haben.

Falls du noch Fragen hast, ich bin bis Ende des Monats unterwegs, aber meine Mails kann ich von unterwegs abrufen. Oder du meldest dich übers Handy, das ist fast immer eingeschaltet.

Also, ich wünsche dir viel Spaß bei der Arbeit und bis bald

Irmgard :-))

In vielen Fällen sind E-Mails eher geschriebene mündliche als schriftliche Kommunikation, vor allem in der täglichen Bürokommunikation mit Kolleginnen und Kollegen. Dies zeigt sich in der Formulierungsweise. Je nach der persönlichen Beziehung zwischen den Kommunikationspartnern können E-Mails sehr locker und verkürzt formuliert sein.
Anrede und Grußformel sind aber generell noch üblich, auch wenn sie meist weniger förmlich sind als in Briefen. *„Guten Tag, Frau / Herr ..."* oder *„Hallo Frau / Herr ..."* liest man in E-Mails viel häufiger als *„Sehr geehrte Frau / Sehr geehrter Herr ..."*.

Bei „Kettendialogen", in denen sich die Korrespondenzpartner schnelle, kurze Antworten zuschicken, fallen Anrede und Grußformel häufig ganz weg.

Auch wenn es so einfach ist, eine E-Mail zu schreiben (kein Ausdrucken, kein Umschlag, keine Briefmarke wie bei einem Brief), sollte man sich trotzdem immer bewusst machen, an wen man sein Schreiben richtet, und bei der Textformulierung sorgfältig bleiben. Denn auch der Text einer E-Mail wirkt auf die Person, die die E-Mail empfängt. Wenn Sie per E-Mail eine Ihnen noch unbekannte Person zum ersten Mal kontaktieren, sollten Sie sich an den förmlichen Briefstil halten.

Sie werden feststellen, dass die Groß- und Kleinschreibung in E-Mails nicht so ernst genommen wird und dass viele Abkürzungen verwendet werden.

Emoticons

Emoticons werden bis heute nicht in Briefen, aber inzwischen sehr häufig im E-Mail-Verkehr benutzt. Bei einem Erstkontakt und in einem eher förmlichen E-Mail-Verkehr verzichten Sie jedoch auf diese Zeichen.

Wenn Sie Emoticons benutzen, sollten Sie sich auf diese vier häufigsten beschränken, denn andere Emoticons könnten auch leicht missverstanden oder gar nicht verstanden werden:

:-) Freude
:-(Traurigkeit, Enttäuschung
:-o Überraschung, Erschrecken
;-) Ironie, Augenzwinkern

Vermeiden Sie farbige und blinkende Modelle, die vom Empfänger bzw. von der Empfänger*in häufig gar nicht gelesen werden können.

Die Betreffzeile

Versuchen Sie die Betreffzeile einer E-Mail immer sorgfältig auszufüllen mit kurzen, treffenden Stichwörtern. Dann weiß Ihr*e Korrespondenzpartner*in sofort, worum es geht, und Sie erleichtern sich die spätere Sortierung Ihrer Mails.

Die Anrede und die Grußformel in E-Mails

In E-Mails können Sie dieselben Anredeformen und Grußformeln benutzen wie in Briefen ▶ Seite 11.

Die Signatur in E-Mails

Die Signatur einer E-Mail dient nicht allein der freundlichen Information über die Kontaktdaten des Absenders, sondern muss im geschäftlichen Schriftverkehr rechtlichen Vorschriften folgen. Eine Signatur muss alle Angaben enthalten, die auch auf einem Briefformular stehen:

- Firma (= Name des Unternehmens)
- die Gesellschaftsform des Unternehmens (GmbH, AG etc.)
- die Name(n) der Geschäftsführung (und des Aufsichtsrats, falls vorhanden)
- die Handelsregisternummer
- die Umsatzsteuer-ID-Nummer
- Sitz des Unternehmens (= Adresse)

In der Regel legt die Unternehmensleitung den Inhalt und den Aufbau der Signatur fest, die von den Mitarbeiterinnen und Mitarbeitern mit ihrem vollständigen Namen, ihrer Funktion, ihrer telefonischen Durchwahl und ihrer persönlichen E-Mail-Adresse individuell angepasst werden.

Viele Unternehmen platzieren in einen „Footer" (Fußzeile) auch eigene Werbung. Bei Ladengeschäften können auch die **Öffnungszeiten** des Geschäfts angegeben werden. Falls Sie in **Teilzeit** arbeiten, können Sie in Absprache mit der Unternehmensleitung auch die Zeiten, in denen Sie für Externe direkt erreichbar sind, ergänzen.

Wenn Sie häufig Schriftverkehr mit dem Ausland haben, empfiehlt sich auch die **Übersetzung der Signatur** in eine andere Sprache, z. B. ins Englische. Dies erleichtert dem Empfänger das Verständnis. Achten Sie darauf, dass Sie die deutschen Umlaute **ä**, **ö** und **ü** mit **ae**, **oe** und **ue** ersetzen und das **ß** durch **ss**, da diese Buchstaben von E-Mail-Programmen in anderen Ländern oft nicht gelesen werden können.

Stil und Textgestaltung in E-Mails

Für E-Mails gelten grundsätzlich dieselben Regeln wie für Briefe (▶ Seite 14). Allerdings sollte bei E-Mails noch mehr als bei Briefen auf **kurze Texte** geachtet werden, denn E-Mails werden in der Regel weniger aufmerksam und genau gelesen als Briefe. Außerdem ist das Lesen am Bildschirm anstrengender als auf dem Papier.

Wenn Sie wichtige oder komplexere Informationen per Mail verschicken möchten, hängen Sie diese Informationen besser als Dokument in den Anhang der Mail und verweisen im E-Mail-Text darauf: **Als Anhang dieser Mail schicke ich Ihnen ... / Dieser Mail angehängt ist ... / Im Anhang dieser Mail finden Sie ...**

Halten Sie den Aufbau einer E-Mail möglichst einfach. Verzichten Sie auf **Einrückungen und automatische Aufzählungen** mit Punkten oder Nummerierungen und Sonderzeichen, weil diese Textformatierungen vom Mailsystem der empfangenden Person oftmals nicht erkannt werden und der Text auf ihrem Bildschirm chaotisch aussehen könnte. Statt Aufzählungen arbeiten Sie lieber mit kurzen Überschriften, die Sie fett markieren können, und lassen Sie mindestens eine Zeile Abstand vor der nächsten Überschrift.

III. SMS und Co

Neben dem E-Mail-Verkehr und der vom Mobiltelefon verschickten SMS werden auch andere Formen der elektronischen Korrespondenz immer wichtiger, insbesondere die gängigen „Instant-Messaging-Dienste“ wie WhatsApp oder auch Skype. Diese rücken noch näher an den Stil der mündlichen Kommunikation heran - oder bilden ihren eigenen Stil durch Emoticons, Verkürzungen der Sprache - und häufige Fehler in Rechtschreibung, Grammatik und Zeichensetzung. Da diese Kommunikationsformen eher zwischen „Freunden“ und eng zusammenarbeitenden Kolleginnen und Kollegen genutzt werden, ist der Stil in den allermeisten Fällen sehr informell. Sie gehören aber heute schon in vielen Unternehmen ganz selbstverständlich zur Bürokommunikation.

Ein paar Beispiele - mit Fehlern! - für die Kommunikation per SMS oder WhatsApp:

◆ Heute lunch um 12?
◻ Geht nicht. Meeting. Um 1?
◆ Nee, Meeting ;-) Morgen?
◻ Morgen geht.
◆ 12? Italiener?
◻ Passt ☺

◆ Bin im Stau komme später
◻ Wann bist du da?
◆ Weiß nicht dauert noch
◻ Sollen wir schon anfangen?
◆ Ja fangt ohne mich an.
◻ OK

◆ Bitte Termin machen mit Frau Sandler. Nächste Woche Dienstag.
◻ Da kann Frau Sandler nicht.
◆ Dann Donnerstag.
◻ Da ist Feiertag
◆ Dann die Woche drauf. Montag.
◻ OK. Montag, 9 Uhr.
◆ Danke.

In „Instant-Messaging-Diensten“ werden auch häufig **Abkürzungen** verwendet, um Zeit zu sparen. Viele dieser Abkürzungen stammen aus dem Englischen. Hier die häufigsten:

@	engl. at	*an*, z. B. @ all – *an alle*
ASAP	engl. as soon as possible	*baldmöglichst*
CU	engl. see you	*bis bald*
IO		*in Ordnung*
LG		*liebe Grüße*
LOL	engl. laugh out loud	*ich muss lauthals lachen*

MOM		*einen Moment (bitte)*
NP	engl. no problem	*kein Problem*
OMG	engl. o my god	*oh mein Gott ! / Ach du meine Güte!*
PLS / PLZ	engl. please	*bitte*
SYS	engl. see you soon	*bis bald*
THX	engl. thanks	*danke*
TIA	engl. thanks in advance	*danke im Voraus*

Sie sind dran!

1 **Die folgenden Sätze stammen teils aus informellen E-Mails, teils aus sehr formellen Briefen. Jeweils zwei gehören als Paar zusammen. Ordnen Sie die Paare einander zu. Das erste Beispiel ist bereits vorgegeben.**

Informeller Stil in E-Mails	Formeller Stil in Briefen
1 _D_ Bin einfach noch nicht dazu gekommen, das durchzulesen.	A Ich bitte Sie, die Unterlagen an mich weiterzuleiten, sobald sie bei Ihnen eingetroffen sind.
2 ___ Danke für die E-Mail. Bitte machen! Kosten sind okay!	B Ich schlage vor, dass wir einen Termin für die nächste Woche vereinbaren.
3 ___ Gibt's schon irgendwas Neues?	C Wir können Ihnen zusichern, dass wir die Angelegenheit unter Kontrolle haben.
4 ___ Den Fehler hab ich immer noch nicht rausgefunden, sorry.	D Wegen anderer Projekte und mangels Zeit habe ich die Unterlagen leider noch nicht durcharbeiten können.
5 ___ Wenn du die Doku kriegst, gib sie mir einfach rüber.	E Sollten Sie noch Fragen haben, stehe ich Ihnen gerne zur Verfügung.
6 ___ Wir können ja mal für nächste Woche was ausmachen.	F Wir danken für Ihr Angebot und beauftragen Sie, die Leistung zu den angegebenen Tarifen durchzuführen.
7 ___ Keine Panik, wir haben die Sache voll im Griff!	G Sollten Sie neue Informationen haben, bitte ich um Mitteilung.
8 ___ Melde dich einfach, wenn noch was unklar ist.	H Leider konnten wir den Fehler noch nicht ermitteln.

▶ Lösung auf Seite 160

1 Informationen einholen

Frau Wunder ist Geschäftsführerin bei der Medienagentur Reich & Schön GmbH. Sie hat in der letzten Ausgabe der Zeitschrift „Training" einen interessanten Artikel über eine Kommunikationsschulung gelesen. Sie würde gerne mehr darüber erfahren.

Gesendet: Fr 27.09.20... 10:32
Von: g.wunder@reichundschoen.de
An: info@verlagshauslerner.de
Betreff: **Informationsmaterial**

1 ____________________,

in der Zeitschrift „Training" las ich den 2 ____________________ über Ihr Seminar „Kommunikationsschulung für Profis", das in Berlin stattfinden 3 ____________________. Da ich im Laufe des letzten Jahres vier neue Mitarbeiter*innen eingestellt habe, die schon über 4 ____________________ verfügen, bin ich sehr an einer Vertiefung ihrer Kenntnisse interessiert.

Gerne würde ich mehr über die geplante Veranstaltung wissen:
- Wann ist der genaue Termin für 5 ____________________ Seminar?
- 6 ____________________ ist die Teilnahmegebühr?
- Wer leitet den Kurs?
- Wie viele Teilnehmer*innen sind zugelassen?

Bitte schicken Sie mir auch Ihr aktuelles Programm.
Vielen Dank 7 ____________________!

8 ____________________

Gisela Wunder

____

Reich & Schön GmbH
Gisela Wunder
Geschäftsführerin
Konstanzer Allee 14
70258 Stuttgart
Tel.: 0711 995588-0
Mail: g.wunder@reichundschoen.de
www.reichundschoen.de
Amtsgericht Stuttgart HRB 22139
Umsatzsteuer-ID-Nr.: DE 189 399 002

▶ E-Mail 1: Lösung auf Seite 150

Rekonstruieren Sie Frau Wunders Brief. Beachten Sie, dass sich in den Begriffsgruppen jeweils nur eine zutreffende Wendung befindet, mit deren Hilfe Sie den Lückenbrief vervollständigen können. Wählen Sie die richtige aus!

1 *Die Anrede:*
Sehr geehrte Damen und Herren
Sehr geehrte Männer
Sehr geehrte Frauen

2 *Was erschien in der Zeitschrift?*
Referat
Annonce
Bericht

3 *Welches Modalverb ist das richtige?*
muss
soll
darf

4 *„Basiswissen“:*
erste Fähigkeiten
Grundkenntnisse
Verständnis

5 *Wählen Sie die richtige Endung:*
diesen
diese
dieses

6 *Wie fragt man nach den Kosten?*
Wie teuer
Wie hoch
Wie viel

7 *Wofür bedankt sich Frau Wunder?*
für Ihre Hilfe
für Ihre Mitarbeit
für Ihre Bewerbung

8 *Die Grußformel:*
Mit bestem Gruß
Mit freundlichen Grüßen
Alles Gute

Textbausteine

Sich auf frühere Kontakte oder Werbeanzeigen beziehen

Auf der letzten Frühjahrsmesse zeigten Sie ...

Da ich vor kurzem / Nachdem ich kürzlich an ... teilgenommen habe, ...

Ich komme zurück auf unser Telefongespräch vom ...

Ihre Anzeige in ... hat unsere Aufmerksamkeit geweckt / mich besonders interessiert.

Bitte schicken Sie mir detaillierte Angaben über ..., wie in Ihrer Anzeige im „Berliner Tagblatt“ vom Dienstag, dem 12. Februar beschrieben.

Herr ... nannte mir Ihren Namen.

Interesse zeigen

Wir sind an ... interessiert.

Ihre Produkte interessieren mich sehr.

Ich war sehr beeindruckt von ...

Es interessierte mich zu sehen / hören / erfahren, dass ...

Wir sind Hersteller von ... und benötigen laufend ...

Wir suchen nach möglichen / potenziellen Lieferanten für ...

Auskünfte einholen

Können Sie mir sagen, ob ...?

Ich wüsste gern, ob ...

Ist Ihre Firma in der Lage ...?

Wäre es Ihrer Firma möglich, ...?

Für uns wäre wichtig zu wissen, ob ...

Einen potenziellen Markt aufzeigen

Dieses Produkt hat gute Perspektiven.

Für ... existiert ein vielversprechender Markt.

... ist sehr entwicklungsfähig.

Im Moment wächst die Nachfrage nach Dienstleistungen dieser Art.

Eine ständig wachsende Zahl unserer Stammkundinnen und -kunden fragt dieses Produkt / diesen Produkttyp verstärkt nach.

Etwas anfordern

Bitte schicken Sie uns Unterlagen / einen Prospekt / Informationen / Ihren aktuellen Katalog.

Wir hätten gern ...

  (weitere) Informationen über ...

  einen Kostenvoranschlag über ...

  Muster / Proben von ... (*oder:* ...muster / ...proben)

  die Preise für ...

Bitte teilen Sie uns Ihre Preise für ... mit.

Den Inhalt der Unterlagen genau angeben

das / ein Programm

der / ein Katalog

die / eine Broschüre

der / ein Kostenvoranschlag

die / eine Schätzung

  mit Preisen / mit Preisangabe

  mit Preisen und Farbskalen

  mit Abbildungen und Mustern

Versandkosten erfragen

Bitte nennen Sie uns die derzeitigen Kosten für Luftfracht / Seefracht / Bahnfracht / Straßentransport.

Wir freuen uns, wenn Sie uns Ihre niedrigsten Luftfrachtkosten für ... von Berlin nach New York nennen könnten.

Könnten Sie uns bitte die Kosten für Verschiffung / Transport und Versicherung einer Büchersendung mit den Maßen 1,5 x 1,5 m und einem Gewicht von 120 kg angeben?

Ist die Lieferung und Aufstellung in meiner Wohnung im Preis inbegriffen?

Zusätzlich um etwas bitten

Darüber hinaus interessiert mich noch ...

Ich hätte außerdem gern ...

Neben einem Katalog hätte ich gern ...

Zusammen mit / Zusätzlich zu ...

Um Antwort bitten

Wir freuen uns auf Ihre baldige Antwort.

Bitte antworten Sie möglichst umgehend.

Wir freuen uns auf die schnellstmögliche Zusendung Ihres Kostenvoranschlags.

Bitte senden Sie Ihr Antwortschreiben an ...

Bitte nehmen Sie mit ... Kontakt auf.

Bitte kontaktieren Sie ...

Bitte zögern Sie nicht, sich mit uns in Verbindung zu setzen.

Wir danken Ihnen im Voraus für alle Informationen, die Sie uns zur Verfügung stellen können.

Anmerkungen

- Beachten Sie, dass es heißt:
  sich interessieren für etwas bzw. **jemanden**
  Interesse haben an etwas bzw. **jemandem**
  interessiert sein an etwas bzw. **jemandem**
  etwas bzw. **jemand interessiert jemanden**
  etwas liegt in meinem Interesse
  etwas oder **jemanden interessant finden**

- Natürlich sollten Sie Ihre Schreiben höflich formulieren. Doch denken Sie daran: Weniger ist oft mehr. Das dient auch der Verbesserung des Stils. Schreiben Sie also:
  Könnten Sie mir den Katalog schicken?
  Bitte informieren Sie uns über die Kosten für den Trainereinsatz in unserem Hause.
  Und nicht:
  „Ich wäre Ihnen zu tiefstem Dank verbunden, wenn Sie die Freundlichkeit hätten, mir diesen Katalog zu schicken."
  „Wir würden uns hocherfreut zeigen, wenn Sie uns mitteilen könnten, ..."

Sie sind dran!

In diesem Abschnitt können Sie die neuen Begriffe und Wendungen üben. Haben Sie Schwierigkeiten mit der richtigen Lösung, dann schlagen Sie hier wie in den folgenden Kapiteln noch einmal im jeweiligen Teil „Textbausteine" und / oder im Anhang bei den Lösungsvorschlägen nach.

1 Vervollständigen Sie die Sätze mit Hilfe der angegebenen Wörter und Wendungen:

Preisliste • kontaktieren • interessieren • fügen ... bei • Kontakt • ständig wachsende Zahl nannte • danken Ihnen im Voraus • Informationen • Ihre baldige Antwort • Prospekt

1 Herr Lichtenstein ______________ mir Ihren Namen.

2 Ihre Produkte ______________ uns sehr.

3 Deshalb bitten wir um einen ______________ mit Ihren neuesten Stoffen sowie eine aktuelle ______________.

4 Eine ______________ unserer Stammkundinnen und -kunden zeigt Interesse an Textilien aus Naturmaterialien.

5 Bitte ______________ Sie eine genaue Pflegeanleitung ________, falls nicht schon im Prospekt enthalten.

6 Für einen Besuch Ihres Außendienstes ______________ Sie bitte Frau Bischof.

7 Bitte nehmen Sie mit Frau Treggiari ______________ auf.

8 Wir ______________ für alle ______________, die Sie uns zur Verfügung stellen können.

9 Wir freuen uns auf ______________.

2 Welche Verben passen, welche nicht?

1 Bitte ______________ Sie uns Ihren Katalog (________).

absenden • senden / schicken • zustellen • zusenden / zuschicken • verschicken • zuführen zuleiten • befördern • zukommen lassen

2 Bitte ______________ Sie möglichst umgehend.

kontern • entgegnen • beantworten • reagieren • einwerfen • antworten

3 Wir ______________ uns auf ihre baldige Antwort.

anregen • genießen • freuen • belustigen • erfreuen

▶ Lösung auf Seite 160

2 Termine vereinbaren

Frau Wunder hat bei einem Kongress einen Kollegen aus Münster kennen gelernt. Nun möchte sie den Kontakt vertiefen.

Gesendet: Do 03.10.20... 09:28
Von: g.wunder@reichundschoen.de
An: harald@betzkewerbung.de
Betreff: **Vorschlag für ein Treffen**

Sehr geehrter Herr Betzke,

nochmals **1** ____________________ für das freundliche Gespräch in der Kaffeepause bei der Konferenz „Grafica 21" in Bern. Ich habe dabei den Eindruck gewonnen, dass wir durchaus gemeinsame Projekte realisieren könnten.

Gerne würde ich daher **2** ____________________, dass wir uns bei einem weiteren gemeinsamen Termin näher darüber unterhalten, in welcher Form unsere beiden Teams in Zukunft zusammenarbeiten könnten.

Meine Einladung nach Stuttgart möchte ich an dieser Stelle wiederholen. Ich wäre aber auch **3** ____________________, zusammen mit meiner Mitarbeiterin, Frau Steinle, nach Münster zu kommen, so dass wir Ihre Agentur und Ihre Mitarbeiter kennen lernen könnten.

Von unserer Seite wäre das lange Wochenende vom 1. November **4** ____________________. Wir könnten bereits am Donnerstagabend in Münster eintreffen und würden am Montagmorgen wieder abreisen.

Wäre es möglich, dass Sie für uns für diesen Zeitraum in einem guten Hotel 2 Einzelzimmer reservieren?

Selbstverständlich haben wir nicht vor, Ihre Zeit während dieser gesamten 3 Tage **5** ____________________, sondern wir möchten uns bei dieser Gelegenheit gern im Münsterland ein wenig umschauen. Aber es wäre schön, wenn wir diese Tage für einen Gedankenaustausch nutzen könnten und vielleicht erste konkrete Ziele **6** ____________________ könnten.

Sollte der Termin Anfang November für Sie **7** ____________________, könnten wir sicherlich auch einen anderen Zeitpunkt gemeinsam finden. Möglich wäre auch ein Treffen per Videokonferenz. Es wäre nur wünschenswert, dass es uns in diesem Jahr noch gelingt.

Bitte rufen Sie mich einfach an oder schreiben Sie mir eine kurze Antwort. Ich freue mich auf **8** ____________________!

Mit freundlichen Grüßen
Gisela Wunder

▶ E-Mail 2: Lösung auf Seite 150

Gestalten Sie den Brief mit Hilfe folgender Ausdrücke:

1 *Frau Wunder sagt „Danke!":*
bedanke ich mich
danke ich mich
bedanke ich Sie

2 *Herrn Betzkes Vorschlag hat sie nicht vergessen:*
von Ihrem Vorschlag begeistern
auf Ihren Vorschlag zurückkommen
für Ihren Vorschlag interessieren

3 *Frau Wunder möchte auch gern nach Münster kommen:*
willig und fertig
interessant und bereit
bereit und interessiert

4 *Eine Zeit passt ihr ganz gut:*
eine vernünftige Zeit
ein gelungener Termin
ein günstiges Reisedatum

5 *Sie möchte nicht, dass Herr Betzke denkt, er müsse die ganze Zeit für Frau Wunder da sein:*
in Anspruch zu nehmen
zu okkupieren
einzunehmen

6 *Ziele vereinbaren:*
gemeinsam ausreden
miteinander abstimmen
zusammen vereinigen

7 *Wenn der Termin unpassend ist:*
überhaupt nicht gehen
gar nicht ausgeschlossen
total falsch sein

8 *Das Treffen:*
unser Wiedersehen
das Rendezvous
das Abschiednehmen

Textbausteine

Sich auf einen vorangegangenen Kontakt beziehen

Nochmals bedanke ich mich für das freundliche Gespräch in ... / bei ...

Wie in unseren früheren Gesprächen vereinbart ...

Wie in unserer bisherigen Korrespondenz mehrfach angesprochen ...

Nach den bisherigen erfolgreichen Kontakten ...

Einen Vorschlag aufgreifen (gemeinsame Interessen!)

Gerne würde ich daher Ihren Vorschlag annehmen und ...

Auf Ihre Einladung komme ich gern zurück und werde Sie demnächst persönlich besuchen.

Ein Vorhaben ankündigen

Wir würden Sie gerne zu einer Präsentation in unseren Räumlichkeiten / zu einer Online-Präsentation einladen.

Meine Zeitplanung sieht vor, dass ich am ... nach ... komme.

Die alljährliche Verkaufstagung in ... möchte ...

Einen Termin vorschlagen

Unser Terminvorschlag für ein erstes unverbindliches Treffen wäre Montag, der ...

Wie wäre es mit dem 22. August?

Was halten Sie von einem Treffen/Telefonat am 22. August in Neustadt?

Dürfen wir Sie am 22. August in Ihrer Firma besuchen?

Sofern Ihnen dieser Termin passt, wird unser Herr Stahnke Sie am Freitag, den 13.02. gegen 11.00 Uhr besuchen.

Einen Zeitpunkt angeben

morgen, übermorgen, in den nächsten Tagen,

kommende Woche, Mittwoch der kommenden Woche, am Dienstagvormittag

vor Monatsende, noch im laufenden Quartal

Vorbereitungen treffen

Wir wären Ihnen dankbar, wenn Sie uns die Anzahl der Teilnehmer:innen durchgeben könnten, so dass wir die Räumlichkeiten entsprechend einplanen können.

Die Kosten vor Ort, wie Unterbringung und Verpflegung, einschließlich der Abholung vom Flughafen werden von uns übernommen, so dass Sie nur die Anfahrtskosten zu tragen haben.

Könnten Sie uns eine Anfahrtsskizze zukommen lassen?

Eine Wegbeschreibung finden Sie im Internet unter www.blabla.de.

Wir möchten Sie bitten, einen Blick auf die beigefügten Unterlagen zu werfen. Diese werden eine gute Grundlage für unsere Gespräche bilden.

Programm vorschlagen

Ohne den konkreten Ablauf vorwegnehmen zu wollen, würde ich vorschlagen, dass wir folgende Punkte in jedem Fall behandeln: ...

Eine vorläufige Aufstellung der Tagesordnungspunkte liegt bei.

Terminschwierigkeiten vermuten

Sollte der Termin Anfang November für Sie nicht machbar sein, könnten wir sicherlich auch auf einen anderen Zeitpunkt ausweichen.

Sollten Sie zu diesem Zeitpunkt verhindert sein, ...

Sollte Ihnen etwas dazwischenkommen, ...

Handlungsaufforderung und Schluss

Ich wäre Ihnen sehr dankbar / verbunden, wenn Sie ... bestätigen / beantworten könnten.

Über eine baldige Antwort würde ich mich sehr freuen! In der Zwischenzeit verbleibe ich mit freundlichen Grüßen

Anmerkungen

- Terminvereinbarungen benötigen die Zustimmung beider Seiten und erfordern oft komplizierte Absprachen. Sie werden daher normalerweise im Dialog, z. B. telefonisch gemacht. Terminabsprachen per E-Mail sind eher eine erste Initiative, um das Interesse der anderen Seite überhaupt zu testen.
- In dieser Situation, in der Sie allein und einseitig keine verbindlichen Entscheidungen treffen, sondern nur Vorschläge machen können, bietet sich der Konjunktiv II an. Sie signalisieren Ihrem Korrespondenzpartner damit, dass Sie ihm die Entscheidung überlassen:

  Wir **könnten** ... Sie **hätten** dann die Gelegenheit ...
  Es **wäre** von Vorteil, wenn ...
  Ich **würde vorschlagen**, dass wir ...
  Es **würde** mich **freuen**, wenn ...
  Natürlich **würden** wir ...
- Signalisieren Sie Ihrem/Ihrer Korrespondenzpartner*in, welchen Nutzen **er/sie** von einem Termin hätte! Geben Sie genug zeitlichen Spielraum und Alternativen, so dass er/sie sich nicht zu sehr gedrängt fühlt. Die Feinabstimmung sollte in jedem Fall telefonisch erfolgen.
- Um Peinlichkeiten zu vermeiden, sollte bei Einladungen die Kostenfrage geklärt sein. Welche Kosten wird die einladende Seite übernehmen (z. B. Bewirtung), welche Kosten müssen die Gäste selbst tragen (z. B. Anfahrtskosten)? Welche Kategorie der Unterbringung erwarten die Eingeladenen?

Sie sind dran!

1 Man kann einen Termin ...

... abmachen, absagen, abstimmen, annehmen, annullieren, arrangieren, aufschieben, ausfallen lassen, ausmachen, bestätigen, festlegen, festmachen, nachholen, streichen, verlegen, verschieben, zurückstellen, zusagen ...

... dann findet er ...

wie geplant statt ...	nicht statt ...	später statt ...
abmachen		

2 Die folgende E-Mail ist durcheinandergeraten. Sortieren Sie die Sätze:

1. Bitte rufen Sie mich an, um den Termin konkreter zu vereinbaren. Sollte ich nicht erreichbar sein, wird meine Sekretärin, Frau Jorichs, gerne die Terminabsprache übernehmen.
2. Ich wäre am Freitag den ganzen Tag frei und würde vorschlagen, dass wir uns am späten Vormittag in den Räumen unserer Niederlassung treffen.
3. Ich würde mich sehr freuen, wenn dieses Treffen zustande käme, und verbleibe mit freundlichen Grüßen
4. Ihre Reise wäre vielleicht eine gute Gelegenheit, dass wir uns einmal persönlich treffen, um über die Vertiefung unserer Geschäftsbeziehungen zu sprechen.
5. Sollte Ihnen dies nicht möglich sein, könnten wir uns gerne über einen anderen Termin oder Treffpunkt unterhalten.
6. Von unserem gemeinsamen Geschäftsfreund Harald habe ich erfahren, dass Sie demnächst in unserer Stadt sein werden.

3 Ein Interessent hat schriftlich eine Reihe konkreter Fragen zu Ihren Produkten gestellt. Diese kann am besten Ihre Außendienstmitarbeiterin vor Ort in einem Beratungsgespräch klären. Die Außendienstmitarbeiterin wird Anfang der Kalenderwoche 23 in der Nähe des Interessenten zu tun haben. Schlagen Sie ein Treffen vor.

▶ Lösung auf Seite 160

3 Termine bestätigen

Einen Terminvorschlag annehmen

Auf Frau Wunders Terminvorschlag reagiert Herr Betzke mit einer E-Mail:

Gesendet: Do 03.10.20... 09:28
Von: Harald Betzke <harald@betzkewerbung.de>
An: g.wunder@reichundschoen.de
Betreff: **Termin im November**

Sehr geehrte Frau Wunder,

Ihre E-Mail hat mich 1 ____________________. Man sieht wieder einmal, dass die wichtigsten Dinge bei einem Kongress in der Pause passieren! Auch ich sehe viel Übereinstimmung in unseren Gedanken und ein großes Potenzial an Kooperationsmöglichkeiten.

Gerne 2 ____. Das lange Wochenende vom 1. November passt auch mir ganz gut, da wir gerade dann mit einer ruhigen Auftragslage rechnen und ich außerdem mit meiner Familie noch nichts geplant habe.

Ich 3 ____________________, auf Ihren Namen für Sie und Frau Steinle im Hotel Am Wiedertäuferturm (www.hotelwiedertaeuferturm.de) 2 Einzelzimmer mit Bad zu reservieren.

Sie werden vom Hotel noch eine eigene 4 ____________________ sowie eine Hausbroschüre mit Anfahrtsskizze erhalten.

Sollten Sie mit Bahn oder Flugzeug anreisen, 5 ____________________. Leider kann ich Sie am Donnerstagabend 6 ______________________________ nicht selbst begrüßen, aber ich werde dann veranlassen, dass eine:r meiner Mitarbeiter:innen Sie abholt und zum Hotel bringt.

Am Freitag stehe ich ganz zu Ihrer Verfügung, und am Samstag würde ich Ihnen sehr gern bei 7 ____________________ ins Münsterland eines der wunderschönen Wasserschlösser, übrigens mit einem fabelhaften Restaurant, zeigen.

Die Einzelheiten dieses Treffens können wir ja kurz vorher noch telefonisch oder per E-Mail 8 ____________________. In jedem Fall freue auch ich mich auf das Wiedersehen und wünsche uns einen regen Gedankenaustausch.

Freundliche Grüße
Harald Betzke

▶ E-Mail 3: Lösung auf Seite 150

Vervollständigen Sie Herrn Betzkes E-Mail mit folgenden Wendungen:

1 *Herr Betzke war sehr froh:*
wirklich sehr vergnügt
echt total erfreut
wirklich sehr gefreut

2 *Auch Herr Betzke findet den Vorschlag gut:*
nehme ich Ihre Terminvereinbarung zur Kenntnis
komme ich Ihnen beim Termin entgegen
gehe ich auf Ihren Terminvorschlag ein

3 *Herr Betzke hat schon reserviert:*
bitte um Erlaubnis
war schon bereit
habe mir erlaubt

4 *Das Hotel meldet sich und schickt eine …*
richtige Einladung
schriftliche Bestätigung
geschriebene Vereinbarung

5 *Herr Betzke muss informiert sein:*
lassen Sie es mich bitte wissen
lassen Sie es mich bitte lesen
lassen Sie es mich bitte informieren

6 *Er hat schon etwas anderes vor:*
wegen eines unverzichtbaren Datums
wegen eines unaufschiebbaren Geschäftstermins
wegen eines unveränderlichen Treffens

7 *Freizeitprogramm:*
einem kleinen Ausflug
einer kleinen Ausreise
einer kleinen Abreise

8 *„vereinbaren“:*
aushandeln
ausmachen
durchsagen

Einen Termin verschieben

Mitte Oktober erhält Frau Wunder die folgende Nachricht von Herrn Betzke:

Sehr geehrte Frau Wunder,

leider muss ich doch nochmals wegen unseres Treffens im November auf Sie zukommen. 1 ____________, Ihnen diese Mitteilung zu machen, aber leider kann ich in meiner derzeitigen Situation nicht 2 ____________, dass ich Ihnen an dem vereinbarten Treffen wirklich zur Verfügung stehe.

Wichtige familiäre Gründe machen es mir sehr schwer, 3 ____________. Daher 4 ____________, wenn wir unsere Begegnung auf Anfang nächsten Jahres verschieben könnten.

Bitte entschuldigen Sie nochmals die 5 ____________, die Sie sicherlich durch 6 ____________ haben, aber leider kann auch ich dies nicht beeinflussen.

Ich hoffe aber trotzdem, dass sich unsere Zusammenarbeit 7 ____________ verwirklichen lässt.

Mit freundlichen Grüßen
Harald Betzke

▶ Nachricht 4: Lösung auf Seite 151

Rekonstruieren Sie die Nachricht mit Hilfe folgender Begriffe:

1 *Es tut Herrn Betzke leid:*
Es ist mir sehr unangenehm
Es ist mir richtig arg
Ich bin wirklich peinlich

2 *„garantieren“:*
gewähren
gewährleisten
Garantie leisten

3 *Den Termin nicht ändern:*
den Termin zu behalten
den Termin zu halten
den Termin zu verhalten

4 *Herr Betzke würde vorziehen:*
wäre es lieb für mich
wäre es mir lieber
würde ich es lieben

5 *„Schwierigkeiten“:*
Unannehmlichkeiten
Unpässlichkeit
Unmöglichkeit

6 *Die Änderung kam sehr spät:*
diese recht kurzfristige Änderung
diese wirklich spätzeitige Änderung
diese Änderungskurzfrist

7 *„später“:*
zu einem späteren Zeitpunkt
in einer längeren Frist
mit verspäteter Zeit

Einen Termin absagen

Auf das Schreiben von Herrn Betzke hin hatte Frau Wunder ihm mitgeteilt, sie werde an ihren Urlaubsplänen im November nichts ändern. Deshalb hatten die beiden telefonisch vereinbart, sich eventuell doch noch zumindest für einen Vormittag in Münster zu treffen. Dann aber kommt das folgende Schreiben an:

Sehr geehrte Frau Wunder,

wie schon in meinem letzten Schreiben 1 ________________, würde es mir sehr schwer fallen, den vereinbarten Termin 2 ________________.

Nun muss ich den Termin leider ganz absagen. Die schon erwähnten privaten Gründe, verbunden mit ernsten gesundheitlichen Problemen, 3 ________________, Sie zu treffen. Ich kann Sie dafür 4 ________________.

Ich hoffe sehr, dass sich die Situation bald, vielleicht schon um den Jahreswechsel, so stabilisiert haben wird, dass wir im nächsten Jahr 5 ________________ können. Dann wäre ich auch gerne bereit, Sie in Stuttgart aufzusuchen, um Ihnen eine nochmalige Reise zu ersparen.

Für Ihren geplanten Urlaub im Münsterland wünsche ich Ihnen von Herzen viel Spaß und eine gute Erholung.

In der Hoffnung auf ein baldiges Wiedersehen verbleibe ich

mit freundlichen Grüßen
Harald Betzke

▶ Schreiben 5: Lösung auf Seite 151

Helfen Sie Herrn Betzke, die Absage zu formulieren:

1 *Wie schon „erklärt“:*
berichtet
bestätigt
ausgeführt

2 *„einzuhalten“:*
wahrzunehmen
in Anspruch zu nehmen
zu machen

3 *Herr Betzke kann wirklich nicht:*
machen es mir zur Zeit unmöglich
machen mich zur Zeit unmöglich
ermöglichen mich zur Zeit nicht

4 *Frau Wunder soll bitte verstehen:*
nur um Verständnis bitten
nur um Verstehen bitten
nur zum Verstehen bitten

5 *„einen neuen Termin planen“:*
einen neuen Termin vor Augen haben
einen neuen Termin ins Auge fassen
einen neuen Termin mit Augen greifen

Textbausteine

Bestätigungen

Gerne bestätigen wir den vereinbarten Termin ...

Den vorgeschlagenen Termin können wir nach Rücksprache mit ... wahrnehmen.

Es ist mir eine Freude, den Termin nun endlich bestätigen zu können.

Bitte um Verschiebung

Wenn es Ihnen keine zu großen Umstände bereitet, würde ich gerne unsere Videokonferenz vom ... auf ... verschieben.

Ich wäre Ihnen sehr dankbar, wenn Sie einer Verschiebung des Termins zustimmen würden.

Ich würde Ihnen gerne als Alternativtermin den ... vorschlagen.

Wäre als Ersatztermin auch der ... für Sie machbar?

Ließe sich unser Termin auf den ... verlegen?

Begründungen für Absagen

aus - gesundheitlichen, privaten, familiären, geschäftlichen, beruflichen - Gründen

aus Zeitgründen, aus Termingründen

wegen eines Terminkonflikts, wegen dringender Verpflichtungen

bedingt durch ... / auf Grund der aktuellen Situation

Meine Anwesenheit hier im Büro ist an diesem Tag unbedingt erforderlich.

Diese Sache hat leider höchste Priorität und lässt sich nicht aufschieben.

Bedauern und Entschuldigen

Es tut mir leid, dass ...

Zu meinem großen Bedauern muss ich leider ...

Ich muss Sie dafür um Verständnis bitten, dass ...

Ich hoffe auf Ihr Verständnis.

Es ist leider unumgänglich, den Termin abzusagen.

Für die Unannehmlichkeiten, die Ihnen dadurch entstanden sind, bitten wir um Entschuldigung.

Positiv bleiben

Ich hoffe sehr, dass der Ersatztermin zustande kommt.

Es steht für mich außer Zweifel, dass wir unseren Termin zu einem späteren Zeitpunkt nachholen können.

Sobald sich eine Möglichkeit bietet, werde ich wieder auf Sie zukommen.

Ich bin sicher, dass diese Schwierigkeiten vorübergehend sind und dass wir schon sehr bald wieder miteinander in Kontakt treten werden.

Anmerkungen

- Vermeiden Sie die Formel: **Hiermit bestätigen wir Ihnen ...**
  Sie ist bürokratisch und abgegriffen. Leider benutzen auch Deutsche sie immer noch viel zu viel. Besser ist: **Gerne bestätigen wir Ihnen ...**
- Das Wort **gerne**, genauso wie Dankesformeln, kann man dagegen gar nicht oft genug benutzen, z. B.: **Herzlichen Dank ...**, **Wir bedanken uns für ...**, **Wir danken Ihnen für ...**
- Vermeiden Sie bei Absagen alles, was bei Ihrem/Ihrer Korrespondenzpartner*in den Eindruck erweckt, es gäbe Wichtigeres als den Termin mit ihm/ihr. Lassen Sie eine „Tür offen", sodass später ein weiterer Termin möglich erscheint.

Sie sind dran!

1 **Welche Verben passen, welche nicht?**

Wir werden am 22.11. um 15.30 Uhr in Stuttgart ...

ankommen • anreisen • auskommen • einfahren • eingehen • erreichen • einrücken
eintreffen • fahren • gehen • zutreffen

2 **Sie schreiben einem Freund, um das für kommenden Donnerstag geplante Frühstück abzusagen, da Sie auf eine Geschäftsreise gehen müssen. Sie entschuldigen sich und schlagen vor, das Frühstück auf den darauffolgenden Dienstag zu verlegen.**

▶ Lösung auf Seite 160

Lerntipps

- Notieren Sie nun die Wörter und Ausdrücke, die Ihnen besonders wichtig erscheinen. Welche waren Ihnen neu?
- Auch wenn Sie nicht alles im Detail verstanden haben: Gehen Sie nach einiger Zeit zum nächsten Kapitel über, etwaige Unklarheiten lösen sich von selbst, wenn Sie etwas weiter sind.

4 Reservierungen vornehmen

Herr Betzke reserviert für Frau Wunder die gewünschten Einzelzimmer im Hotel „Am Wiedertäuferturm", in dem er schon häufiger Besucher*innen untergebracht hat und mit dem er deshalb einen Sonderpreis ausgehandelt hat.

Gesendet: Di 08.10.20... 14:59
Von: harald@betzkewerbung.de
An: info@hotel-wiedertauferturm.de
Betreff: **Zimmerreservierung**

Sehr geehrte Damen und Herren,

wir bitten Sie, für unsere Geschäftspartnerinnen 1 ____________________
zu unseren Konditionen in Ihrem Hause 2 ________________:

2 Einzelzimmer mit Bad oder Dusche 3 ________________ 31. Oktober bis
3. November 20... für Frau Gisela Wunder und Frau Irmgard Steinle.

Anreise: 31. Oktober gegen 20 Uhr
4 ________________: 3. November nach dem Frühstück

Bitte bestätigen Sie die Reservierung mit 5 ________________ an:

Frau Gisela Wunder
Reich & Schön PR-Agentur
Konstanzer Allee 14
70258 Stuttgart

Bitte 6 ________________ auch die Rechnung auf diese Anschrift 6 ________.
Zahlung 7 ____________________ während des Aufenthalts.

Ich wäre Ihnen sehr dankbar, wenn Sie mit der Bestätigung auch eine Hotelinformation,
8 ________________ und ein paar touristische Informationen schicken könnten.

9 ____________________ wenden Sie sich bitte telefonisch an Frau Wunder oder
Frau Steinle, Tel. 0711 995588-0.

Im Voraus vielen Dank.

Mit freundlichen Grüßen
Harald Betzke

▶ E-Mail 6: Lösung auf Seite 151

Ergänzen Sie die fehlenden Elemente in der Reservierung mit Hilfe folgender Vorschläge:

1 *Was ist die Intention des Briefes?*
die folgende Reservierung
die folgende Reserve
die gefolgte Reservierung

2 *„durchzuführen“:*
auszumachen
vorzunehmen
durchzunehmen

3 *Die genaue Information zur Aufenthaltsdauer:*
für die Zeitperiode
während der Tagung
für den Zeitraum

4 *Das Ende des Aufenthalts:*
Ausreise
Abreise
Auszug

5 *Was kostet das?*
Preisindex
Kostenfaktor
Preisangabe

6 *Was soll das Hotel mit der Rechnung machen?*
stellen Sie ... aus
schreiben Sie ... auf
schicken Sie ... weg

7 *Was geschieht mit der Zahlung?*
erfolgt durch die Gäste
passiert mit den Gästen
verlangt von den Gästen

8 *Hilfe zum Finden des Hotels:*
einen Landplan
eine Stadtkarte
eine Anfahrtsskizze

9 *Alles klar?*
Bei eventuellen Rückfragen
Wenn noch Rückfragen
Zurück zu fragen

Textbausteine

Ein Zimmer suchen

Ich möchte ... reservieren.

Ich wäre daran interessiert(,) ... zu buchen / reservieren.

Ich suche ein gutes / geeignetes Hotel in Flughafennähe.

Reservieren, buchen, mieten

ein Einzel- / Doppelzimmer reservieren / buchen

Ich möchte die Luxussuite reservieren.

Wir haben einen Tisch für drei Personen reservieren lassen.

Ich möchte zwei Plätze für den nächsten Flug nach New York buchen.

eine Wohnung / ein Zimmer / ein Auto / ein Boot / ein Fahrrad mieten

Ein Bedürfnis oder einen Wunsch äußern

Ich benötige ...

Ich wäre an ... interessiert.

Ich wäre (Ihnen) für ... dankbar.

Ich wäre (Ihnen) dankbar, wenn Sie ... könnten.

Könnten Sie mir ... besorgen?

Eine Dauer, einen Zeitraum angeben

vom 19. bis 26. Februar

ab dem 2. Mai / beginnend am 2. Mai

für die Woche vom 19. bis 26. Februar

für (den gesamten) Mai

für fünf Wochen, ab dem 20. Juli

für dieses / das nächste / das kommende Wochenende

für die Oster- / Sommerferien

Ein Zimmer beschreiben

ein Zimmer mit Ausblick / Meerblick

ein Zimmer zum Hof / Garten hinaus

ein Zimmer nach Süden

ein klimatisiertes Zimmer

ein Zimmer ...

- mit Bad und Dusche
- mit Klimaanlage
- mit Kinderbett

Um eine Bestätigung bitten

Mit der Bitte um Bestätigung ...

Ich wäre Ihnen dankbar, wenn Sie diese Reservierung bestätigen könnten.

Könnten Sie bitte an die folgende Adresse eine Bestätigung senden: ...

Um eine rasche Antwort bitten

so bald wie möglich

postwendend, umgehend

sobald es Ihnen möglich ist

Nach dem Preis fragen

Bitte teilen Sie mir Ihre Tarife pro Tag / Woche / Monat mit.

Bitte senden Sie uns Ihre Preisliste.

Was / Wie viel berechnen Sie für ...?

Was ist inbegriffen?

Übernachtung mit Frühstück

Vollpension / Halbpension

Falls kein Zimmer frei ist

Sollten Sie keine Zimmer (mehr) frei haben, ...

Wenn Sie kein Einzelzimmer (mehr) frei haben ...

belegt / ausgebucht

Sollten Sie keine Unterbringungsmöglichkeiten (mehr) haben, ...

Anmerkungen

- Ist es Ihnen aufgefallen? Die E-Mail auf Seite 36 ist in der Wir-Form geschrieben. Die **Wir-Form** wird häufig benutzt, wenn man im Auftrag und im Namen der Firma schreibt und wenn man als Individuum in den Hintergrund tritt. Hierdurch wird eine gewisse Distanz zwischen dem/der Schreibenden und dem/der Empfänger*in geschaffen. E-Mails und Briefe in der Wir-Form wirken also unpersönlicher.
- Erkundigen Sie sich, ob im Zimmerpreis das Frühstück bereits enthalten ist.
- Die Daten, die bei einer Reservierung angegeben werden, sind der Tag der Anreise und der Morgen der Abreise. Dies sollten Sie in einer Reservierung in jedem Fall genau angeben. Schon manche ausländischen Gäste mussten ihr Zimmer einen Tag zu früh verlassen, weil aus diesem Missverständnis heraus der letzte Übernachtungstag angegeben wurde, das Hotel verstand dieses Datum aber als Abreisetag. Am besten geben Sie z. B. an: **vom 23. bis 26. April für 3 Nächte**
- Bitte unterscheiden Sie:
  leihen - etwas nutzen, das einem anderen gehört; nicht unbedingt gegen Geldzahlung
  mieten - etwas gegen Geldzahlung nutzen, z. B. Zimmer, Haus, Auto, Geräte
  chartern - ein Boot oder Flugzeug mieten
  pachten - eine Immobilie (Stück Land, Gebäude) mieten und gewerblich nutzen
  abonnieren - etwas regelmäßig erhalten, z. B. Zeitung

Sie sind dran!

1 Stellen Sie in der folgenden Reservierung die richtige Reihenfolge her:

1. Bitte reservieren Sie für diese Daten ein schönes Doppelzimmer, wenn möglich mit Ausblick.
2. Dies wollen Sie bei der Zusammenstellung des Menüs bitte berücksichtigen.
3. Das im Angebot enthaltene Schlemmer-Menü möchten wir am Samstagabend nehmen.
4. Die Bestätigung der Buchung senden Sie bitte an die oben angegebene Mailadresse in Deutschland.
5. Ihr Angebotspaket „Verwöhn- und Kuschelwochenende zu zweit" finden wir interessant und möchten dieses Angebot für das letzte Novemberwochenende gerne nutzen.
6. Im Hinblick auf dieses Schlemmer-Menü und auch auf alle anderen Mahlzeiten möchte ich Sie darauf hinweisen, dass meine Lebensgefährtin wegen Laktose-Intoleranz auf Diätkost angewiesen ist.
7. Wir haben Ihre Anzeige in der neuesten Ausgabe des Schnell-Reiseführers Österreich gelesen.
8. Am Freitag, 27. November, werden wir gegen 19 Uhr anreisen und am darauffolgenden Sonntag nach dem Mittagessen abreisen.

2 Was passt nicht?

1. Bad - Dusche - WC - Blumentopf
2. reservieren - buchen - erledigen - vorbestellen
3. bestätigen - zusagen - berichten - versichern
4. nachkommen - aufbrechen - verlassen - abreisen
5. Unterkunft - Übernachtung - Kammer - Zimmer
6. Erlaubt sind: Haustiere - Kinder - Ungeziefer - Essen auf dem Zimmer

3 Frau Wunder hat in der Stadtbroschüre von Münster Angebote über verschiedene Busrundfahrten in und um Münster gelesen. Besonders interessiert sie sich für die Tagestour „Zum Einkauf auf Münsteraner Bio-Bauernhöfe". Sie schreibt an das Fremdenverkehrsamt von Münster, um 2 Plätze für Sonntag, 3. November zu reservieren. Allerdings ist sie nicht sicher, ob diese Tour überhaupt am Sonntag stattfindet. Formulieren Sie dieses Schreiben für Frau Wunder.

▶ Lösung auf Seite 160

5 Reservierungen bestätigen

Das Hotel in Münster freut sich über die Reservierung, die Herr Betzke für Frau Wunder vorgenommen hat.

Hotel Am Wiedertäuferturm

Hotel Am Wiedertäuferturm
Postfach 23 54 Steinfurter Straße 6
48010 Münster 48149 Münster
Tel.: 0251 20510
Fax: 0251 205111
E-Mail: info@hotel-wiedertaeuferturm.de

Reich & Schön GmbH
Frau Wunder
Konstanzer Allee 14
70258 Stuttgart

Münster, den 12.10.20...

Sehr geehrte Frau Wunder,

gerne bestätigen wir die von Herrn Betzke für Sie vorgenommene Reservierung in unserem Hause 1 ____________________:

2 x 4 2 ____________________ mit Frühstück à € 90,- inkl. MwSt.

Einzelzimmer mit Bad, Kategorie I,
Namen der 3 ______________: Frau Gisela Wunder und Frau Irmgard Steinle
Anreise: 31. Oktober am Abend
Abreise: 3. November am Morgen

Unsere Zimmer sind 4 ____________________ Minibar, kostenfreiem WLAN, Direktwahl-Telefon, Sat-TV, Mietsafe, Klimaanlage.
Im Zimmerpreis sind 5 ____________________:
reichhaltiges Frühstücksbüfett, kostenfreies WLAN, Benutzung des hoteleigenen Fitnessraums und Swimmingpools und der Sauna, 3-Tage-Ticket für den Verkehrsverbund sowie Ermäßigungskarte für städtische Einrichtungen.
6 ____________________ sind verfügbar: Parkplätze in unserer Tiefgarage, Tennisplatz, Schnellreinigung von Kleidungsstücken.

Bei Nichtinanspruchnahme reservierter Zimmer fallen bis 30 Tage vor Anreise keine Stornokosten 7 ________, bei späterer Stornierung erlauben wir uns, Ihnen 80 % des Zimmerpreises 8 ____________________________, falls wir die von Ihnen gebuchten Zimmer nicht anderweitig vergeben können.

Wir wünschen Ihnen eine angenehme Anreise und 9 ________________________________ in unserem Hause.

Wir freuen uns auf Ihren Besuch und stehen Ihnen für Fragen jederzeit gerne zur Verfügung.

Mit freundlichen Grüßen

Hotel Am Wiedertäuferturm

Sabine Wurz

Sabine Wurz
Rezeption

▶ Brief 7: Lösung auf Seite 152

Helfen Sie der Rezeptionistin, die Bestätigung an Frau Wunder zu formulieren:

1 *„so“:*
wie folgend
wie folgt
wie folgendermaßen

2 *Schlafen im Hotel:*
Übernächtigungen
Wohnungen
Übernachtungen

3 *Kunden eines Hotels:*
Bewohner
Besucher
Gäste

4 *Wie beschreibt man den Zimmerstandard?*
ausgestattet mit
ausgelegt für
eingeschlossen mit

5 *„inklusive“:*
inbegriffen
eingegriffen
einbeschlossen

6 *„nicht kostenlos“:*
Mit Geld
Für Kosten
Gegen Gebühr

7 *Das richtige Präfix zum Verb „fallen“:*
ab
an
auf

8 *Das Hotel wird den Kunden etwas berechnen:*
zur Zahlung zu weisen
nach Hause zu schicken
in Rechnung zu stellen

9 *Wir wünschen „eine schöne Zeit“:*
einen schönen Aufhalt
eine schöne Aufhaltung
einen schönen Aufenthalt

Textbausteine

Den Eingang eines Briefes bestätigen

Vielen Dank für Ihren Brief vom ..., in dem Sie uns bitten, ... zu ...

Als Antwort auf Ihren Brief vom ...

Bezüglich Ihrer Anfrage vom ...

Eine Reservierung bestätigen

Gerne bestätigen wir Ihren Anruf von heute Morgen, in dem Sie uns baten, zwei Business-Class-Plätze für den nächsten Flug nach Tokio zu buchen.

Hiermit bestätige ich meine telefonische Buchung von einem Doppel- und zwei Einzelzimmern für 4 Nächte auf den Namen Bedek.

Wir haben die von Ihnen benannte Unterkunft für die Woche vom 5. bis 12. Januar gebucht.

In der Tat ist für die Zeit vom 4. bis 25. August ein Kombiwagen verfügbar. Unsere aktuellen Tarife und Mietbedingungen fügen wir bei.

Wir freuen uns, Ihre Reservierung einer Ferienvilla vom 1. bis 30. Juni bestätigen zu können. Wir fügen eine kurze Wegbeschreibung zu unserer Ferienanlage bei.

Eine Reservierung ablehnen

Wir bedauern, Ihnen mitteilen zu müssen, dass wir im gesamten Monat Mai ausgebucht sind.

Leider gibt es am Samstag für die Abendvorstellung von „Dornröschen" keine Karten mehr.

Leider sind für die Reise nach Amsterdam am kommenden Wochenende keine Plätze mehr frei.

Wir bedauern, Ihnen mitteilen zu müssen, dass wir für das Wochenende vom 4. bis 7. Juli keine E-Bikes mehr zur Verfügung haben.

Eine Alternative vorschlagen

Ich schlage Ihnen vor, sich an das Hotel Sonne zu wenden (Adresse s. u.), das Ihnen vielleicht eine adäquate Unterkunft für die gewünschte Zeit anbieten kann.

Wir können Ihnen jedoch fünf Plätze für die Nachmittagsvorstellung am Samstag anbieten.

Ich rate Ihnen, künftig mindestens einen Monat im Voraus zu buchen, da diese Rundfahrt sehr beliebt ist.

Wir schlagen Ihnen vor, sich an eine andere Agentur in der Gegend zu wenden, die Ihnen möglicherweise weiterhelfen kann.

Anmerkungen

Immer mehr deutsche Hotels und Reiseveranstalter sind dazu übergegangen, für kurzfristige Absagen Stornogebühren zu verlangen. Deshalb erkundigen Sie sich am besten immer nach den Stornobedingungen, falls sie Ihnen nicht bereits bekannt sind. Schreiben Sie zum Beispiel:
Bitte teilen Sie uns auch Absagefristen und ggf. die Höhe der Stornogebühren mit.
Allerdings dürfen Hotels nur dann Stornogebühren verlangen, wenn sie die Zimmer nicht anderweitig vermieten können. Dies aber muss der Gast nachweisen.

Sie sind dran!

1 **Oft können Sie sich kürzer ausdrücken, indem Sie einen Nebensatz in einen präpositionalen Ausdruck verwandeln. Ersetzen Sie hier die Nebensatz-Konjunktion** wenn **durch die Präposition** bei.

1. Wenn Sie verspätet anreisen, …	Bei verspäteter Anreise …
2. Wenn Sie das Zimmer nicht in Anspruch nehmen, …	______
3. Wenn Sie die Sauna benutzen, …	______
4. Wenn Probleme auftreten, …	______
5. Wenn weitere Fragen bestehen, …	______
6. Wenn Sie nicht zufrieden sind, …	______
7. Wenn Sie die Buchung stornieren, …	______
8. Wenn Sie die Rechnung mit Kreditkarte bezahlen, …	______
9. Wenn die Gebühren erhöht werden, …	______
10. Wenn wir die Zimmer anderweitig vergeben können, …	______

2 Wie muss der richtige Artikel bei den Zeitangaben heißen?

1. *die* ____ Stunde *in der* ____ nächsten Stunde
2. ____ Morgen *a* ____ frühen Morgen
3. ____ Nachmittag *a* ____ späten Nachmittag
4. ____ Abend *a* ____ morgigen Abend
5. ____ Tag *a* ____ dritten Tag
6. ____ Woche *i* ____ folgenden Woche
7. ____ Mittwoch *a* ____ ersten Mittwoch im Oktober
8. ____ Monat *i* ____ nächsten Monat
9. ____ Quartal *i* ____ letzten Quartal
10. ____ Halbjahr *i* ____ ersten Halbjahr
11. ____ Frühjahr *i* ____ kommenden Frühjahr
12. ____ Herbst *i* ____ nächsten Herbst
13. ____ Jahr *i* ____ neuen Jahr
14. ____ Jahrzehnt *i* ____ kommenden Jahrzehnt
15. ____ Zeitraum *i* ____ darauffolgenden Zeitraum
16. ____ Zeit *i* ____ nächsten Zeit

▶ Lösung auf Seite 161

Lerntipps

Lernen erfordert viel Ausdauer und Geduld mit sich selbst. Sie werden neue Wörter und Ausdrücke behalten, wenn Sie sie oft lesen, sprechen und schreiben.

6 Angebote und Kostenvoranschläge

Eine Anfrage zur Erstellung von Werbeplakaten ist bei Reich & Schön eingegangen. Frau Wunder ist an diesem Auftrag interessiert und unterbreitet das folgende Angebot.

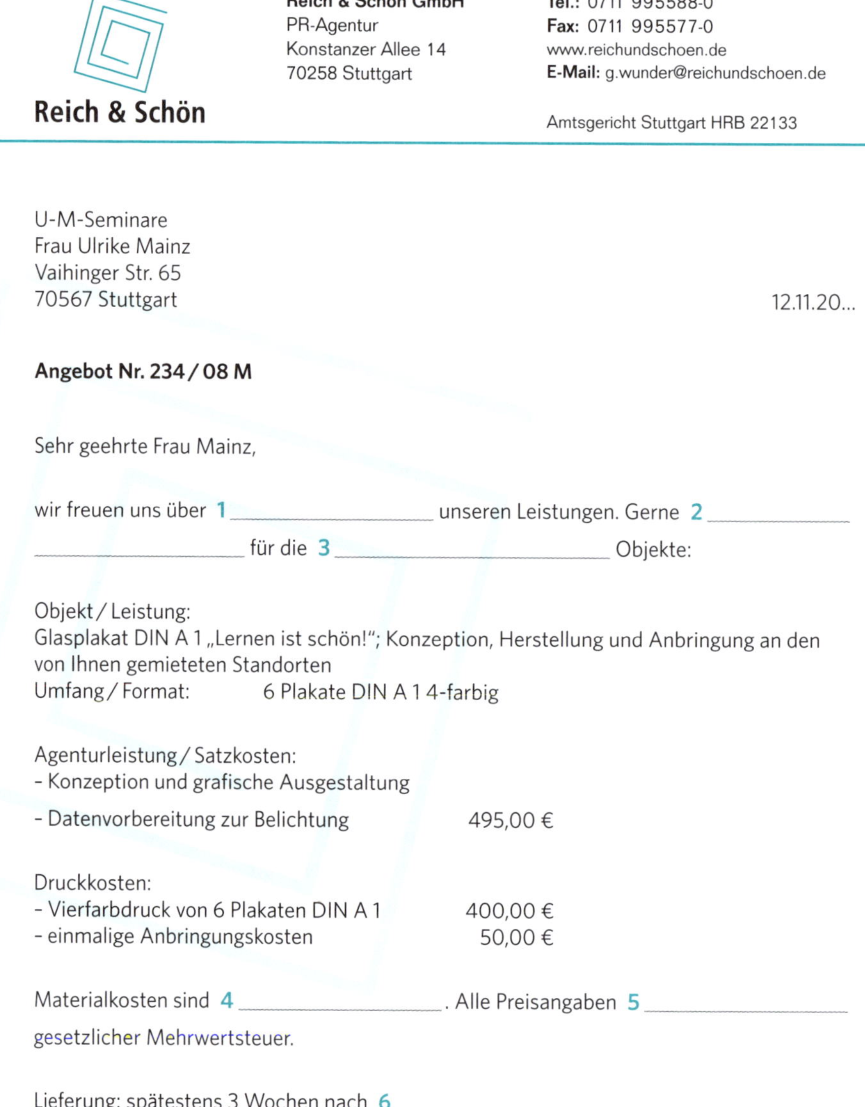

Reich & Schön

Reich & Schön GmbH
PR-Agentur
Konstanzer Allee 14
70258 Stuttgart

Tel.: 0711 995588-0
Fax: 0711 995577-0
www.reichundschoen.de
E-Mail: g.wunder@reichundschoen.de

Amtsgericht Stuttgart HRB 22133

U-M-Seminare
Frau Ulrike Mainz
Vaihinger Str. 65
70567 Stuttgart

12.11.20...

Angebot Nr. 234 / 08 M

Sehr geehrte Frau Mainz,

wir freuen uns über **1** ____________ unseren Leistungen. Gerne **2** ____________ ____________ für die **3** ____________ Objekte:

Objekt / Leistung:
Glasplakat DIN A 1 „Lernen ist schön!"; Konzeption, Herstellung und Anbringung an den von Ihnen gemieteten Standorten
Umfang / Format: 6 Plakate DIN A 1 4-farbig

Agenturleistung / Satzkosten:
- Konzeption und grafische Ausgestaltung
- Datenvorbereitung zur Belichtung 495,00 €

Druckkosten:
- Vierfarbdruck von 6 Plakaten DIN A 1 400,00 €
- einmalige Anbringungskosten 50,00 €

Materialkosten sind **4** ____________. Alle Preisangaben **5** ____________ gesetzlicher Mehrwertsteuer.

Lieferung: spätestens 3 Wochen nach **6** ____________

-2-

-2-

Zahlungsmodalitäten: Fälligkeit 30 Tage nach Ablieferung; bei Ablehnung unserer Entwürfe 7 ____________ wir eine Aufwandspauschale von 90,00 €.

Dieses Angebot 8 ____________ Jahresende. Es gelten unsere allgemeinen Geschäftsbedingungen.

9 ____________ zeigt Ihnen u. a. einige unserer bisherigen Arbeiten und gibt Ihnen vielleicht weitere Ideen zur Gestaltung Ihrer Außenwerbung.

Über Ihre Beauftragung würden wir uns freuen. Selbstverständlich stehen wir Ihnen für weitere Fragen, Beratungen und Vorschläge jederzeit zur Verfügung.

Mit freundlichen Grüßen

G. Wunder

Gisela Wunder
Geschäftsführerin

▶ Brief 8: Lösung auf Seite 152

Helfen Sie Frau Wunder, mit Hilfe folgender Elemente das Angebot zu formulieren:

1 *Was wird mit der Anfrage zum Ausdruck gebracht?*
Ihre Freude an
Ihre Frage an
Ihr Interesse an

2 *Wie reagiert Reich & Schön auf die Anfrage?*
unterbreiten wir Ihnen unser Angebot
berechnen wir Ihnen unseren Vorschlag
leisten wir Ihnen unseren Kostenvoranschlag

3 *„im Brief erläuterte" Objekte:*
folgenden beschrifteten
nachfolgend beschriebenen
verfolgend erklärten

4 *„im Preis eingeschlossen"*
inkludiert
inbegriffen
zugeschlossen

5 *„noch dazu kommen":*
verstehen sich zugezogen
verstehen sich zuzüglich
sind berechnet zuzüglich

6 *Wenn der Auftrag kommt:*
Auftragsermäßigung
Auftragseingang
Vertragserteilung

7 *Etwas in Rechnung stellen:*
anrechnen
errechnen
berechnen

8 *Nicht für immer gelten:*
ist erledigt bis
ist ungültig vor
ist befristet bis

9 *Was schickt Frau Wunder als Anlage?*
Unsere beigefügte Broschüre
Unsere angelegte Broschüre
Unsere eingefügte Broschüre

Textbausteine

Dank und Bezug

Vielen Dank für Ihre Anfrage vom ... Gerne unterbreiten wir Ihnen das folgende Angebot.

Wir nehmen Bezug auf Ihren gestrigen Besuch und bieten an wie folgt: ...

Wir freuen uns über Ihr Interesse an unseren Produkten und machen Ihnen gerne das folgende Angebot: ...

Wie telefonisch besprochen, unterbreiten wir Ihnen gerne unser Angebot für die nachfolgend beschriebenen Objekte: ...

Angebotsoptionen (wenn mehrere Möglichkeiten bestehen)

Die folgenden Optionen können wir Ihnen anbieten.

Sie haben die Wahl zwischen mehreren Möglichkeiten.

Einen Rabatt oder Nachlass gewähren

Wir können 10 % Rabatt auf alle Bestellungen gewähren, die einen Wert von € 500 übersteigen /
... auf alle Nachbestellungen anbieten.

Wir können Ihnen ein festes Angebot über / für ... machen.

Wir können Ihnen einen 10 %igen Rabatt einräumen / anbieten.

Auf Ihre Erstbestellung gewähren wir einen Rabatt von 10 %.

Diese Serie ist zu einem besonderen Einführungspreis im Angebot.

Den Lagerbestand beschreiben

Alle Modelle sind vorrätig.

Bitte schicken Sie uns Ihre Bestellung so bald wie möglich, da unsere Lagerbestände begrenzt sind.

Unsere Lagerbestände sind erschöpft / ausverkauft, aber wir können Ihnen Ersatz anbieten.

Diese Waren sind nicht vorrätig.

Diesen Artikel führen wir nicht mehr.

Vorbehalte äußern

unter Vorbehalt, vorbehaltlich ...

solange der Vorrat reicht

Zwischenverkauf vorbehalten

nur mit Zustimmung der Geschäftsführung

nur mit / bei Auftragseingang

Wir behalten uns Preisänderungen vor.

Zusätzliche Leistungen erwähnen

Wir haben landesweit Dienstleistungszentren.

Für die Ausrüstung / Einrichtung gibt es verschiedenes Zubehör.

Auf die Waren / Produkte geben wir ein Jahr Garantie.

Die Lieferung / Der Einbau / Anschluss ist kostenlos / gebührenfrei.

Zahlungsarten und Preise

Preise für Kosten, Versicherung und Fracht

zuzüglich berechnet werden ...

Zahlungsbedingungen: netto innerhalb 30 Tagen

Die Preisangaben verstehen sich zuzüglich gesetzlicher Mehrwertsteuer.

Schlussformel

Wir würden uns freuen, wenn Ihnen dieses Angebot zusagt, und bitten in diesem Fall um einen schriftlichen Auftrag.

Gerne erwarten wir Ihre Bestellung und sichern pünktliche Lieferung zu.

Anmerkungen

Angebote / Kostenvoranschläge – Was ist der Unterschied?

- Ein **Angebot** ist eine konkrete Antwort auf die Anfrage oder den Wunsch eines Kunden. Der Kunde erhält eine möglichst genaue und möglichst komplette Information zu den Konditionen und Kosten. Diese Informationen sind normalerweise verbindlich, soweit der Anbieter keine Vorbehalte macht, z. B.:
  Zwischenverkauf vorbehalten oder **Das Angebot ist befristet bis 31.12.**
  Das heißt: Der Kunde weiß, welche Produkte und Dienstleistungen er braucht, und er möchte die genaue Gesamtsumme der Kosten wissen.
- Ein **Kostenvoranschlag** ist eine Schätzung und Kalkulation der wahrscheinlich notwendigen Arbeiten und der Kosten. Der Anbieter garantiert damit also nicht, dass es bei den angegebenen Kosten bleibt.
  Das heißt: Der Kunde soll eine Vorstellung von der Höhe der Kosten bekommen. Daher werden die Stückkosten und die Kosten pro Arbeitseinheit aufgeführt sowie eine unverbindliche Schätzung der Menge. Eine genaue Information über die Endsumme ist also nicht möglich.

Sie sind dran!

1 Überlegen und entscheiden Sie, ob Sie in diesem Fall ein Angebot oder einen Kostenvoranschlag erwarten:

1 Nach einem Autounfall soll Ihr Wagen in einer Werkstatt repariert werden.
2 Sie möchten in Ihrem Büro die Wände streichen lassen.
3 Sie benötigen für eine Party 60 belegte Brötchen, Getränke und für die Dauer der Party 2 Personen zur Bedienung.
4 Sie möchten neue Möbel für Ihre Eingangshalle kaufen.
5 Ihr Computer macht immer wieder Probleme. Er muss in der Werkstatt repariert werden.
6 Ihr gesamtes Haus braucht neue Rohrleitungen.
7 Sie wollen für Ihr Büro einen neuen Fotokopierer anschaffen.

2 Finden Sie das passende Verb:

bearbeiten • eingehen • ermäßigen • erteilen • gewähren • unterbreiten • zusichern

1 Wir sind nun in der Lage, Ihnen den folgenden Vorschlag zu ...
2 Für eine termingerechte Lieferung sollte Ihre Beauftragung vor Freitag ...
3 Wir würden uns freuen, wenn Sie sich entschließen würden, uns diesen Auftrag zu ...
4 Wir werden Ihre Anfrage innerhalb der nächsten Tage ...
5 Bei Abnahme von mindestens 2000 Stück könnten wir diesen Preis nochmals ...
6 Für alle angebotenen Produkte können wir sofortige Lieferung ...
7 Ab 4000 Einheiten könnten wir Ihnen einen Nachlass ...

3 Setzen Sie die Sätze richtig zusammen:

1 ___ Bei Abnahme von über 10.000 Stück wären wir zu einem ...
2 ___ Da die lieferbare Stückzahl dieses Artikels wegen ...
3 ___ Die Zahlungs- und Liefermodalitäten entnehmen Sie bitte unseren ...
4 ___ Gerne erwarten wir Ihren Auftrag und sichern ...
5 ___ In Anlage 1 finden Sie eine detaillierte ...
6 ___ Sollten Sie weitere Informationen benötigen, wird sich unser ...

A ... Aufstellung der von uns geschätzten Kosten.
B ... Außendienstmitarbeiter gern mit Ihnen in Verbindung setzen.
C ... der großen Nachfrage begrenzt ist, empfehlen wir schnelle Bestellung.
D ... Nachlass von 5 % auf die angegebenen Preise bereit.
E ... pünktliche Lieferung zu.
F ... beigefügten Allgemeinen Geschäftsbedingungen.

▶ Lösung auf Seite 161

7 Bestellungen aufgeben

Frau Wunder benötigt neue Drucker. Deshalb hat sie sich von der Firma Quickprint ein Angebot schicken lassen.

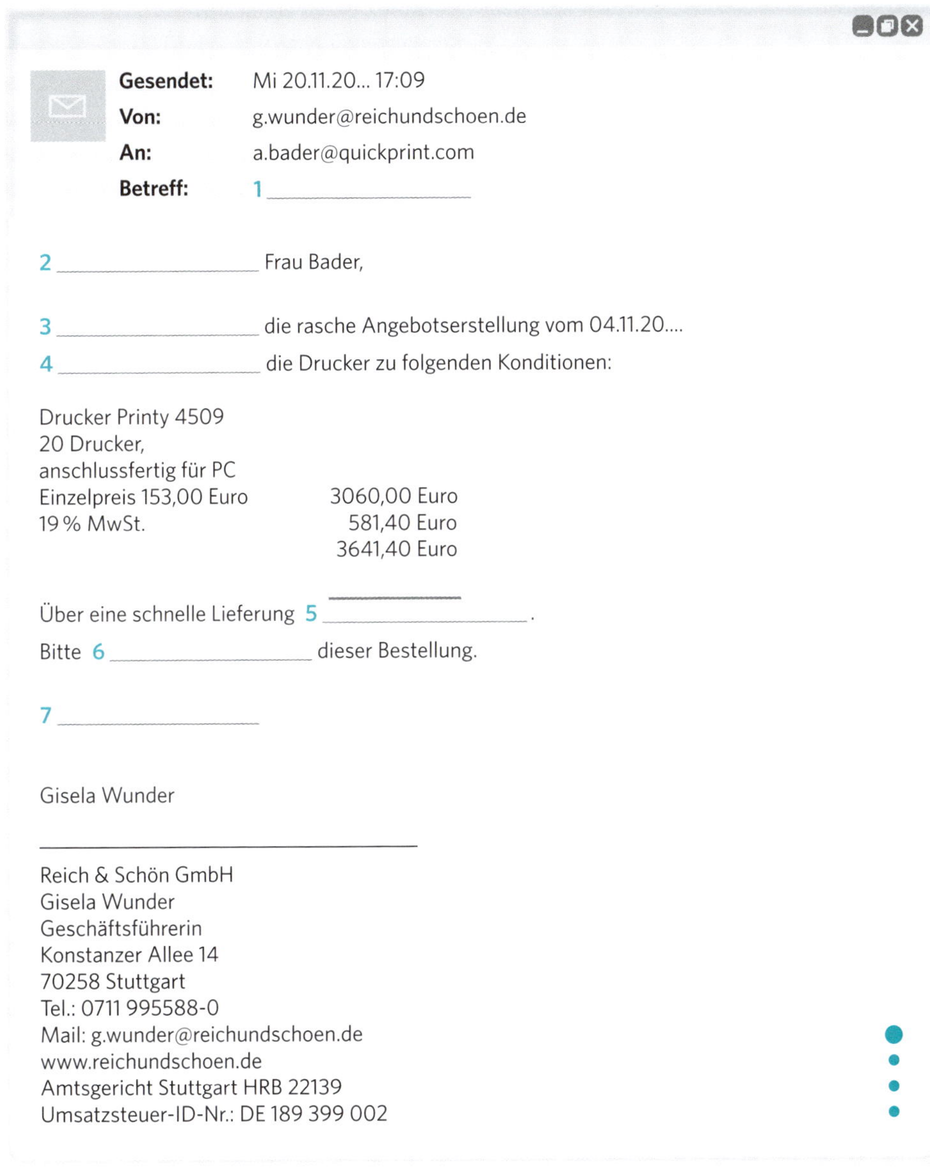

Gesendet: Mi 20.11.20... 17:09
Von: g.wunder@reichundschoen.de
An: a.bader@quickprint.com
Betreff: 1 ____________

2 ____________ Frau Bader,

3 ____________ die rasche Angebotserstellung vom 04.11.20....
4 ____________ die Drucker zu folgenden Konditionen:

Drucker Printy 4509
20 Drucker,
anschlussfertig für PC
Einzelpreis 153,00 Euro 3060,00 Euro
19 % MwSt. 581,40 Euro
3641,40 Euro

Über eine schnelle Lieferung 5 ____________ .
Bitte 6 ____________ dieser Bestellung.

7 ____________

Gisela Wunder

Reich & Schön GmbH
Gisela Wunder
Geschäftsführerin
Konstanzer Allee 14
70258 Stuttgart
Tel.: 0711 995588-0
Mail: g.wunder@reichundschoen.de
www.reichundschoen.de
Amtsgericht Stuttgart HRB 22139
Umsatzsteuer-ID-Nr.: DE 189 399 002

▶ E-Mail 9: Lösung auf Seite 152

Schreiben Sie diesen Brief mit Hilfe nachfolgender Begriffe:

1 *Wie muss der Betreff lauten?*
Ordnung
Bestellung
Angebot

2 *Die Anrede:*
Sehr geehrte
Werte
Liebe

3 *Frau Wunder bedankt sich:*
herzlichsten Dank für
vielen Dank für
ein herzliches Dankeschön

4 *Eine Bestellung aufgeben:*
Wir fordern
Wir möchten gern haben
Wir bestellen

5 *Wie reagiert Frau Wunder auf eine schnelle Lieferung?*
freuen wir uns
wären wir überglücklich
wären wir entzückt

6 *Um eine Auftragsbestätigung bitten:*
bestätigen Sie den Erhalt
sagen Sie ja zu
prüfen Sie das Angebot

7 *Die Grußformel:*
Herzlichen Gruß
Alles Liebe
Mit freundlichen Grüßen

Textbausteine

Den Eingang bestätigen

Vielen Dank für Ihren Brief / Ihr Angebot vom ...
Wir beziehen uns auf Ihren Brief / Ihr Angebot vom ...

Bestellen

Wir bestellen / ordern ...
Bitte schicken Sie uns / beliefern Sie uns mit ...
Bitte schicken / senden Sie uns die unten genannten Waren.
Wir beziehen uns auf Ihr Angebot und fügen unsere Bestellung über ... bei.
Wir erteilen Ihnen den nachstehenden Auftrag: ...

Einen Liefertermin nennen

Über eine Lieferung bis zum ... *(Datum)* freuen wir uns.
Wir fügen unsere Bestellung bei und bitten um umgehende Lieferung.
Bitte bestätigen Sie, dass Sie die Waren bis zum gewünschten Termin liefern können.

Der Bestellschein

Bestellnummer / Bestell-Nr.

Bitte in Blockschrift schreiben.

Bitte schicken Sie Ihre Bestellung mit Unterschrift an folgende Adresse.

Eine Rechnungskopie sollte dem Paket beiliegen.

Bitte geben Sie diese Nummer in allen Ihren Schreiben an.

Um eine Auftragsbestätigung bitten

Bitte bestätigen Sie den Erhalt dieser Bestellung.

Bitte bestätigen Sie diesen Auftrag möglichst umgehend.

Eine Bestellung abändern oder stornieren

Sollten einzelne Teile nicht auf Lager sein, schicken Sie bitte ein Angebot für einen vergleichbaren Artikel.

Aufgrund unvorhergesehener Umstände muss unsere Bestellung reduziert / ergänzt werden.

Wegen ... sind wir gezwungen, unsere Bestellung über ... zu ändern.

Wir stornieren unsere Bestellung Nr. ..., weil ...

Ein Angebot ablehnen

Wie wir feststellen mussten, weisen Ihre Produkte nicht die Qualität auf, die bei einem Verkauf in unserem Land gefordert wird. Daher können wir Ihr Angebot leider nicht annehmen.

Die zugeschickten Muster lassen uns annehmen, dass Ihre Produkte nicht dem Standard entsprechen, den wir erwarten.

Leider müssen wir Ihnen mitteilen, dass wir uns für das günstigere Angebot eines Wettbewerbers entschieden haben. Bei erneutem Bedarf kommen wir aber gern auf Sie zurück.

Da wir uns intern anders entschieden haben, sehen wir derzeit von einer Bestellung ab.

Anmerkungen

Beachten Sie, dass es heißt:

sich freuen	Wir freuen uns sehr.
sich freuen auf etwas / jemanden	Ich freue mich auf Ihren Besuch / Sie.
sich freuen über etwas	Wir freuen uns über die schnelle Lieferung.
sich freuen für jemanden	Ich freue mich für Sie, dass Sie den Preis für das familienfreundlichste Unternehmen bekommen haben.

sich mit jemandem freuen	Wir freuen uns sehr mit Ihnen.
sich freuen an etwas oder **jemandem** (entspricht: Freude haben an etwas oder jemandem)	Ich freue mich an seinem Erfolg / meinen Kollegen. (Ich habe Freude an seinem Erfolg / meinen Kollegen.)
etwas freut jemanden (entspricht: etwas macht jemandem Freude)	Der gewährte Rabatt freut mich sehr. (Der gewährte Rabatt macht mir Freude.)

Sich freuen auf etwas oder **jemanden** wird benutzt, wenn es in der Zukunft passiert.
Sich freuen über etwas wird benutzt, wenn es im Moment passiert oder schon passiert ist.

Sie sind dran!

1 **Frau Wunder hat für kommenden Donnerstag zu einem Stehempfang anlässlich einer erfolgreichen Präsentation eingeladen. Geben Sie für Frau Wunder eine Bestellung über 70 belegte Brötchen auf. 20 Brötchen sollen mit Schinken belegt sein, 20 Vollkornbrötchen mit Käse, 10 Brötchen mit Lachs und 20 Brötchen mit veganem Gemüseaufstrich. Bitten Sie um eine Lieferung für den kommenden Donnerstag bis spätestens 9.45 Uhr. Bestellen Sie alles bei der Feinkost-Metzgerei Walter Franke, Speckstr. 49, 70257 Stuttgart. franke@metzger-franke.de**

2 **Bringen Sie die Wörter der folgenden Sätze in die richtige Reihenfolge:**

1 Lager Teile nicht einzelne auf sein Sollten, Artikel schicken Angebot bitte Sie ein für vergleichbaren einen.

____

2 Auftrag Ihnen nachstehenden den erteilen Wir.

____

3 diesen bestätigen Bitte Sie Auftrag umgehend möglichst.

____

4 Bitte Sie bestätigen, Termin Sie Waren bis die zum können dass gewünschten liefern.

____

5 Schreiben Sie Bitte Ihren Nummer in geben all an diese.

____

6 Liefertermin Sie uns teilen voraussichtlichen den mit Bitte.

____

▶ Lösung auf Seite 161

8 Bestellungen beantworten

Frau Wunder hatte bei einer Modemesse eine Tasche der Firma Glitzerwelt gesehen, die ihr sehr gut gefiel. Sie plant, diese Taschen für einen Werbeeinsatz zu nutzen. Nach der Messe ließ sie sich ein Angebot machen. Da ihr der angebotene Preis und die Abnahmemenge zu hoch waren, machte sie ein Gegenangebot. Glitzerwelt ist aber nicht bereit, zu diesem Preis zu liefern.

Gesendet: Mi 30.11.20... 08:21
Von: p.marx@glitzerwelt.de
An: g.wunder@reichundschoen.de
Betreff: **Ihr Auftrag vom 20.09.20...**

Sehr geehrte Frau Wunder,

1 ____________ Ihre Bestellung.

Leider können wir Ihre Bestellung über 50 Taschen zu diesen 2 ____________ nicht ausführen. Unser Angebot vom 03.09.20... sieht 10 % Rabatt 3 ____________ 100 Taschen vor. 50 Taschen mit 15 % Rabatt lässt unser enger Kalkulationsrahmen 4 ____________ nicht zu.
5 ____________ sind 100 Taschen mit 15 % Rabatt.

Alle anderen Konditionen bleiben davon 6 ____________. Dürfen wir liefern?

Wir 7 ____________ Ihre Bestätigung.

Mit freundlichen Grüßen
Peter Marx, Geschäftsführer

Glitzerwelt GmbH
Peter Marx
Geschäftsführer
Vogtlandstraße 21
08523 Plauen
Tel.: 03741 6578-0
Fax: 03741 6578-21
Mail: p.marx@glitzerwelt.de
www.glitzerwelt.de
Amtsgericht Plauen HRB 18945
Umsatzsteuer-ID-Nr.: DE 567 982 101

▶ E-Mail 10: Lösung auf Seite 153

Gestalten Sie mit Hilfe folgender Elemente das Antwortschreiben:

1 *Wie wird auf Frau Wunders Bestellung Bezug genommen?*
erhalten haben wir
vielen Dank für
geschickt haben Sie

2 *Glitzerwelt akzeptiert nicht die ...*
Bedingungen
Zahlen
Unterlagen

3 *Wann wird Rabatt gewährt?*
bei Mitnahme von
bei Zusage von
bei Abnahme von

4 *„bedauerlicherweise“:*
leider
schade
zum Glück

5 *Glitzerwelt kann Frau Wunder nicht weiter entgegenkommen:*
Unser bester Vorschlag
Unser äußerstes Angebot
Unser Gebot

6 *Wie bleiben die anderen Konditionen davon?*
unberührt
frei
unbelastet

7 *„höflich verlangen“:*
bitten um
erhoffen
wünschen

Textbausteine

Den Auftragseingang bestätigen

Vielen Dank für Ihre Bestellung.

Wir bestätigen den Erhalt Ihrer Bestellung Nr. 57 963.

Wir freuen uns, dass Sie bei uns bestellt haben, und danken Ihnen für Ihr Vertrauen.

Einen Auftrag annehmen

Wir übernehmen gern Ihren Auftrag vom ...

Wir haben Ihre Bestellung über ... *(Waren)* erhalten / notiert.

Wir freuen uns, Ihnen bestätigen zu können, dass ...

Wir freuen uns über Ihren Auftrag.

Gerne bestätigen wir Ihren Auftrag, einschließlich der von Ihnen gewünschten Änderungen gegenüber unserem Angebot vom ...

Einen Liefertermin bestätigen

Die Lieferung wird wunschgemäß bis ... *(Datum)* erfolgen.

Die Auslieferung wird Ihren Anweisungen gemäß erfolgen.

Wir bestätigen, dass wir vor Monatsende liefern können.

Die bestellten Waren können sofort / innerhalb einer Woche geliefert werden.

Wir werden Sie informieren, sobald die Lieferung versandfertig ist.

Einen Liefertermin Anfang Juni haben wir vorgemerkt.

Eine Verzögerung ankündigen

Leider wird sich die Auslieferung etwas verzögern.

Bedauerlicherweise wird sich die Auslieferung um ... Tage / Wochen verzögern.

Bitte beachten Sie, dass uns Ihre Bestellung erst am ... erreicht hat.

Wir benötigen ... Tage / Wochen, um diese Bestellung zu bearbeiten.

Leider können wir nicht sofort liefern. Durch die unerwartet starke Nachfrage in den letzten Tagen ist der Artikel vorübergehend ausgegangen.

Schwierigkeiten einräumen

Die bestellten Waren / Teile sind nicht (mehr) vorrätig / nicht mehr erhältlich. Wir bedauern dies sehr.

Bedauerlicherweise / Leider haben wir derzeit Probleme mit unserem Bestellbearbeitungssystem.

Leider ist uns Ihre Bestellung verloren gegangen. Bitte schicken Sie uns ein Duplikat / eine Kopie Ihrer Bestellung.

Einen Ersatz anbieten

Wir können Ihnen jedoch einen Ersatz anbieten.

Unser Modell Nr. 5 ist sehr ähnlich / hat die gleiche Qualität.

Einen Auftrag ablehnen

Wir sind leider nicht in der Lage, Ihren Auftrag zu den von Ihnen gewünschten Preisen anzunehmen.

Zu den von Ihnen genannten Bedingungen können wir die Bestellung nicht ausführen.

Die Nachfrage nach diesem Artikel war so groß, dass der Restposten bereits nach 5 Tagen ausverkauft war. Wir bedauern sehr, nicht mehr liefern zu können.

Die Ausführung Ihres Auftrages ist uns leider nicht möglich, weil ...

Anmerkungen

- Beachten Sie den Unterschied zwischen **Auftrag** und **Antrag**:
  Der **Auftrag** ist a) die Bestellung einer Ware bei einer Firma bzw. b) die Anweisung, eine Arbeit auszuführen.
  Der **Antrag** ist a) ein an eine Behörde gerichtetes Schriftstück mit einer Bitte bzw. b) ein in einer Versammlung gemachter Vorschlag.

- Denken Sie daran, dass es heißt **jemandem** (Dativ) **antworten auf etwas** (Akkusativ), jedoch keine Präposition steht bei **etwas** (Akkusativ) **beantworten**, z. B.:
  Die Firma antwortete dem Mitarbeiter nicht auf seinen Brief.
  Sie hat meinen Brief noch nicht beantwortet.

Sie sind dran!

1 Vervollständigen Sie die Sätze mit Hilfe der vorgegebenen Wörter:

versandfertig • Ersatz • bearbeitet • Waren • Auslieferung • Bestellung • vorrätig

1 Wir freuen uns über Ihre ________________.
2 Ihre Bestellung wird schon ________________.
3 Die bestellten ________________ können sofort geliefert werden.
4 Wir werden Sie informieren, sobald die Lieferung ________________ ist.
5 Leider wird sich die ________________ etwas verzögern.
6 Die bestellten Waren sind nicht ________________. Wir bedauern das sehr.
7 Wir können Ihnen jedoch einen ________________ anbieten.

2 Vervollständigen Sie diese Auftragsbestätigung:

Lieferung • freundlichen • Auslieferung • geliefert • anzurufen • Angebot • Liefertermin • Bestellung

Wir freuen uns, dass Ihnen unser 1 ________________ gefallen hat. Vielen Dank für Ihre 2 ________________ der Drucker.

Aufgrund der starken Nachfrage wird sich die 3 ________________ etwas verzögern.
4 ________________ für 30 Drucker ist voraussichtlich der 04.10.20... nachmittags.

Die restlichen 20 Drucker werden am 05.11.20... nachmittags 5 ________________.
Die 6 ________________ erfolgt frei Haus.
Sollten Sie noch weitere Wünsche haben, zögern sie bitte nicht uns 7 ________________.

Mit 8 ________________ Grüßen

▶ Lösung auf Seite 161

9 Lieferbedingungen

Frau Wunder hatte im Auftrag eines Kunden bei einer Keramikmanufaktur in Tschechien wegen der Lieferung von kleinen Keramik-Figuren als Werbegeschenke angefragt. Herr Zedlo beantwortet ihre Anfrage nach den Lieferbedingungen.

Moravská Keramická s. r. o. | Pavelčákova 20 | CZ-77100 Olomouc | Tel./Fax: 068 5220303

Werbeagentur Reich & Schön
Konstanzer Allee 14
70258 Stuttgart
Deutschland

Olomouc, den 10.12.20...

Lieferbedingungen

Sehr geehrte Frau Wunder,

verbindlichen Dank für Ihre E-Mail und 1 ____________ an unseren Produkten. Wie von Ihnen gewünscht, teile ich Ihnen hier die genauen Lieferbedingungen für die geplante Bestellung mit.

Die Ware kann etwa 4 Wochen nach Bestellung 2 ____________ werden. Die Konfektionierung nehmen wir im Werk vor. Die Figuren werden 3 ____________ einzeln in Folie und dann in Kartons verpackt. 4 ____________ per Lkw 5 ____________ (EXW), Versandkosten und Transportversicherung sowie Verzollung gehen zu Ihren Lasten. Bitte teilen Sie uns auch noch mit, 6 ____________ die Ware gehen soll.

Nach Versand werde ich Ihnen umgehend per Fax 7 ____________. Erfahrungsgemäß können Sie damit rechnen, dass die Lieferung innerhalb von 3 Tagen 8 ____________. Lieferverzögerungen können wegen der Zollformalitäten jedoch 9 ____________ werden.

-2-

-2-

Sollten Sie eine Versendung per Eisenbahn oder Luftfracht wünschen, kann ich gerne 10 ______________ für Sie erfragen.

Es würde mich freuen, bald wieder von Ihnen zu hören. Für weitere Auskünfte stehe ich Ihnen sehr gerne zur Verfügung.

Mit freundlichen Grüßen

Otakar Zedlo
Direktor

▶ Brief 11: Lösung auf Seite 153

Wählen Sie aus den folgenden Formulierungen, um die Lücken zu füllen:

1 *Frau Wunders Fax war eine präzisere Nachfrage:*
das weiteste Interesse
das weitläufige Interesse
das weitergehende Interesse

2 *„verschickt":*
auf den Weg gebracht
auf den Weg gelassen
in den Marsch gesetzt

3 *Nichts soll zerbrechen:*
zum Schutz von Beschädigungen
zum Schutz vor Beschädigungen
aus Angst von Beschädigungen

4 *Transportmodalitäten:*
Die Transportierung wird
Die Verschiffung kommt
Der Versand erfolgt

5 *Transportbedingungen:*
ab Werk
aus dem Werk
aus dem Werk heraus

6 *Wohin?*
an welche Lieferanschrift
in welche Richtung
nach welcher Lieferungsadresse

7 *Eine Nachricht über die Absendung schicken:*
die Verschickung ausrichten lassen
die Versandanzeige zukommen lassen
die Versand-Information verschicken

8 *„ankommt":*
zugestellt wird
zugesagt wird
abgestellt wird

9 *Ganz sicher ist es nicht:*
nicht ganz ausgeschlossen
nicht passiert werden
eigentlich nicht gemacht

10 *Was Frau Wunder dann wissen muss:*
die entsprechenden Konditionen
die korrespondierenden Bedingungen
die respektiven Beträge

Textbausteine

Lieferfristen mitteilen

Die Sendung ist versandbereit.

Die Artikel sind vorrätig und dürften bis kommenden Montag zur Auslieferung versandfertig sein.

Die Lieferung wird innerhalb von zwei Monaten erfolgen.

Bis zur Auslieferung wird es vier Monate dauern.

Das Transportmittel mitteilen

Wie abgesprochen wird die Lieferung per Lastwagen / Bahn / Luftfracht / Seefracht erfolgen.

Wir werden die Waren morgen per Luftfracht verschicken.

Die Versandbedingungen angeben

Unsere Preise gelten / verstehen sich ...

- ab Werk, ab Lager
- frei Frachtführer, frei an Bord, frei Haus
- frachtfrei bis ...
- Kosten, Versicherung, Fracht
- Kosten und Fracht
- frachtfrei versichert bis ...
- geliefert verzollt
- geliefert Grenze

Die Lieferadresse mitteilen

Bitte beachten Sie, dass die Lieferung an folgende Adresse erfolgen soll: ...

Wir bitten um Lieferung an folgende Anschrift: ...

Bitte beachten Sie die neue Adresse unseres Lagers.

Den Versand anzeigen

Es freut uns, Ihnen mitteilen zu können, dass wir heute gemäß Ihrer Bestellung ... ausgeliefert haben.

Wie abgesprochen werden Ihnen die Waren Montagmorgen zugestellt.

Die Bestellung Nr. ... wird ab 5. Mai versandbereit sein. Bitte teilen Sie uns mit, in welcher Form Sie die Lieferung entgegennehmen.

Ihre Sendung wurde heute um ... Uhr dem Versandservice übergeben. Sie können den Status Ihrer Lieferung über folgenden Link verfolgen: ...

Einen Lieferverzug mitteilen

Wegen / Aufgrund ... sind wir nicht in der Lage, Ihre Bestellung Nr. ... vor dem 7. Juni auszuliefern.

Falls wir nichts Gegenteiliges von Ihnen hören, nehmen wir an, dass die Bestellung noch gültig ist.

Die Versandart beschreiben

Die Waren werden in versiegelten, stoßfesten Kisten verschickt.

Die angeforderten Unterlagen wurden Ihnen ... zugeschickt.

- mit getrennter Post
- per Einschreiben
- per Boten / per Eilboten

Anmerkungen

- Beachten Sie, dass in Wendungen wie **... werden Ihnen die Waren zugestellt ...**, **Die Figuren werden einzeln verpackt**, **... kann auf den Weg gebracht werden ...** das Passiv benutzt wird. Wegen seines nicht so persönlichen, dafür aber formelleren Aspekts wird in Geschäftsbriefen diese Form dem Aktiv vorgezogen.
- Merken Sie sich die Wendung **... geht / gehen zu Ihren Lasten**. Diese Formulierung ist höflicher als „Sie müssen ... zahlen".

Sie sind dran!

1 **Schreiben Sie im Auftrag von Frau Wunder an Herrn Zedlo und präzisieren Sie die Lieferbedingungen für die von ihr bestellten Waren:**

1 ______________ Herr Zedlo,

nach 2 Rück______________ mit unserem Kunden bitten wir Sie, die

3 Aus______________ der oben genannten Waren folgendermaßen vorzunehmen:

Damit die Ware beim 4 ______________ nicht 5 ______________ wird,

bitte ich Sie darum, die Figuren einzeln in Kartons zu 6 ______________ und uns die

Mehrkosten dafür in Rechnung zu 7 ______________.

Bitte 8 ______________ Sie sicher, dass die Waren vor dem 15.04. d. J. bei der angegebenen Lieferanschrift 9 ______________. Angesichts des großen Umfangs unserer

Bestellung würden wir die Lieferung frei 10 ________ erwarten.

Die 11 ______________ bitte ich durch die Spedition durchführen zu lassen, da diese

sicherlich über ausreichende Erfahrung mit den Grenzformalitäten verfügt.

2 **Komposita von liefern sind:**

ausliefern ▪ nachliefern ▪ anliefern ▪ beliefern

Setzen Sie diese Verben in die Sätze ein:

1 Wir ______________ alle Großfirmen in der Region mit unseren Produkten.

2 Die Ware ist bereit, wir können sie jetzt ______________.

3 Diese Stücke fehlen noch, wir werden sie in 3 Tagen ______________.

4 Wir haben die Adresse Ihres Werks. Können wir die Waren dorthin ______________?

▶ Lösung auf Seite 161

10 Zahlungsbedingungen und Rechnungen

Frau Wunder hatte einer Firma ein Angebot zur Gestaltung einer neuen Firmenbroschüre unterbreitet. Auf Kundenwunsch erläutert sie nun die Zahlungsbedingungen.

Gesendet: Mi 12.01.20... 11:18
Von: g.wunder@reichundschoen.de
An: guenter.dreisam@optisoft.eu
Betreff: **Zahlungsbedingungen - Ihr Schreiben vom 07.01.20...**

Sehr geehrter Herr Dreisam,

gerne kommen wir auf Ihre Nachfrage zurück und geben Ihnen hiermit 1 ______________ bekannt:

Unsere Rechnung ist 2 ______________ und Freigabe, zahlbar rein netto und ohne Abzug innerhalb 4 Wochen. Bei Zahlung innerhalb 6 Arbeitstagen nach Rechnungserhalt können 2 % 3 ______________. Sofern der Auftragswert den Betrag von 5000 € 4 ______________, verlängert sich die Skontofrist auf 11 Arbeitstage.

Das von Ihnen angefragte 5 ______________ können wir leider nicht gewähren, da auch wir unseren Vertragspartnern gegenüber zur pünktlichen Zahlung verpflichtet sind und dadurch möglicherweise in 6 ______________ geraten würden.

Bestellte Waren bleiben bis zur vollständigen Bezahlung 7 ______________.

Wir würden uns freuen, bald Ihre Bestellung zu erhalten, und stehen für weitere Fragen gerne zu Ihrer Verfügung.

Mit freundlichen Grüßen
Gisela Wunder

Reich & Schön GmbH
Gisela Wunder
Geschäftsführerin
Konstanzer Allee 14
70258 Stuttgart
Tel.: 0711 995588-0
Mail: g.wunder@reichundschoen.de
www.reichundschoen.de
Amtsgericht Stuttgart HRB 22139
Umsatzsteuer-ID-Nr.: DE 189 399 002

▶ E-Mail 12: Lösung auf Seite 153

Helfen Sie Frau Wunder, die Zahlungsbedingungen zu erläutern:

1 *Die für die Bezahlung von Rechnungen geltenden Regeln:*
unsere typischen Konditionierungen
unsere normalen Bezahlmodi
unsere üblichen Zahlungsbedingungen

2 *Wann muss bezahlt werden?*
fällig nach Leistungserbringung
schuldig nach Ende
offen bis Fälligkeit

3 *Unter diesen Umständen kann weniger bezahlt werden:*
Skonto in Abzug gebracht werden
Nachlass geltend gemacht werden
Rabatt zur Geltung gebracht

4 *Wenn der Betrag höher ist:*
übergeht
überfliegt
übersteigt

5 *Die Zeit, die man zum Bezahlen hat:*
Zahlungsziel von 90 Tagen
Zahlungsaufschub von 12 Wochen
Zahlungsfrist in 3 Monaten

6 *Wenn man nicht so viel Geld zur Verfügung hat:*
Liquiditätsengpässe
Geldnot
Zahlungsunfähigkeit

7 *Die Ware gehört immer noch uns:*
unser Eigentum
unser Besitz
unter Verschluss

Textbausteine

Die Zahlungsbedingungen angeben

Unsere Zahlungsbedingungen lauten / sind folgende: ...

Auf Ihre Anfrage hin geben wir Ihnen gern im Folgenden unsere Zahlungsbedingungen bekannt.

Sich nach Sonderkonditionen erkundigen

Können Sie einen Nachlass gewähren?

Für eine Bestellung in dieser Größenordnung würden wir gerne über Sonderkonditionen sprechen.

Einen Zahlungsaufschub / Kredit gewähren oder ablehnen

Wir können Ihnen ein Zahlungsziel von zwei Monaten gewähren.

Wir gewähren grundsätzlich keinen Kredit.

Wir sind nicht in der Lage Kredit zu gewähren.

Unsere Zahlungsbedingungen lauten: Zahlung innerhalb 30 Tagen ohne Abzug / rein netto.

Um Begleichung einer Rechnung bitten

Unsere Rechnung über ... liegt bei.

Wir wären Ihnen dankbar, wenn Sie den Betrag zum Ausgleich der beiliegenden Rechnung überweisen könnten.

Eine Zahlung leisten

Wir werden den ausstehenden Betrag in den kommenden Tagen auf das in der Rechnung angegebene Bankkonto überweisen.

Die Zahlung des Rechnungsbetrags abzüglich 3 % Skonto erfolgt noch in dieser Woche.

Unsere Bank ist angewiesen, die vereinbarte Anzahlung von 10 % zu überweisen.

Den Zahlungseingang bestätigen

Wir bedanken uns für Ihre Anzahlung.

Ihre Zahlung in Höhe von € ... ist inzwischen auf unserem Konto eingegangen.

Ihr Konto ist ausgeglichen.

Eine Gutschriftanzeige schicken

Sie erhalten darüber eine Gutschrift in Höhe von € ... .

Den ausstehenden Betrag schreiben wir Ihrem Konto gut.

Der Betrag wird mit der nächsten Bestellung verrechnet.

Anmerkungen

- Es sollte Sie nicht überraschen, wie oft Sie in deutschen Zahlungsbedingungen finden: **... sind im Voraus zu zahlen**.
- Die häufigsten Möglichkeiten, einen Preis zu reduzieren, sind:
  - **Rabatt:** meist gewährt bei einer größeren Menge oder für einen „guten Kunden"
  - **Nachlass:** sehr allgemein gebraucht, aber meist bei einer Reklamation oder einem anderen Grund für Kunden-Unzufriedenheit
  - **Skonto:** üblicherweise 2 % bei schneller Zahlung oder bei Barzahlung

Fachbegriffe zu Zahlungsmodalitäten

- Barzahlung
- Banküberweisung
- Auslandsüberweisung
- SEPA-Lastschrift
- Zahlung gegen Nachnahme
- Vorauskasse/-zahlung
- Ratenzahlung
- Zahlung per Kreditkarte
- Abbuchung
- Anzahlung

- Zahlung bei Auftragserteilung / bei Lieferung / bei Erfüllung in ... Raten
- vierteljährliche / monatliche Zahlung
- Zahlung bei Vorlage
- Kasse gegen Dokumente
- SWIFT-Zahlung, Zahlung per TransferWise, Zahlung über Western Union
- Mehrwertsteuer
- steuerfrei, zollfrei
- ohne Steuer / Steuer nicht inbegriffen
- inklusive Steuer / Steuer inbegriffen / inklusive Steuer

Sie sind dran!

1 Ergänzen Sie die Endungen (manchmal gibt es auch nichts zu ergänzen!):

1 am Ende d______ nächst______ Monat______
2 vor Ablauf d______ Frist______
3 bei Bezahlung d______ vollständig______ Summe______
4 die Deckung d______ Konto______
5 Gewährung weiter______ Sonderkonditionen______
6 Übergabe sämtlich______ Unterlag______
7 auf Grund d______ aktuell______ wirtschaftlich______ Situation______
8 abzüglich unser______ Provisionsanteil______

2 Sie möchten für Ihre Abteilung neue Büromöbel anschaffen. Die Komplettausstattung übernimmt die Firma Pohlmann. Ein Angebot der Firma liegt vor. Sie möchten bei diesem Großauftrag günstigere Zahlungsbedingungen erwirken. Schreiben Sie der Firma und erfragen Sie:

- die allgemeinen Zahlungsbedingungen
- Möglichkeiten der Teilzahlung oder
- ein Zahlungsziel von 3 Monaten

▶ Lösung auf Seite 162

Rechnungsmuster

Folder House

Ihr Partner in Sachen Broschüren

FOLDER House, Postfach 1151, 45768 Marl

Mustermann GmbH
Herrn Max Mustermann
12345 Stadthausenlin

FOLDER House
Postfach 1151
45768 Marl

Tel: +49(0)2365 91752-0
E-Mail: info@folderhouse.de
Internet: www.folderhouse.de

Rechnung Nr. 2015-08-1001 **Kunden-Nr.:** 1003 **Datum:** 07.08.2015

Pos	Leistung	MwSt.	Einzelpreis	Anzahl	Gesamtpreis
1	1.000 Ex. gefalzte Flyer "Festival"	19 %	0,249 EUR	1000	249,00 EUR
2	Anlieferung pauschal	19 %	30,00 EUR	1	30,00 EUR

Der Gesamtbetrag ist ab Erhalt dieser Rechnung zahlbar innerhalb von 7 Tagen ohne Abzug.

Nettobetrag:	279,00 EUR
zzgl. 19% MwSt:	53,01 EUR
Gesamtbetrag	**332,01 EUR**

Die aufgeführten Dienstleisungen haben Sie gemäß unserer AGB erhalten.
Wenn nicht anders angegeben, entspricht das Leistungsdatum dem Rechnungsdatum.

FOLDER House
Inhaber Hans Müller
Neue Straße 44
Postfach 1151
45768 Marl

Tel: +49(0)2365 91752-0
Email: info@folderhouse.de
Internet: www.folderhouse.de

Sparkasse Marl
IBAN
DE65230400001340340372
GENODEM1MRL
KTO Inh. Hans Riek

Steuer-Nr.: 97756/1145
Finanzamt Marl

3 **Ordnen Sie die genannten Punkte auf der Rechnung zu:**

1 Steuernummer oder Umsatzsteueridentifikationsnummer
2 Ausstellungsdatum der Rechnung
3 fortlaufende Rechnungsnummer
4 Menge und Bezeichnung der gelieferten Gegenstände oder Art und Umfang der sonstigen Leistung
5 Zeitpunkt der Lieferung bzw. Leistung
6 Hinweis auf Zahlungsfristen und Abzüge

▶ Lösung auf Seite 162

Anmerkungen

- Bei einer elektronisch erstellten Rechnung ist eine Unterschrift nicht erforderlich. Dann sollte allerdings stattdessen der Hinweis erfolgen „**Diese Rechnung wurde elektronisch erstellt und gilt ohne Unterschrift**".

11 Zahlungserinnerungen

Frau Wunder stellt immer wieder fest, dass bereits ausgeführte Aufträge noch nicht bezahlt wurden. Diese Kunden müssen an die Zahlung der Rechnung erinnert werden. Frau Wunder formuliert für ihre Buchhaltung drei verschiedene Briefe, mit denen säumige Zahler gemahnt werden sollen.

Erste Mahnung (Zahlungserinnerung)

Reich & Schön

Reich & Schön GmbH
PR-Agentur
Konstanzer Allee 14
70258 Stuttgart

Tel.: 0711 995588-0
Fax: 0711 995577-0
www.reichundschoen.de
E-Mail: g.wunder@reichundschoen.de

Amtsgericht Stuttgart HRB 22133

Firma
Name
Adresse
Postleitzahl Ort

Datum

Zahlungserinnerung

Sehr geehrte Damen und Herren,

womöglich 1 __________________, dass die unten aufgeführten Rechnungen 2 __________________ sind. Wir bitten Sie, dies zu überprüfen:

Rechnung Nr.	Rechnungsdatum	Rechnungsbetrag
...	...	...

Gesamtbetrag: ...

Bitte überweisen Sie den Gesamtbetrag von ... € innerhalb der nächsten 14 Tage auf eines unserer angegebenen Konten.

Mit freundlichen Grüßen

Gisela Wunder
Geschäftsführerin

▶ Brief 13: Lösung auf Seite 154

Zweite Mahnung

Sehr geehrte Damen und Herren,

leider konnten wir trotz unserer Zahlungserinnerung vom ... bei den unten aufgeführten Rechnungsposten immer noch 3 ______________________________.
Wir erlauben uns daher, Sie wegen der überfälligen Zahlungen zu mahnen.

Rechnungsbetrag: .... €
Verzugszinsen: .... €
Mahngebühr: .... €

Gesamtbetrag: .... €

4 ____________ alle Zahlungseingänge bis einschließlich ... .
Bitte überweisen Sie den Gesamtbetrag bis spätestens ... auf eines der angegebenen Konten. Wir weisen Sie darauf hin, dass alle weiteren mit dem Mahnverfahren verbundenen Gebühren, Auslagen sowie die 5 ______________________ zu Ihren Lasten gehen.

Mit freundlichen Grüßen

▶ Brief 14: Lösung auf Seite 154

Dritte Mahnung

Sehr geehrte Damen und Herren,

leider wurde die Rechnung Nr. ... trotz unserer Mahnungen vom ... und ... immer noch nicht 6 ____________ .

Wir bitten Sie darum, den Gesamtbetrag von ... € einschließlich Verzugszinsen bis spätestens ... auf unser Konto zu überweisen. Ansonsten werden wir unverzüglich 7 ______________________ . Kosten für den 8 ______________ und alle weiteren Inkassokosten gehen zu Ihren Lasten. Wir würden es begrüßen, wenn sich solche für beide Seiten unangenehmen Schritte vermeiden ließen.

Mit freundlichen Grüßen

▶ Brief 15: Lösung auf Seite 154

Vervollständigen Sie die Mahnungen mit Hilfe der folgenden Begriffe:

1 *Sie haben nicht gemacht oder nicht bemerkt:*
haben Sie versäumt
ist Ihnen entgangen
teilen wir mit

2 *„nicht bezahlt":*
schon fällig
noch offen
nicht ausgezahlt

3 *Reich & Schön hat kein Geld bekommen:*
keinen Zahlungseingang feststellen
keine Zahlung erhalten
nichts eingehen sehen

4 *„Wir haben kontrolliert":*
Versehen wurden
Bezahlt wurden
Berücksichtigt wurden

5 *Das Geld, das man für verspätete Zahlung verlangt:*
Verzugszinsen
Verzugsinteresse
Verspätungszinsen

6 *„bezahlt":*
verglichen
ausgeglichen
ausgezahlt

7 *Was unternimmt Reich & Schön, wenn nicht gezahlt wird?*
Polizei einschalten
Vollstreckung beantragen
gerichtlich vorgehen

8 *Der offizielle Schritt, wenn jemand nicht zahlt:*
gerichtlichen Mahnbescheid
anwaltliche Pfändung
juristische Verziehung

Textbausteine

Sich auf die Rechnung oder Leistung beziehen

Offensichtlich ist Ihnen entgangen, dass die Rechnung Nr. ... noch offensteht.

Wir hoffen, wir konnten Sie mit unserer Leistung überzeugen. Können wir nun den Ausgleich unserer Rechnung vom ... erwarten?

Bei der Überprüfung aller Salden stellten wir fest, dass die Rechnung Nr. ... noch nicht ausgeglichen ist.

Beiliegend eine Kopie unserer Rechnung, die Ihnen am ... *(Datum)* zuging.

Wir beziehen uns auf den noch ausstehenden Betrag von ...

Die Bezahlung der aufgeführten Rechnung ist leider noch nicht erfolgt.

Um Zahlung bitten

Da wir noch keinen Zahlungseingang verzeichnet haben, wären wir Ihnen für eine umgehende Begleichung der Rechnung dankbar.

Da Ihr Konto noch nicht ausgeglichen ist, bitten wir Sie, Ihre Überweisung bis zum ... vorzunehmen.

Da wir von unserer Bank noch keine Zahlungsmitteilung erhalten haben, wären wir Ihnen dankbar, wenn Sie die Rechnung innerhalb der nächsten 2 Wochen begleichen könnten.

Wir bitten Sie daher höflich um Ausgleich des offenen (Rest-)Betrages unter Verwendung des anhängenden Überweisungsträgers.

Wir möchten Sie daran erinnern, dass unsere Bedingungen 30 Tage netto lauten. Bitte begleichen Sie die Rechnung baldmöglichst.

Einen Vorbehalt äußern für den Fall, dass der Kunde die Rechnung schon beglichen hat

Sollten Sie die Rechnung schon beglichen haben, so betrachten Sie diese Zahlungserinnerung bitte als gegenstandslos.

Sollte sich Ihre Bezahlung mit unserer Erinnerung zeitlich überschnitten haben, ...

Sollten Sie den betreffenden Betrag schon gezahlt haben, so wären wir für eine kurze Mitteilung dankbar, damit wir dies in unserer Buchhaltung überprüfen können.

Eine zweite Mahnung schicken

Wir möchten daran erinnern, dass unsere Rechnung Nr. X vom ... noch nicht beglichen wurde, und bitten Sie, die Angelegenheit innerhalb der nächsten 14 Tage zu erledigen.

Da wir keine Antwort auf unser Schreiben vom ... erhalten haben, in dem wir darauf hinwiesen, dass die Rechnung Nr. X noch nicht beglichen wurde, bitten wir Sie, den ausstehenden Betrag bis zum ... zu begleichen.

Wir fügen einen Kontoauszug bei. Sicher handelt es sich (hierbei) um ein Versehen Ihrerseits; da wir aber schon eine Zahlungserinnerung geschickt haben, müssen wir darauf bestehen, dass die Zahlung innerhalb der nächsten sieben Tage erfolgt.

Eine letzte Mahnung schicken

Obwohl Ihnen am ... und am ... zwei Zahlungserinnerungen zugingen, steht der Betrag unserer Rechnung Nr. X noch immer aus und ist nun bereits seit drei Monaten überfällig. Da wir keine Antwort von Ihnen erhalten haben, werden wir rechtliche Schritte (gegen Sie) einleiten müssen, falls die Rechnung nicht innerhalb der nächsten sieben Tage beglichen wird.

Sollten wir Ihre Zahlung nicht innerhalb der nächsten sieben Tage erhalten, werden wir die Angelegenheit unseren Rechtsanwälten übergeben müssen.

Antwort auf ein Mahnschreiben

Ich muss Ihnen leider mitteilen, dass sich die Rechnung Nr. X nicht auffinden lässt. Wir wären Ihnen dankbar, wenn Sie uns eine Kopie dieser Rechnung zugehen lassen könnten, so dass wir die nötige Zahlung veranlassen können.

Die Verzögerung bei der Begleichung des offenstehenden Kontos Nr. X wurde durch einen Computerfehler in unserer Rechnungsabteilung hervorgerufen.

Wir entschuldigen uns für die Ihnen entstandenen Unannehmlichkeiten und versichern Ihnen, dass die Zahlung in Kürze bei Ihnen eingehen wird.

Wir entschuldigen uns für die Verzögerung bei der Zahlung Ihrer Rechnung Nr. X, aber es ergaben sich in letzter Zeit einige Cashflow-Probleme. Wir wären Ihnen dankbar, wenn Sie uns einen weiteren Kredit von 30 Tagen einräumen könnten.

Anmerkungen

- Wenn Sie davon ausgehen können, dass die Rechnung lediglich vergessen wurde, können Sie bei der ersten Mahnung noch höflich, d. h. unverbindlich bleiben und um **baldige Begleichung** oder **Bezahlung in den nächsten Tagen** bitten.
  Spätestens aber bei der wiederholten Mahnung sollten Sie ein genaues Zahlungsdatum oder eine Zahlungsfrist angeben, z. B. **bis zum 31.01.20...** bzw. **innerhalb 14 Tagen nach Zugang dieses Schreibens**.
  Wenn sämtliche Fristen ignoriert wurden und Sie keine weitere Frist setzen wollen, benutzen Sie den Begriff **unverzüglich** (juristische Definition: ohne schuldhaftes Verzögern, d. h. wenn nicht sofort eine Reaktion erfolgt, muss der Gemahnte nachweisen, dass er keine Schuld an der Verzögerung trägt). Verwenden Sie diesen Ausdruck jedoch nie, wenn Sie nur höflich um etwas bitten!

Sie sind dran!

1 Welcher Begriff ist jeweils richtig? Setzen Sie ein!

1 Zahlungseingang - Zahlungsverzug - Zahlungstermin
2 säumige - offene - fällige
3 erledigt - erstattet - ausgeglichen

> Sehr geehrte Damen und Herren,
>
> da wir bisher für unsere Rechnung Nr. K12-703B vom 12. Dezember noch keinen 1 ____________ verzeichnen konnten, erlauben wir uns, auf die 2 ____________ Zahlung hinzuweisen.
>
> Wir gehen davon aus, dass die Rechnung in den nächsten 14 Tagen von Ihnen 3 ____________ wird.
>
> Mit freundlichen Grüßen

2 Bestätigen Sie den Erhalt einer Zahlungserinnerung für die Rechnung Nr. K12-703B. Weisen Sie darauf hin, dass diese Rechnung schon beglichen wurde und dass es sich um einen Buchungsfehler handeln muss.

▶ Lösung auf Seite 162

12 Verhandlungen und Vereinbarungen

Die australische Firma Goldham Bodycare will in der deutschen Presse regelmäßig Anzeigen schalten und sucht dafür eine Agentur als Partner. Frau Wunder unterbreitet konkrete Vorschläge für eine Partnerschaft.

Gesendet:	Mi 12.01.20... 11:18
Von:	g.wunder@reichundschoen.de
An:	bruce@goldham-bodycare.au
Betreff:	**Kooperationsvertrag**

Sehr geehrter Herr Eastman,

wir freuen uns sehr über Ihr weitergehendes Interesse.

Seit über 20 Jahren entwirft und betreut unsere Agentur Werbung aller Art. Diese Erfahrung 1 ________________ und möchten Ihnen einen Kooperationsvertrag für Anzeigenkampagnen und andere verkaufsfördernde Maßnahmen anbieten.

2 ________________, nach Ihren Vorgaben einen Jahresplan zu erstellen und Termine zu überwachen. Die konkrete Ausführung übernehmen wir.

3 ________________ wäre, dass Sie einen erfahrenen Partner auf dem deutschen Markt hätten, so dass Sie z. B. fehlerfrei redigierte Anzeigen nach dem Geschmack des deutschen Publikums erhalten würden.

4 ________________ den Agenturrabatt, den Zeitungen in Deutschland normalerweise gewähren, einbehalten und Ihnen den vollen gültigen Anzeigentarif berechnen. Dies bedeutet, dass Sie für Anzeigenschaltungen fast 5 ________________ hätten 6 ________________ Entwicklung eigener Anzeigen. Bei dieser Form der Zusammenarbeit allerdings 7 ________________ Vorauszahlung.

Für alle anderen Werbemaßnahmen schlagen wir eine Abrechnung 8 ________________ vor.

Wir sind überzeugt, dass wir Ihnen 9 ________________ sein können, und freuen uns daher auf Ihre baldige Antwort.

Mit freundlichen Grüßen
Gisela Wunder
Geschäftsführerin

▶ E-Mail 16: Lösung auf Seite 154

Helfen Sie Frau Wunder, unter Verwendung der folgenden Begriffe den Kooperationsvorschlag zu formulieren:

1 *Der Geschäftspartner soll die Erfahrung nutzen:*
stellen wir Ihnen gern zur Verfügung
stehen wir Ihnen gern zur Verfügung
setzen wir Ihnen gern zur Verfügung

2 *Was Reich & Schön machen würde:*
Unsere Ausgabe wäre
Unsere Auflage wäre
Unsere Aufgabe wäre

3 *Was der Partner davon hätte:*
Ihr Vorzug
Ihr Nachteil
Ihr Vorteil

4 *„Eine Hand wäscht die andere":*
Im Gegenteil würden wir
Im Vorzug würden wir
Im Gegenzug würden wir

5 *Der Partner bezahlt nicht mehr als hier angegeben:*
keine Überzahlung
keine Mehrkosten
keine Festkosten

6 *„wenn man vergleicht":*
im Vergleich auf
im Vergleich zur
zum Vergleich mit

7 *Nicht nachgeben:*
bestehen wir aus
bestellen wir aus
bestehen wir auf

8 *Die Firma berechnet, was sie verbraucht:*
nach Aufwand
nach Anwendung
nach Auflage

9 *Reich & Schön ist zuverlässig:*
ein verlassener Partner
ein verlässlicher Partner
ein verlassender Partner

Textbausteine

Sich auf die Kontaktaufnahme beziehen

Da ich kürzlich Ihren Stand besuchte, ...
Herr ... nannte mir Ihren Namen.
Die Handelskammer riet mir, mit Ihnen Kontakt aufzunehmen.
Wir lernten uns auf der Frankfurter Buchmesse kennen.
Wir wurden einander bei ... vorgestellt.

Die eigenen Stärken betonen

Unsere Spezialität ist ...

Unsere Stärken sind ...

Wir haben uns auf die Beratung von Kleinunternehmen spezialisiert.

Wir verfügen über umfangreiche Erfahrung im internationalen Marketing.

Wir sind einer der führenden deutschen Lieferanten für pharmazeutische Produkte in die Dritte Welt.

Die Art des Abkommens näher erläutern

Wir möchten eine Partnerschaft / Teilhaberschaft aufbauen.

Wir wären an einem Vertretervertrag für ganz Osteuropa interessiert.

Wir möchten unsere Dienste als ... anbieten.

Wir möchten eine Zusammenarbeit bei der Entwicklung und Vermarktung neuer Technologien vorschlagen.

Gerne würden wir Ihnen einige Vorschläge für eine Zusammenarbeit unterbreiten.

Auf günstige Handelsbedingungen hinweisen

Nach Produkten wie Ihrem besteht hier eine große Nachfrage.

Der Markt expandiert / öffnet sich / boomt / erholt sich allmählich wieder.

Die anhaltende Hochkonjunktur in ... *(Land)* hat einen vielversprechenden Markt für ... *(Produkt)* geschaffen.

Vorteile der Partnerschaft betonen

Ihr Vorteil wäre ...

Für Sie ergäben sich daraus die folgenden Vorteile: ...

Der Nutzen, der Ihnen aus unserer Partnerschaft erwachsen würde, liegt vor allem in ...

Beiderseitige Verpflichtungen darstellen

Im Gegenzug würden wir erwarten, dass ...

Auf der anderen Seite ergibt sich daraus die Notwendigkeit, ...

Ihrerseits bestünde dann die Verpflichtung, ...

Um Antwort bitten

Wir hoffen, dass dieser Vorschlag Ihr Interesse findet.

Wir freuen uns auf Ihre Beurteilung des oben genannten / dieses Vorschlags.

Sollten Sie nicht in der Lage sein, auf unseren Vorschlag einzugehen, wären wir Ihnen dankbar, wenn Sie uns mit einer Firma in Kontakt bringen könnten, die eventuell daran interessiert wäre.

Anmerkungen

Noch einmal: **Der Konjunktiv II**

Selbst ernannte Stilexperten und Marketingfachleute verdammen den Konjunktiv II als „zu weich" und als Zeichen der Unentschlossenheit oder Unsicherheit. In der Tat gibt es Situationen, in denen man viel besser sagt **Wir werden ...** als „Wir würden ..." oder **Wir können ...** besser als „Wir könnten ...".

- In der Verhandlungssituation, die unser Kapitel beschreibt, ist jedoch der Konjunktiv II durchaus berechtigt, denn es ist noch nichts entschieden. Ein zu konsequentes Benutzen des Indikativs („Wir bieten Ihnen an ...", „Wir übernehmen ...", „Sie müssen ...") klingt sehr forsch und aufdringlich. Wenn man dem Gegenüber einen detaillierten, konkreten Vorschlag macht, der realisierbar ist, überlässt man durch die Verwendung des Konjunktivs dem anderen die Entscheidung, diesen Vorschlag anzunehmen und ihn zu verwirklichen. Ist die Entscheidung getroffen und man beschreibt die konkrete Vorgehensweise, dann ist der Indikativ richtig. (Siehe dazu auch Übung 1.)
- Wenn Sie häufig **Mailverkehr mit dem fremdsprachigen Ausland** haben, benutzen Sie in Ihrem Mailtext besser **keine Umlaute** (ä, ö, ü), sondern schreiben Sie stattdessen **ae, oe, ue**. Ebenso sollten Sie das **ß** ersetzen durch **ss**. Denn viele Mailsysteme im Ausland erkennen diese Umlaute und das ß nicht.

Sie sind dran!

1 Entscheiden Sie, welche Form angemessen ist: Indikativ oder Konjunktiv II.

1. Bei nächster Gelegenheit – **träten / treten** – wir gerne wieder mit Ihnen in Verbindung.
2. Ihr Kostenanteil ist in unserem Vertrag festgelegt. Dieser – **besteht / bestünde** – aus Agenturprovision und Transportspesen.
3. Wir – **sind / wären** – in der Lage, auch Großkunden pünktlich zu bedienen.
4. Nach Ihrer Zustimmung – **lässt / ließe** – sich die Partnerschaft schnell realisieren.
5. Wir danken für Ihr Vertrauen und – **werden / würden** – alles tun, um den Auftrag zu Ihrer Zufriedenheit durchzuführen.
6. Im Fall eines Vertragsabschlusses – **kommen / kämen** – lediglich die Wechselkurskosten auf Sie zu.

2 Füllen Sie die Lücken mit folgenden Wörtern:

aber • allerdings • auf • dann • dass • deshalb • während • wegen • zwar

Sehr geehrter Herr Walter,

vielen Dank, 1 __________ Sie die Gespräche wieder in Gang gebracht haben.
2 __________ können wir Ihren Vorschlag in dieser Form nicht akzeptieren.
3 __________ Sie jetzt nur noch eine Erhöhung der Provision um 3 % verlangen, berechnen Sie 4 __________ der anderen Seite wesentlich höhere Zinskosten. Dadurch würden unsere Kosten 5 __________ des schwankenden Zinsniveaus unkalkulierbar. Wir verstehen 6 __________ Ihren Wunsch nach einem Ausgleich der Inflation in Ihrem Land, 7 __________ die Marktsituation lässt leider keine großen Änderungen zu. 8 __________ bitten wir Sie, Ihren Vorschlag nochmals zu überprüfen und uns ein realistischeres Angebot zu unterbreiten. Wir werden 9 __________ gerne wieder auf Sie zukommen.

▶ Lösung auf Seite 163

Lerntipps

Wichtig sind vor allem die immer wiederkehrenden Wendungen wie „Sich auf einen vorausgegangenen Kontakt beziehen“, „Um Antwort bitten“ oder die Schlussformulierungen.

Versuchen Sie, sie bei geschlossenem Buch aufzulisten. An welche können Sie sich erinnern? Prüfen Sie dann im Buch nach, ob Sie sie richtig geschrieben haben.

13 Verträge aufsetzen

Frau Wunder hat mit der Firma Goldham Bodycare aus Australien einen größeren Werbevertrag ausgehandelt. Sie sendet nun den Vertrag zur Unterzeichnung an den Auftraggeber.

Reich & Schön

Reich & Schön GmbH
PR-Agentur
Konstanzer Allee 14
70258 Stuttgart

Tel.: 0711 995588-0
Fax: 0711 995577-0
www.reichundschoen.de
E-Mail: g.wunder@reichundschoen.de

Amtsgericht Stuttgart HRB 22133

Goldham Bodycare Ltd.
Mr. Bruce Eastman
64 Station Street
South Oakleigh 2146
New South Wales
Australia

17.02.20...

Vertragsdokumente

Sehr geehrter Herr Eastman,

wie bei Ihrem Europabesuch 1 __________________, senden wir Ihnen 2 __________ __________ einen 3 __________________ für den zwischen uns vereinbarten Werbevertrag in 4 __________________.

Wir bitten Sie, diesen 5 ________________________ zu lassen, und, sofern von Ihrer Seite 6 ________________________ bestehen, uns 7 ________________ __________ zurückzusenden.

Nach Eingang bei uns 8 ________________________, und die bereits geplanten Werbeaktionen können beginnen.

Wir freuen uns auf eine 9 ____________________ Zusammenarbeit und verbleiben

mit freundlichen Grüßen

Werbeagentur Reich & Schön

G. Wunder

Gisela Wunder, Geschäftsführerin

▶ Brief 17: Lösung auf Seite 155

Wie würde Frau Wunder das Anschreiben formulieren?

1 *„vereinbart“:*
ausgesprochen
abgesprochen
zugesprochen

2 *„zusammen mit diesem Schreiben“:*
beigefügt
anbei
beigelegt

3 *das endgültige Dokument*
Vortrag
Vertragstext
Vorwurf

4 *Zwei Exemplare des Vertrags:*
zweiseitigem Ausdruck
zweimaliger Kopie
doppelter Ausfertigung

5 *Was soll Herr Eastman damit machen?*
durch Ihre Buchhaltung kontrollieren
von Ihrer Sekretärin genehmigen
durch Ihre Rechtsabteilung überprüfen

6 *Wenn alles fertig ist:*
keine Änderungswünsche mehr
noch mehr Reklamationen
kein Problem mehr

7 *Was wird an den Vertragspartner zurückgesandt?*
eine beglaubigte Kopie
ein unverbindliches Muster
ein gegengezeichnetes Exemplar

8 *Der Vertrag wird sofort gültig:*
ist der Vertrag entscheidend
tritt der Vertrag umgehend in Kraft
kommt der Vertrag gleich zur Geltung

9 *„positive“:*
gute und erfolgreiche
erträgliche und schöne
beste und erfolgliche

Textbausteine

Dem Vertrag zustimmen

Wie telefonisch besprochen, sind wir mit dem ausgehandelten Vertrag nun einverstanden.

Wir freuen uns, Ihnen den nunmehr unterschriftsreifen Vertrag als PDF zuschicken zu können.

Dem Vertrag noch nicht zustimmen

Leider müssen wir Ihnen mitteilen, dass wir den Vertrag so noch nicht unterzeichnen können.

Einige Punkte bedürfen noch weiterer Verhandlungen. Wir bitten Sie daher um ein neuerliches Gespräch.

Die noch strittigen Punkte sind in dem beiliegenden Entwurf in Rot gekennzeichnet. Bitte beachten Sie auch die handschriftlichen Anmerkungen.

Um Unterzeichnung bitten

In der Anlage finden Sie zwei Kopien des Vertrags, die von uns schon unterschrieben wurden.

Beide Kopien wollen Sie bitte unterzeichnen und eine an mich zurücksenden.

Schlussformeln

Sollten Sie weitere Fragen zu den Vertragsbedingungen haben, stehe ich Ihnen gerne zur Verfügung.

Ich freue mich auf unser baldiges Treffen.

Ich hoffe, dies ist der Anfang einer langen und (für beide Firmen) fruchtbaren Zusammenarbeit.

Bitte geben Sie uns innerhalb der nächsten drei Wochen Bescheid, ob Sie mit diesen Bedingungen einverstanden sind.

VERTRAG NR. 176

zwischen Werbeagentur Reich & Schön GmbH, nachfolgend „Agentur" genannt, und Goldham Bodycare Ltd. , nachfolgend „Auftraggeber" genannt

Allgemeine Bedingungen

1. Die Agentur und der Auftraggeber schließen einen Kooperationsvertrag.
2. Die Agentur verpflichtet sich, nicht für die Konkurrenz des Auftraggebers zu arbeiten.
3. Der Auftrag der Agentur erstreckt sich auf das Gebiet der Bundesrepublik Deutschland, auf Österreich und die deutschsprachige Schweiz.
4. Die Agentur übernimmt sämtliche Aktivitäten, die dazu dienen, die Produkte des Auftraggebers besser bekannt zu machen und den Verkauf zu fördern.
   Die Agentur wird in Absprache mit dem Auftraggeber Konzepte entwickeln und Maßnahmen durchführen, die für einen wirtschaftlichen Erfolg der Produkte des Auftraggebers notwendig sind. Dies schließt die Übersetzung, Herstellung und Präsentation von Katalogen, Kundenvorführungen, die Durchführung von Marketing- und Werbekampagnen sowie die Vorbereitung von Messeveranstaltungen ein.
5. Der Auftraggeber zahlt für diese Tätigkeiten ein Grundhonorar in Höhe von € ... pro Kalenderjahr, zuzüglich durch Beleg nachgewiesener Spesen.
6. Der Vertrag ist zunächst auf zwei Jahre befristet und kann auf der Grundlage einer alljährlichen Bewertung der Tätigkeit der Agentur verlängert werden.
7. Der Vertrag kann mit dreimonatiger Frist von jedem Vertragspartner gekündigt werden.
8. Probezeit: Innerhalb der ersten sechs Monate nach Vertragsschluss kann jeder Vertragspartner, unter Einhaltung einer einmonatigen Kündigungsfrist, den Vertrag kündigen.
9. Sollte eine der Vertragsbestimmungen durch gesetzliche Bestimmungen außer Kraft gesetzt werden, so gelten die übrigen Bestimmungen unverändert weiter. Die ungültige Bestimmung wird durch diejenige Regelung ersetzt, die der Absicht der Vertragspartner am nächsten kommt.

Anmerkungen

Deutsche Vertragssprache ist - wie in vielen anderen Sprachen auch - meist sehr kompliziert in Ausdruck und Struktur. Typisch sind die zahlreichen langen Passivstrukturen **(der Vertrag wird zwischen ... geschlossen)** und Partizipialkonstruktionen **(die zur Verfügung gestellten Waren)**.
Vieles kann man sich aber auch erleichtern. Beispielsweise neigt man schnell dazu, Modalverben **(die Vertragspartner müssen sich gegenseitig informieren ...)** oder entsprechende Infinitiv-Konstruktionen **(die Vertragspartner verpflichten sich, sich gegenseitig zu informieren ...)** zu benutzen. Da der Vertrag selbst ja schon eine Verpflichtung ist, genügt es aber eigentlich, direkt mit Indikativ-Sätzen oder eventuell auch mit dem Futur zu arbeiten, z. B.:
Die Vertragspartner informieren sich gegenseitig. bzw.
Die Vertragspartner werden sich gegenseitig informieren.

Sie sind dran!

1 Vervollständigen Sie diese Bestätigung mit Hilfe folgender Begriffe:

Abschluss • allgemeinen • eingehalten • Fragen • Gegenstand • unterschriftsreifen
Verfügung • Verhandlungen

Sehr geehrter Herr Walter,

wir freuen uns, dass unsere 1 ____________ nunmehr zum 2 ____________ gekommen sind, und senden Ihnen hier den 3 ____________ Vertrag sowie die 4 ____________ Geschäftsbedingungen zu. Bitte beachten Sie, dass diese 5 ____________ des Vertrages sind und genau 6 ____________ werden müssen.

Sollten Sie noch 7 ____________ zum Vertragstext haben, steht Ihnen unsere Rechtsabteilung gern zur 8 ____________.

2 Welches Wort passt jeweils nicht?

1 zustimmen - akzeptieren - stornieren
2 zusagen - lösen - sich verpflichten
3 in Kraft treten - gültig werden - eingehen
4 Aufgabe - Entwurf - Konzept
5 unterzeichnen - unterstreichen - unterschreiben
6 Vertrag - Abkommen - Anweisung
7 Vertrag schließen - Vertrag unterzeichnen - Vertrag bonifizieren

▶ Lösung auf Seite 163

14 Mängel und Reklamationen

Reich & Schön hatte bei einer Druckerei Werbebroschüren für einen Kunden drucken lassen. Zum ersten Mal jedoch hat Frau Wunder Grund zur Unzufriedenheit. Sie formuliert deshalb ein - noch recht höfliches - Reklamationsschreiben.

Reich & Schön

Reich & Schön GmbH
PR-Agentur
Konstanzer Allee 14
70258 Stuttgart

Tel.: 0711 995588-0
Fax: 0711 995577-0
www.reichundschoen.de
E-Mail: g.wunder@reichundschoen.de

Amtsgericht Stuttgart HRB 22133

Druckerei Manfredi
Steinstraße 7
70565 Stuttgart

20.02.20...

Reklamation Ihrer Lieferung von heute

Sehr geehrter Herr Manfredi,

die bestellten Broschüren der Firma Glupp, Auftrags-Nr. 87z634, 1 ________________. Beim Durchsehen der Druckerzeugnisse 2 ____________________________.

Zum einen wurden die Verpackungen beim Transport offensichtlich so 3 ____________ ____________, dass der Inhalt zum Teil unbrauchbar ist. Zum anderen 4 ____________ ______________, dass die Druckqualität nicht 5 __________________, den wir sonst von Ihnen gewohnt sind. Mehrere Farbtöne weichen von den Vorgaben deutlich ab.

Da wir unsererseits dem Kunden schnelle Ausführung des Auftrags zugesagt hatten, wären wir Ihnen sehr dankbar, wenn Sie uns möglichst umgehend eine 6 _________________ zukommen lassen könnten. Die bemängelte Lieferung stellen wir 7 ________________.

Da wir ansonsten immer mit Ihren Arbeiten sehr zufrieden waren, gehen wir davon aus, dass Sie alle Anstrengungen unternehmen, um diese 8 ____________________.

Mit freundlichen Grüßen

G. Wunder

Gisela Wunder
Geschäftsführerin

▶ Brief 18: Lösung auf Seite 155

Helfen Sie Frau Wunder, die Reklamation zu formulieren:

1 *Bestätigung des Eingangs:*
haben heute getroffen
sind heute eingetroffen
sind heute eingekommen

2 *„wir fanden viele Fehler“:*
fielen wir mehrere Mängel fest
stellten uns mehrere Mängel auf
fielen uns mehrere Mängel auf

3 *Die Verpackungen haben Schäden:*
schlecht geschädigt
schlimm verletzt
stark beschädigt

4 *„wir haben gesehen“:*
mussten wir feststellen
durften wir bemerken
sollten wir notieren

5 *Die Qualität ist schlechter als üblich:*
zum Niveau spricht
dem Level gehört
dem Standard entspricht

6 *Was erwartet Frau Wunder?*
tadellose Reparatur
einwandfreie Ersatzlieferung
mängelloses Substitut

7 *Was passiert mit der fehlerhaften Ware?*
zur Abholung bereit
zur weiteren Verfügung
auf den Müll

8 *Die Sache in Ordnung bringen:*
Angelegenheit schnell zu regeln
Affäre rasch zu beenden
Geschichte unverzüglich zu beschließen

Textbausteine

Grundlage der Reklamation (Geschäftsbeziehung)

Unsere Bestellung vom 12.10. d. J. wurde mit der Nummer XYZ von Ihnen am 12.12. bestätigt.

Wir haben Ihre Sendung Nr. ... am 26.10. erhalten.

In Ihrer Filiale in der Königstraße habe ich am 28. März Speicherkarten im Sonderangebot gekauft.

Reklamationsvorfall

Leider ist die Lieferung immer noch nicht bei uns eingetroffen.

Bei der Wareneingangskontrolle fehlten einige Kisten, und andere waren defekt.

Bei Entgegennahme Ihrer Lieferung (Bestell-Nr. 777) stellten wir fest, dass die Kisten aufgebrochen und einige Teile entfernt worden waren.

Der / Die / Das von uns bestellte(n) ... wurde(n) während des Transports gestohlen.

Wir müssen Ihnen leider mitteilen, dass der / die / das von uns bestellte(n) ... uns heute Morgen in mangelhaftem Zustand zugestellt wurde(n). Eine detaillierte Aufstellung aller beschädigten Teile liegt bei.

Beim Ausprobieren musste ich feststellen, dass ... beschädigt war.

Bisher unternommene Schritte

Mehrfache telefonische Nachfrage unsererseits blieb bisher ohne Erfolg.

Die festgestellten Beschädigungen wurden auf dem Lieferschein vermerkt.

Wir haben umgehend eine Mängelliste aufgestellt und Ihnen diese nach Rücksprache mit Ihrer Verkaufsabteilung zugefaxt.

Der Transporteur, dem wir die Mängel gemeldet haben, verwies uns an Sie.

Ich habe mit Ihrem Verkäufer, Herrn Baltes, darüber gesprochen.

Den Empfang der offensichtlich beschädigten Pakete haben wir abgelehnt.

Forderungen

Wir erwarten, dass Sie die Angelegenheit umgehend regeln und weiteren Schaden verhindern.

Die beanstandete Lieferung steht abholbereit auf unserem Gelände. Bitte sorgen Sie dafür, dass diese umgehend entfernt wird und schnellstmöglich eine Ersatzlieferung erfolgt.

Ich bitte Sie, innerhalb von 2 Wochen die schadhaften Teile zurückzunehmen und mir den vollen Kaufpreis sowie den Betrag der Reparaturrechnung für das beschädigte Gerät zu erstatten.

Im Interesse unserer ansonsten guten Geschäftsbeziehungen würden wir es begrüßen, wenn diese unangenehme Sache möglichst schnell aus der Welt geschafft werden könnte.

Wir erwarten eine großzügige Regulierung des Schadens.

Konsequenzen

Ich würde nur ungern zu einem anderen Anbieter wechseln.

Wir sehen uns gezwungen, unsere Waren in Zukunft von anderer Seite zu beziehen.

Bitte nehmen Sie zur Kenntnis, dass wir Sie für die Lieferverzögerungen und für den dadurch entstehenden Schaden haftbar machen werden.

Sollten Sie dieser Forderung nicht nachkommen, werde ich meinen Rechtsbeistand mit der Wahrnehmung weiterer Schritte beauftragen. In jedem Fall kann ich Ihr Haus aufgrund der schlechten Produkte und des Verhaltens Ihres Personals nicht weiterempfehlen.

Schlussappell

Es würde mich freuen, bald von Ihnen zu hören.

In Erwartung einer schnellen Behebung des Schadens verbleiben wir ...

Für eine baldige Stellungnahme wäre ich Ihnen sehr dankbar.

Ich hoffe, dass Sie umgehend alles tun werden, um diese unerfreuliche Angelegenheit zu klären.

Anmerkungen

Bei einer Reklamation ist es angebracht, folgende Schritte einzuhalten:

- Den Geschäftsvorgang möglichst genau angeben:
  Wir haben Ihre Lieferung Nr. ... am ... erhalten.
- Das Problem und den Grund für die Unzufriedenheit darlegen.
- Vom Verkäufer / Lieferanten eine Lösung erwarten (Kostenerstattung, Ersatz etc.). Je nach Schwere des Falles kann der Ton hier schon etwas schärfer werden:
  Da es in letzter Zeit mehrfach zu Unregelmäßigkeiten gekommen ist, erwarten wir, dass Sie uns eine zufriedenstellende Lösung vorschlagen.

Sie sind dran!

1 Es gibt unterschiedliche Ausdrücke für sofort:

unverzüglich • umgehend • augenblicklich • prompt • postwendend • flink
schnellstens • hastig

Welche passen nicht in einen Reklamationsbrief?

2 Wünsche kann man auf verschiedenste Weise äußern:

hoffen • bitten • würden es begrüßen • erwarten • verlangen • ersuchen • fordern • wünschen
geltend machen • beanspruchen • wären dankbar • wären Ihnen verbunden

Manche dieser Verben klingen noch recht freundlich, andere werden verwendet, wenn man etwas mit deutlicherem Nachdruck verlangt. Tragen Sie die Verben in die unten stehende Tabelle ein:

noch sehr freundlich ☺	schon mit Nachdruck ☹

▶ Lösung auf Seite 163

15 Reklamationen beantworten

Auch Reich & Schön arbeitet nicht fehlerfrei. Ein Kunde hatte Anlass zur Reklamation, weil in einem Werbeplakat seine Vorgaben nicht berücksichtigt worden waren. Frau Wunder muss dazu Stellung nehmen.

Reich & Schön

Reich & Schön GmbH
PR-Agentur
Konstanzer Allee 14
70258 Stuttgart

Tel.: 0711 995588-0
Fax: 0711 995577-0
www.reichundschoen.de
E-Mail: g.wunder@reichundschoen.de

Amtsgericht Stuttgart HRB 22133

Lebensart GmbH & Co. KG
Herrn Walter
Mönchfeldstr. 40
70437 Stuttgart

23.04.20...

Ihre Reklamation

Sehr geehrter Herr Walter,

1 ____________ habe ich von Ihrer Reklamation erfahren. 2 ____________ kann ich nur bestätigen, dass Ihre 3 ____________ sind und dass der Fehler ganz offensichtlich 4 ____________. 5 ____________, der Ihr Projekt betreuen sollte, sind Ihre Vorgaben 6 ____________ nicht weitergeleitet worden, so dass er sie auch nicht einarbeiten konnte. Selbstverständlich übernehmen wir 7 ____________ und werden uns bemühen, den Schaden schnellstmöglich wiedergutzumachen.

Die beanstandeten Vorlagen wurden inzwischen von unserem Kurierdienst wieder abgeholt, und die neuen Entwürfe sind bereits in Arbeit. Ich gehe davon aus, dass Sie innerhalb der nächsten 48 Stunden 8 ____________ erhalten werden.

9 ____________ für den entstandenen Ärger erlaube ich mir, Ihnen das von uns entworfene Luxus-Flaschenöffner-Set „Le Rouge" als kleines Präsent beizufügen.

Ich hoffe, dass wir unsere ansonsten gute Geschäftsbeziehung nun ohne Störungen fortsetzen können.

Mit freundlichen Grüßen

G. Wunder

Gisela Wunder, Geschäftsführerin

▶ Brief 19: Lösung auf Seite 155

Verfassen Sie die Entschuldigung mit Hilfe folgender Begriffe:

1 *Frau Wunder tut diese Sache leid:*
mit größtem Bedauern
aus tiefster Seele
mit höchstem Entsetzen

2 *Frau Wunder hat die Sache untersucht:*
Nach Studium der Affäre
Nach Prüfung der Angelegenheit
Nach Examen der Sache

3 *Der Kunde hat Recht:*
Antrag vollkommen richtig
Anklage ganz zutreffend
Beanstandungen völlig berechtigt

4 *Der Fehler liegt bei Reich & Schön:*
aus einem inneren Kommunikations-problem besteht
auf Grund von einem internen Kommunikationsfehler
auf einem internen Kommunikations-problem beruht

5 *Welcher ist der richtige Kasus?*
Den Mitarbeiter
Der Mitarbeiter
Dem Mitarbeiter

6 *Wie konnte das passieren?*
wegen eines Vergehens
durch ein Versehen
aufgrund einer Nachsicht

7 *Reich & Schön steht dafür gerade:*
dazu die ganze Schuld
daraus alle die Konsequenzen
dafür die volle Verantwortung

8 *Was kann der Kunde erwarten?*
einen zufrieden stellenden Ersatz
eine befriedigende Kompensation
eine rechtmäßige Entschädigung

9 *Weshalb schickt Frau Wunder ein Präsent?*
Als Entschuldigung
Als Verzeihung
Als Beruhigung

Textbausteine

Den Erhalt einer Reklamation bestätigen

Wir haben Ihren Brief / Ihr Schreiben vom ... erhalten, in dem Sie uns mitteilen, dass ...

Wir waren besorgt, als wir aus Ihrem Brief vom ... erfuhren, dass ...

Vielen Dank für Ihren Brief vom ..., der uns davon in Kenntnis setzte, dass ...

Es tut uns leid, erfahren zu müssen, dass ...

Lieferverzögerungen erklären

Wir bedauern, dass wir die von Ihnen bestellte Ware (Bestell-Nr. 543) wegen Produktionsausfällen in unserer Fabrik noch nicht liefern konnten. Das Problem ist inzwischen gelöst, daher wird die Lieferung in Kürze erfolgen.

Wir entschuldigen uns für die Verzögerung, aber unser Lager wurde kürzlich durch ein Feuer beschädigt. Wir werden in drei Wochen liefern können.

Wir bitten Sie sehr, die Verzögerung und die Schwierigkeiten, die Ihnen dadurch entstanden sind, zu entschuldigen. Wir lassen Ihnen umgehend Ersatzware zugehen.

Die Verzögerung ist durch Komplikationen beim Zoll bedingt, von denen alle Lieferungen in die USA betroffen sind. Wir tun alles, was in unserer Macht steht, um zu gewährleisten, dass diese Lieferung so bald wie möglich ankommt.

Da diese Verzögerung nicht durch uns verschuldet wurde, können wir keine Haftung übernehmen. Ihre Ansprüche wurden jedoch an unsere Versicherung weitergeleitet, die sich mit Ihnen in Verbindung setzen wird.

Fehler einräumen

Es tut uns sehr leid, dass Sie Anlass zur Beschwerde hatten. Die Unstimmigkeiten in unserer Rechnung waren Folge eines Bearbeitungsfehlers. Wir haben dies berichtigt und fügen die geänderte Rechnung / eine Gutschrift bei.

Wir sind der Ursache des Problems nachgegangen und mussten feststellen, dass der Irrtum aufgrund eines Buchungsfehlers / eines Tippfehlers entstanden war. Dieser wurde mittlerweile korrigiert.

Unsere Absicht war, die Angelegenheit schnell und unbürokratisch zu erledigen. Dies ist uns offensichtlich in Ihrem Fall nicht gelungen. Wir bitten Sie dafür in aller Form um Entschuldigung.

Maßnahmen ankündigen

Wir bedauern zu erfahren, dass Sie mit dem Service unseres Wartungsingenieurs nicht zufrieden waren, und Ihr Ärger ist sehr verständlich. Wir haben Nachforschungen eingeleitet, um die Ursache des Problems herauszufinden.

Wenn Sie bereit sind, die beschädigte Ware zu behalten, werden wir sie Ihnen zu einem reduzierten Preis / mit einer Ermäßigung von 50 % des Listenpreises berechnen.

Wir sind dabei, die Angelegenheit mit dem Spediteur zu besprechen, und werden Sie danach umgehend wieder kontaktieren.

Wir haben mittlerweile Schritte unternommen, um sicherzustellen, dass ein derartiges Missverständnis in Zukunft nicht mehr vorkommt.

Eine Reklamation ablehnen

Unsere Nachforschungen ergaben, dass hier kein Fehler von unserer Seite vorliegt.

Bitte haben Sie Verständnis dafür, dass wir auf Ihre Entschädigungsforderung nicht eingehen können.

Der Verkauf und die Übergabe der Ware erfolgte nach unseren Allgemeinen Geschäftsbedingungen, die Sie auch zur Kenntnis erhalten haben. Nach den AGB ist ein Ersatz jedoch nicht möglich.

Bei der Reparatur des defekten Gerätes stellten wir fest, dass dieses bereits einmal geöffnet worden war. Damit ist die Garantie erloschen, und wir sind leider nicht in der Lage, die gewünschte kostenlose Reparatur durchzuführen.

Kulanz

Zwar sind von Herstellerseite alle Ansprüche ausgeschlossen, dennoch sind wir bereit, auf Kulanzbasis Ersatz zu leisten.

Obwohl die gesetzliche Gewährleistung bereits abgelaufen ist, werden wir im Interesse einer guten Geschäftsbeziehung die beschädigten Geräte reparieren.

Anmerkungen

- Auch wenn Sie eine Reklamation ablehnen, bleiben Sie „fest in der Sache, verbindlich im Ton". Dies bedeutet zum Beispiel:
  Wir bedauern, dass wir Ihre Reklamation nicht anerkennen können, da der Fehler nicht durch unsere Schuld entstanden ist.
  Beziehen Sie sich in der Ablehnung wenn immer möglich auf Vereinbarungen, die vorher abgeschlossen wurden und die der Reklamierende kennen oder berücksichtigen müsste. Vermeiden Sie aber direkte Vorwürfe und Schuldzuweisungen.
- Bei der Erklärung der Vorgänge, die zu der Reklamation führten, kann das Passiv seine eigentliche Stärke ausspielen: Keine Person wird direkt angegriffen oder beschuldigt, sondern der Fehler ist Teil des Prozesses.
  Schreiben Sie also: **Leider wurde hier nicht ...**
  und nicht: „Sie haben nicht ..." oder „Unser Mitarbeiter XY hat versäumt, ..."

Sie sind dran!

1 Fehler können sein:

Verfehlung • Dummheit • Entgleisung • Versehen • Irrtum • Macke • Missgeschick • Schuld
Sünde • Missverständnis • Unachtsamkeit • Versagen

Welche dieser Ausdrücke passen nicht in eine Antwort auf eine Reklamation?

2 „Entschuldigungs"-Verben sind:

bedauern • sich entschuldigen • bereuen • leidtun • Bedauern äußern • um Verzeihung bitten
um Entschuldigung bitten • betroffen sein • untröstlich sein • schade finden

Welche passen nicht in eine Antwort auf eine Reklamation?

3 Sie haben eine Reklamation von der Firma Kalkofen erhalten. Die Waren, die bei Ihnen abgeholt wurden, seien angeblich nicht sachgemäß gelagert worden und dadurch beschädigt. Sie haben dies überprüft und festgestellt, dass alle Kisten kontrolliert worden waren, bevor die Ware an Kalkofen ausgeliefert wurde. Nach Ihrer Überzeugung kann es sich also nur um ein Transportproblem handeln, und dieses hat der Kunde zu verantworten.
Verfassen Sie ein entsprechendes Antwortschreiben an Herrn Kalkofen, bieten Sie ihm aber eine Kompromisslösung an.

▶ Lösung auf Seite 163

16 Geschäftliche Mitteilungen

Frau Wunder erhält eine Nachricht von einem langjährigen Kunden.

Markus Dienstleistungen GmbH
IT-Service und Beratung

Winterlinger Weg 8 · 70567 Stuttgart
Tel.: 0711 717883-0 · Fax: 0711 717883-10
HRB Amtsgericht Stuttgart 24365

Reich & Schön GmbH
Konstanzer Allee 14
70258 Stuttgart

Stuttgart, den 28. April 20...

1 ________________,

2 ________________, dass zur Umsetzung 3 ________________________ ________________ aller Unternehmen der Markus-Gruppe die Cornelius GmbH in

Markus Dienstleistungen GmbH

4 ________________ wurde.

Gleichzeitig erfolgte die Sitzverlegung von Hamburg nach Stuttgart. Die Gesellschaft Markus Dienstleistungen GmbH ist nun im Handelsregister beim Amtsgericht Stuttgart unter der HRB-Nr. 24365 eingetragen.

5 ________________________ der einzelnen Standorte bleiben
6 ________________.

Wir freuen uns auf eine weiterhin 7 ____________________ mit Ihnen.

Mit freundlichen Grüßen

Karl Rudolph
Vorstandssprecher der Markus Holding GmbH

Brief 20: Lösung auf Seite 156

Vervollständigen Sie die Mitteilung mit Hilfe der folgenden Begriffe:

1 *Die Anrede:*
Sehr geehrte Geschäftspartner
Sehr verehrte Herren
Liebe Kunden

2 *Eine Nachricht ankündigen:*
hiermit erklären wir
wir möchten Sie darüber informieren
wir bestätigen Ihnen

3 *Alle Firmen der Gruppe sollen gleich auftreten:*
eines eigentlichen Marktauftritts
eines einheitlichen Marktauftritts
eines eigenwilligen Marktauftritts

4 *Der Firmenname wurde geändert:*
umgebaut
umfirmiert
unternommen

5 *Leute und Adressen:*
Ansprechpartner und Anschriften
Menschen und Adressen
Personen und Zuschriften

6 *„gleich":*
ganz egal
davon natürlich unberührt
davon nicht betroffen

7 *Gute Kontakte:*
erfolgssichere und prospektive Kooperation
schöne Zeit
gute und erfolgreiche Zusammenarbeit

Textbausteine

Ein Ereignis ankündigen

Mit diesem Schreiben möchten wir Sie darüber informieren, dass Herr Haseler im Juni aus seiner Position als Vorstandsvorsitzender ausscheiden wird.

Es wird Sie interessieren, dass wir gerade unser neuestes Sortiment an Heimwerkerprodukten herausgebracht haben.

Wir freuen uns, die Eröffnung unserer neuen Zweigstelle im Stadtzentrum bekannt geben zu können.

Wir freuen uns, Ihnen die kürzlich vollzogene Fusion unserer Firma mit Matsita Computers mitteilen zu können.

Wir möchten Sie darauf aufmerksam machen, dass unsere lang erwarteten „Fun"-Schreiber jetzt eingetroffen sind.

Wir freuen uns sehr, Ihnen unsere allerneuste Büromöbelserie vorstellen zu können.

Auf ein Sonderangebot aufmerksam machen

Zu diesem Anlass bieten wir ...

... Sonderpreise für unser(e) ...

... einen Sonderrabatt auf alle Bestellungen über 500 €.

... einen Rabatt von 3 %, wenn Sie Ihre Bestellung vor dem 1. Mai aufgeben.

Aus diesem Anlass erhalten Sie gratis zu jeder Bestellung ein Geschenk.

Vorteile und Besonderheiten hervorheben

Infolge dieser Fusion können wir Ihnen eine wesentlich breitere Produktpalette und beträchtliche Preisnachlässe gewähren.

Sie werden feststellen, dass diese neue Variante von ... *(Produkt)* sogar noch genauer / leistungsfähiger / attraktiver / wirtschaftlicher / anwenderfreundlicher / zuverlässiger ist.

Unsere neue Zweigstelle bietet zusätzlich den Vorteil, dass sie mitten im Geschäftszentrum liegt.

Unsere Produkte sind für ihr originelles Design, ihre hohe Qualität und konkurrenzfähige Preise bekannt.

Dank sagen

Kürzlich stellte ich fest, dass Ihre Firma nach 15-jähriger geschäftlicher Zusammenarbeit einer unserer ältesten Kunden ist. Ich möchte diese Gelegenheit nutzen, um Ihnen für Ihre langjährige Treue zu danken.

Auch wissen wir es sehr zu schätzen, dass Sie durch die Weiterempfehlung an potenzielle neue Kunden zum Erfolg unserer Firma beigetragen haben.

Anmerkungen

Vermeiden Sie, jeden Abschnitt mit **wir ...** zu beginnen. Nutzen Sie die Möglichkeit der deutschen Sprache, mit einem anderen Satzteil als mit dem Verb zu beginnen:
Statt: „Wir möchten Ihnen mitteilen ..."
schreiben Sie: **Mit diesem Schreiben möchten wir Ihnen mitteilen ...**
Statt: „Wir freuen uns auf die Zusammenarbeit ..."
schreiben Sie: **Auf die Zusammenarbeit freuen wir uns ganz besonders ...**

Sie sind dran!

1 Diese Mitteilung ist durcheinandergeraten. Ordnen Sie die Abschnitte.

Sehr geehrte Damen und Herren,

1 Unmittelbar nachdem sie ihre Funktion angetreten hat, wird sie mit Ihnen direkt Kontakt aufnehmen, um einen ersten Vorstellungstermin zu vereinbaren.

2 Wir hoffen, dass Sie unserer neuen Mitarbeiterin ebenso Ihr Vertrauen schenken wie ihrem Vorgänger, mit dem Sie zum großen Teil schon langjährigen Kontakt hatten.

3 Frau Mohr hat bereits in einer früheren Tätigkeit in Frankfurt Erfahrungen in unserer Branche sammeln können.

4 Für ihren Start wünschen wir Frau Mohr alles Gute und freuen uns auf eine weiterhin erfolgreiche Zusammenarbeit.

5 es wird Sie sicherlich freuen zu hören, dass die Stelle unseres ausscheidenden Kundenberaters, Herrn Carl Weiß, rasch mit einer neuen Kraft besetzt werden konnte.

6 Aufbauend auf diesen Erfahrungen, erwirbt sie derzeit in einem intensiven Lehrgang die firmenspezifischen Produktkenntnisse, die sie zu einer kompetenten Ansprechpartnerin für Sie machen werden.

7 Ab dem 1. April des Jahres wird Frau Ursula Mohr die Aufgaben von Herrn Weiß übernehmen.

2 Auf Beschluss der Geschäftsleitung sollen die Skonto-Konditionen Ihres Unternehmens vereinheitlicht werden, um vergleichbare Kalkulationsdaten im Betrieb zu erhalten. Sie sollen daher allen Zulieferern mitteilen, dass ab dem 1.1. des Folgejahres einheitlich folgende Skontobedingungen gelten: 14 Tage 3 %, 30 Tage netto. Verfassen Sie ein Rundschreiben an alle Zulieferer.

▶ Lösung auf Seite 163

Lerntipps

Nochmals: Wenn Sie neue Ausdrücke lernen, lesen Sie sie mehrmals laut und schreiben Sie sie mehrmals auf. Versuchen Sie, sie bei geschlossenem Buch aufzulisten.

17 Einladungen

Formelle Einladung

Frau Wunder hat eine Vernissage organisiert, zu der sie mit einem Mailing besonders wichtige Geschäftspartner einlädt.

Reich & Schön

Reich & Schön GmbH
PR-Agentur
Konstanzer Allee 14
70258 Stuttgart

Tel.: 0711 995588-0
Fax: 0711 995577-0
www.reichundschoen.de
E-Mail: g.wunder@reichundschoen.de

Amtsgericht Stuttgart HRB 22133

<<Firma>>
<<Vorname>> <<Name>>
<<Adresse1>>
<<Adresse2>>
<<PLZ>> <<Ort>>

20.05.20...

Einladung zur Vernissage

Sehr geehrte <<Anrede1>> <<Anrede2>> ,

in Partnerschaft mit der Feininger-Bank haben wir **1** ____________, junge vielversprechende Künstlerinnen und Künstler aus anderen Ländern in Deutschland **2** ____________ vorzustellen. Dazu gehört der litauische Maler Gregor Krasauskas, dessen Werke „Blaue Aktionen" im Foyer des Feininger-Hauses 2 Monate lang zu sehen sein werden.

Die Ausstellung wird am kommenden Sonntag, den 26. Mai, um 15.30 Uhr **3** ____________ eröffnet.

Neben dem künstlerischen Genuss bietet eine Ausstellungseröffnung immer **4** ____________, um Geschäftsfreunde wiederzusehen und neue Kontakte zu **5** ____________.

6 ____________ eine besondere Ehre, auch Sie unter den Gästen **7** ____________. Bitte lassen Sie uns auf der beigefügten Antwortkarte wissen, **8** ____________.

Wir freuen uns auf Ihr Kommen und verbleiben

mit freundlichen Grüßen

Gisela Wunder

▶ Brief 21: Lösung auf Seite 156

Verfassen Sie die Einladung und wählen Sie den jeweils passenden Begriff:

1 *„uns das Ziel gesetzt":*
unseren Plan erstellt
es uns zur Aufgabe gemacht
die Wünsche erfüllt

2 *Für Leute, die das mögen:*
einem interessierten Publikum
einem vermögenden Auditorium
einem ehrenwerten Gremium

3 *Mit einem Fest:*
feierlich
freudig
spontan

4 *Eine gute Gelegenheit:*
ein Sonderangebot
einen schönen Platz
einen angenehmen Rahmen

5 *Kontakte „herstellen":*
knüpfen
öffnen
verbinden

6 *Konjunktiv der Höflichkeit:*
Es würde uns sein
Es sei uns
Es wäre uns

7 *Als Gast haben:*
begrüßen zu dürfen
teilen zu können
teilzunehmen

8 *„ob Sie da sein werden":*
ob wir mit Ihnen rechnen können
ob wir mit Ihnen zählen können
ob Sie uns vorhaben

Informelle Einladung

Frau Wunder möchte eine gute Bekannte wiedersehen, weil sie ihr ein interessantes Angebot machen möchte.

1 ________ *Christa,*

nach langer Zeit 2 ________________________________, *mich bei dir zu melden. Aber wie du sicher auch selber weißt, gibt es in unserer Branche immer viel zu tun, und persönliche Kontakte leiden darunter.*

Nun möchte ich 3 ____________________, *und es gibt dafür auch einen konkreten Anlass. Ich* 4 ____________________ *einen Vorschlag machen, der dich sicher begeistern wird.* 5 ____________________ *also, wenn wir uns am kommenden Samstag wie in guten alten Zeiten bei Aldo zu einer Pizza Funghi treffen würden? Ich bin so neugierig, endlich zu erfahren, wie es dir inzwischen ergangen ist.*

Bitte **6** ________________, *ob das bei dir klappt, damit ich uns einen Tisch bestellen kann.*

Bis bald also, **7** ________________ *auf das Wiedersehen.*

8 ________________

deine

Gisela

▶ Brief 22: Lösung auf Seite 156

Helfen Sie Frau Wunder dabei, diesen sehr persönlichen Brief zu schreiben:

1 *Die Anrede:*
Verehrte
Beste
Liebe

2 *Es gelingt Frau Wunder:*
schaffe ich es endlich mal wieder
schaffte ich es endlich mal wieder
schuf ich es endlich mal wieder

3 *„nicht mehr warten“:*
es aber nicht länger hinausschieben
es aber nicht weiter ausdehnen
es nicht mehr noch verdrücken

4 *Vorsichtig anfragen:*
würde dir gern
wäre gern dir
wäre dir lieber

5 *Einen konkreten Vorschlag machen:*
Wie wäre es
Was über
Wie würde es

6 *Um Antwort bitten:*
erzähle mir
sag mir Bescheid
weiß mir Bescheid

7 *Freundschaftlich gesagt: „ich freue mich sehr“:*
ich freue mich ganz außerordentlich
ich erwarte mit Sehnsucht
ich freue mich riesig

8 *Grußformel:*
Beste Wünsche
Hochachtungsvoll
Liebe Grüße

Textbausteine

Formelle Einladungen

Die Vorsitzende und der Vorstand freuen sich, Sie am Samstag, dem 20. Dezember, um 20 Uhr zur Weihnachtsfeier der Firma ins Hotel Blühendes Barock, Ludwigsburg, einzuladen.

Wir laden Sie herzlich ein zu unserer Hochzeitsfeier am ... in ... und zum anschließenden Empfang.

Informelle, private Einladungen

Wir möchten (euch) am ... um ... zu einem Abendessen im kleinen Kreis einladen.

Wir hoffen, dass ihr kommen könnt.

Wir würden uns sehr freuen, wenn ihr Freitagabend zu uns zum Essen kommen könntet.

Wir haben uns überlegt, dass es dich vielleicht interessieren würde, mit uns zur Premiere von ... zu gehen.

Ich würde dich gerne einladen, mich nächsten Monat auf eine Spanienreise zu begleiten.

Hättest du Lust, mit uns nach ... zu kommen?

Um Antwort bitten

formell:

um Antwort wird gebeten, u. A. w. g.

Bitte geben Sie bis ... Bescheid.

Wir würden uns über Ihre Zusage bis ... sehr freuen.

informell:

Sag mir bitte, welcher Tag dir am besten passt.

Wir hoffen wirklich / sehr, dass du kommen kannst.

Wir freuen uns darauf, dich zu sehen.

Bitte sag uns Bescheid, ob das bei dir klappt.

Einladungen zu geschäftlichen Veranstaltungen

Wir laden Sie herzlich ein ...

... zu einem Mittagessen mit unseren Mitarbeitenden am Donnerstag, den 9. Dezember.

... unsere Geschäftsräume zu besuchen.

Wir möchten Sie zu einer Cocktailparty einladen, die im Anschluss an die Konferenz stattfindet.

Eine Einladung annehmen (zusagen)

Gerne nehme ich Ihre Einladung an und werde pünktlich dort sein.

Vielen Dank für die freundliche Einladung, die wir selbstverständlich gerne annehmen.

Eine Einladung ablehnen

formell:

So sehr ich es bedaure, ich muss Ihnen leider (doch) eine Absage erteilen.

Leider bin ich zu diesem Termin verhindert.

informell:

Es ist wirklich sehr schade, aber da kann ich leider nicht.
Tut mir leid, aber ausgerechnet zu diesem Termin habe ich schon länger etwas anderes geplant.

Anmerkungen

- Die hier vorgestellte formelle Einladung ist als ein **Mailing** gedacht, das aus einer Adressdatei erzeugt wird. Die in spitzen Klammern << >> angegebenen Felder werden häufig in deutschen Mailings verwendet.
- Wenn Sie Gäste einladen, sollten Sie Peinlichkeiten vermeiden und in der Einladung ansprechen, ob es etwas zu essen gibt:
  ... zum Abendessen, **... zu einem Glas Wein** oder - in Deutschland besonders am Sonntagnachmittag sehr beliebt - **... zu Kaffee und Kuchen**.
- Abends „ausgehen" muss nicht unbedingt mit einem Essen im Restaurant verbunden sein. Es kann auch sein, dass man sich einfach nur verabredet, „einen trinken zu gehen" (recht informeller, aber populärer Ausdruck!), also auf ein Glas Bier oder Wein in eine Kneipe.

Sie sind dran!

1 Stellen Sie die Sätze des Einladungsschreibens richtig zusammen:

Sehr geehrter Herr Dörfelder,

1 ___ in der nächsten Woche sind es auf den Tag genau 5 Jahre,

2 ___ Aus diesem Anlass möchten wir Sie gern

3 ___ Für das leibliche Wohl wird das Team von Feinkost Fiedler sorgen,

4 ___ Den musikalischen Rahmen wird

5 ___ Wir würden uns freuen,

6 ___ Ihre Antwort erwarten wir

A das uns mit einem kalten Büfett verwöhnen wird.

B die Jazzcombo unseres Betriebes bilden.

C wenn Sie uns die Ehre erwiesen, unser Gast zu sein.

D bis zum kommenden Dienstag, 28.2.

E zu einer kleinen Feierstunde in unsere Geschäftsräume einladen.

F dass wir unsere Filiale in Nürnberg eröffnet haben und auch Sie zu unserer Stammkundschaft zählen dürfen.

2 Hier sind einige Buchstaben verloren gegangen. Rekonstruieren Sie den Brief:

Lie____ Ursula,

vielen herzl____ Dank für d____ Einladung, über d____ ich m____ sehr gefreut habe. Natürlich w____ ich gerne zu dei____ Geburtstagsparty gekommen, aber leider ist es m____ einfach unmöglich! Genau an diesem Tag kommt mein Freund aus den USA an, und du verste____ sicher, dass ich i____ vom Flughafen abholen mö____, denn es ist unser erst____ gemeinsam____ Abend nach ein____ lang____ Trennung.

Vielleicht können wir ja dein____ Geburtstag mal zu zweit feie____, wenn du Zeit ha____ und Joe wieder abgereist ____.

Auf jed____ Fall wünsche ich e____ viel Spaß, d____ all____ Gut____ für das neue Lebensjahr und hoffentlich bis bald!

All____ Liebe

Deine Tine

▶ Lösung auf Seite 164

Lerntipps

Bevor Sie mit dem Kapitel „Dankschreiben" beginnen, überlegen Sie doch, welche Wörter, Ausdrücke und Wendungen Ihnen zu diesem Thema einfallen. Vergleichen Sie sie mit den Vorschlägen des Buchs.

18 Dankschreiben

Formelles Dankschreiben

Herr Betzke aus Münster schafft es schließlich doch noch, Frau Wunder während ihres Aufenthalts im Münsterland zu treffen und ihr die Stadt und Umgebung zu zeigen. Als Frau Wunder nach Stuttgart zurückgekehrt ist, bedankt sie sich schriftlich bei ihrem neuen Geschäftsfreund.

Reich & Schön

Reich & Schön GmbH
PR-Agentur
Konstanzer Allee 14
70258 Stuttgart

Tel.: 0711 995588-0
Fax: 0711 995577-0
www.reichundschoen.de
E-Mail: g.wunder@reichundschoen.de

Amtsgericht Stuttgart HRB 22133

Herrn
Harald Betzke
Werbeagentur Betzke
Wasserstraße 96
48147 Münster

07.11.20...

1 ____________,

nach meiner Rückkehr nach Stuttgart 2 ____________, Ihnen nochmals herzlich für die schönen Tage zu danken.

Ich finde, wir sind in geschäftlicher Hinsicht 3 ____________, und ich freue mich sehr auf die Zusammenarbeit, die sich dadurch 4 ____________. Ihre Entwürfe habe ich bereits an unser Grafikbüro weitergeleitet, sie waren 5 ____________ ____________!

Aber auch persönlich bin ich Ihnen sehr dankbar, denn ich weiß, wie schwierig es für Sie gewesen sein muss, die Zeit zu erübrigen, um uns Ihre Heimatstadt zu zeigen. Auch 6 ____________ Frau Steinle möchte ich betonen, was für ein angenehmer Reiseführer und sympathischer Begleiter Sie für uns waren und wie gerne wir dies wiederholen würden.

Wir hoffen sehr, dass Sie bald 7 ____________ und zu uns ins Schwabenland kommen.

Wir freuen uns auf eine fruchtbare und erfolgreiche Zusammenarbeit.

8 ____________

Ihre G. Wunder

▶ Brief 23: Lösung auf Seite 156

Setzen Sie das Dankschreiben an Herrn Betzke mit Hilfe folgender Begriffe auf:

1 *Die Anrede:*
Sehr geehrter Harald
Lieber Herr Betzke
Lieber Herr Harald

2 *Es ist persönlich wichtig für Frau Wunder:*
ist es meine Anlage
ist es mir ein Anliegen
bin ich veranlagt

3 *Fortschritte gemacht haben:*
einen großen Schritt vorwärts gemacht
eine gute Stufe vorgegangen
einen großen Schritt weitergekommen

4 *„entwickelt“:*
anbahnt
angibt
vorgeht

5 *Etwas gefällt sehr:*
davon zufrieden
davon begeistert
darüber glücklich

6 *Frau Wunder spricht auch für ihre Begleiterin:*
im Auftrag von
im Namen von
im Interesse für

7 *Herr Betzke soll nach Stuttgart kommen:*
unseren Besuch erwidern
unseren Besuch wiederholen
den Besuch wieder herstellen

8 *Die Grußformel:*
Freundliche Grüße
Mit vorzüglicher Hochachtung
Es freut mich

Informelles Dankschreiben

Frau Wunder hat sich mit einem guten Geschäftsfreund zum Abendessen getroffen. Am nächsten Tag schickt sie ihm eine E-Mail, um sich bei ihm zu bedanken:

Hallo Ludwig,

es war schön, gestern Abend wieder mal mit dir zu plaudern und all die brennend heißen Neuigkeiten zu erfahren. Ich hoffe wirklich, dass sich deine Pläne realisieren lassen. Wir sollten öfter mal solche Treffen veranstalten, was meinst du?!

Danke auf jeden Fall für deine Zeit und für deine Gesellschaft.

Liebe Grüße

Gisela

Textbausteine

Dankesformeln

formell:

Ich möchte Ihnen für ... danken.

Wir möchten uns ganz herzlich für ... bedanken.

Es war sehr freundlich von Ihnen, uns in dieser Sache zu unterstützen.

Wir möchten Ihnen unseren aufrichtigen Dank für ... aussprechen.

Ich bin Ihnen sehr dankbar für Ihre Hilfe und Gastfreundschaft während meines Aufenthalts.

Haben Sie Dank für Ihre Gastfreundschaft bei unserem Treffen.

informell:

Besten Dank für deine Hilfe.

Danke für den schönen Abend.

Vielen Dank für deine Einladung.

Herzlichen Dank für deinen Brief.

Nochmals bedanke ich mich für ...

Ein Gegenangebot aussprechen

Ich hoffe, dass ich bald die Gelegenheit habe, Ihre Gastfreundschaft zu erwidern.

Nun ist die Reihe an Ihnen, und ich würde mich freuen, Sie im nächsten Monat bei uns begrüßen zu dürfen.

Bitte zögern Sie nicht, auch unsere Dienste in Anspruch zu nehmen.

Wir würden uns freuen, wenn wir uns für Ihre Großzügigkeit einmal revanchieren könnten.

Anmerkungen

Formell oder informell?

Manche Geschäftsfreunde gehen schon recht bald zur Anrede mit **du** und Vornamen über, dies muss aber nicht unbedingt sein. Wie schnell und wie weit der formelle zum informellen Kontakt wird, ist von vielen Dingen abhängig, z. B. von der Persönlichkeit, der Unternehmensphilosophie und der Branche.

Doch es gibt viele Zwischenstufen. So kann aus der Anrede **Sehr geehrter Herr Müller** bei engerem Kontakt auch **Lieber Herr Müller** werden, und die standardisierte Schlussformel **Mit freundlichen Grüßen** / **Freundliche Grüße** wird aufgelöst zu **Mit besten Grüßen** / **Beste Grüße**, was ein bisschen weniger formell klingt.

Auch das „Hamburger Sie" kommt manchmal vor, nämlich die Anrede mit Vornamen, aber man bleibt in der formellen **Sie**-Form:

Lieber Harald, wir danken Ihnen herzlich ...

Sie sind dran!

1 Bringen Sie dieses Durcheinander wieder in die richtige Reihenfolge!

Liebe Frau Stadler, lieber Herr Stadler,

auch mich in meiner Heimat ▪ auf diesem Weg möchte ich ▪ ausgezeichnet geschmeckt. Bitte zögern Sie nicht, ▪ Es hat wirklich ▪ Es war ein schöner Abend und ▪ Es wird mir eine Freude sein, ▪ gilt der Köchin. ▪ ich habe mich seit langem ▪ Ihnen für die freundliche Einladung ▪ in Ihr Haus danken. ▪ Mein besonderes Kompliment ▪ nicht mehr so wohl gefühlt. ▪ Sie dort zu bewirten. ▪ Spezialitäten zu kosten. ▪ zu besuchen und unsere regionalen

Freundliche Grüße

George A. Singh

2 Bei diesem Brieftext hat der Schreiber du **und** Sie **verwechselt. Schreiben Sie den Text zweimal neu, einmal in der** Du-Form**, einmal mit** Sie**:**

Ich möchte mich bei Ihnen ganz herzlich für dein nettes Geschenk bedanken, das Sie mir gestern an meinen Arbeitsplatz geschickt hast. Die Überraschung ist Ihnen wirklich gelungen, und du haben meinen Geschmack gut getroffen. Man kann erkennen, wie sorgfältig du ausgewählt haben und dass Sie sich viele Gedanken gemacht hast, wie du mir eine Freude machen können.

▶ Lösung auf Seite 164

19 Glückwünsche und Kondolenzschreiben

Frau Wunder erfährt, dass Herr Betzke einen Designkunstpreis für eine seiner Grafikarbeiten erhalten hat. Sie schickt ihm Glückwünsche.

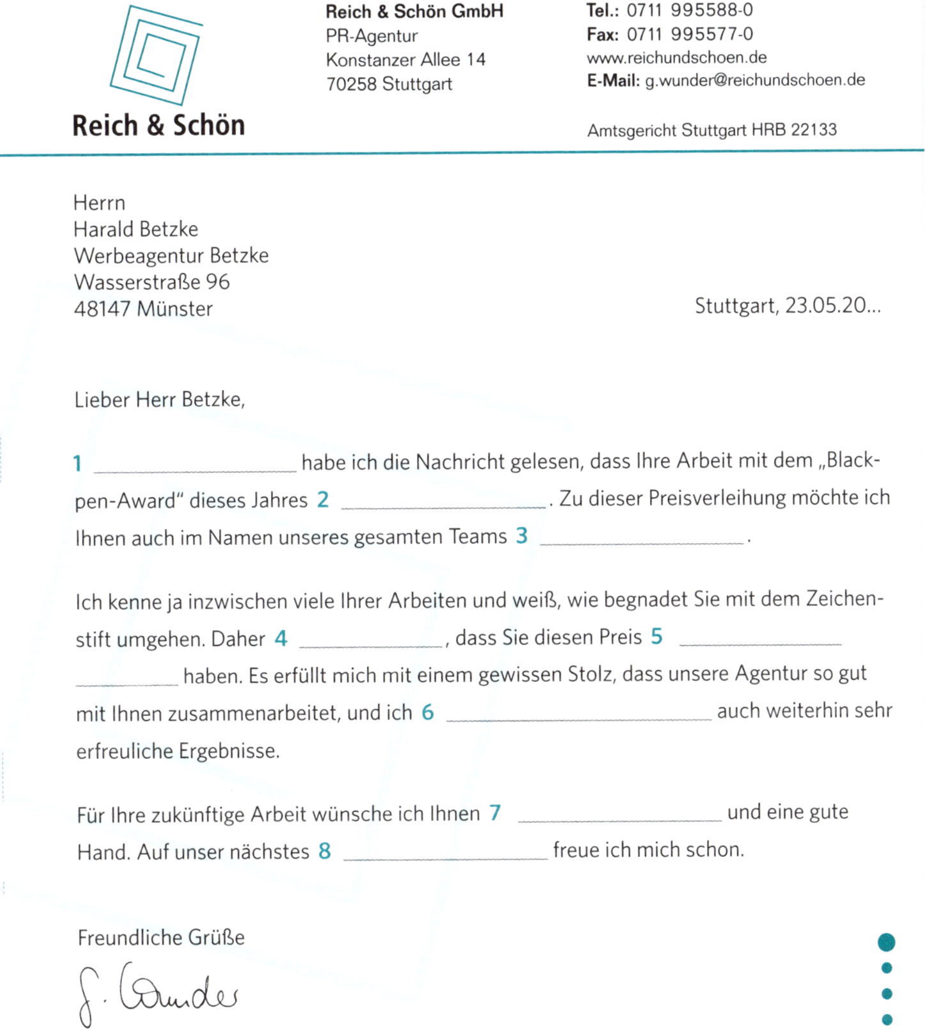

Reich & Schön

Reich & Schön GmbH
PR-Agentur
Konstanzer Allee 14
70258 Stuttgart

Tel.: 0711 995588-0
Fax: 0711 995577-0
www.reichundschoen.de
E-Mail: g.wunder@reichundschoen.de

Amtsgericht Stuttgart HRB 22133

Herrn
Harald Betzke
Werbeagentur Betzke
Wasserstraße 96
48147 Münster

Stuttgart, 23.05.20...

Lieber Herr Betzke,

1 ______________ habe ich die Nachricht gelesen, dass Ihre Arbeit mit dem „Blackpen-Award" dieses Jahres 2 ______________. Zu dieser Preisverleihung möchte ich Ihnen auch im Namen unseres gesamten Teams 3 ______________.

Ich kenne ja inzwischen viele Ihrer Arbeiten und weiß, wie begnadet Sie mit dem Zeichenstift umgehen. Daher 4 ______________, dass Sie diesen Preis 5 ______________ haben. Es erfüllt mich mit einem gewissen Stolz, dass unsere Agentur so gut mit Ihnen zusammenarbeitet, und ich 6 ______________ auch weiterhin sehr erfreuliche Ergebnisse.

Für Ihre zukünftige Arbeit wünsche ich Ihnen 7 ______________ und eine gute Hand. Auf unser nächstes 8 ______________ freue ich mich schon.

Freundliche Grüße

G. Wunder

▶ Brief 24: Lösung auf Seite 157

Bringen Sie Frau Wunders Glückwünsche in die richtige schriftliche Form:

1 *„sehr froh":*
mit großer Freude
mit viel Spaß
mit gewissem Frohsinn

2 *Einen Preis erhalten:*
ernannt wurde
ausgezeichnet wurde
verdient wurde

3 *Glückwünsche aussprechen:*
ganz herzlich gratulieren
äußerst freundlich gratulieren
herzlich Glückwunschen

4 *„meine ich":*
finde ich
erfinde ich
überzeuge ich

5 *Kompetenz anerkennen:*
gern meritiert
rechtlich bekommen
wirklich verdient

6 *Erwartung für die Zukunft:*
verspreche mir darüber
verspreche mir davon
verspreche mir dazu

7 *Wünsche für die Zukunft:*
weiteres Glück
alles Liebe
weiterhin viel Erfolg

8 *Frau Wunder hat Pläne:*
gemeinen Plan
gemeinsames Projekt
gemeinschaftliches Problem

Textbausteine

Glückwünsche aussprechen

Auf diesem Weg möchte ich Ihnen meine herzlichsten Glückwünsche zu Ihrer neuen Funktion als ... *(Stelle)* übermitteln.

Wir haben uns gefreut zu hören, dass Sie in den Vorstand der Firma berufen wurden, und wünschen Ihnen allen erdenklichen Erfolg bei der neuen Herausforderung.

Wir haben soeben von dem freudigen Ereignis gehört. Ihnen und Ihrer Frau / Ihrem Mann die herzlichsten Glückwünsche von uns allen zur Geburt Ihres kleinen Jungen / Ihrer kleinen Tochter.

Wir freuen uns mit Ihnen.

Wir senden Ihnen unsere herzlichsten Glückwünsche.

Wir gratulieren Ihnen sehr herzlich zu Ihrem Jubiläum.

Gute Wünsche zum Jahreswechsel

Wir wünschen Ihnen und Ihrer Familie frohe Feiertage und ein glückliches neues Jahr.

Bei dieser Gelegenheit möchten wir all unseren Kundinnen und Kunden für die gute Zusammenarbeit danken und Ihnen ein schönes Weihnachtsfest und alles Gute für das neue Jahr wünschen.

Willkommensgrüße

Willkommen in Hamburg. Ich hoffe, Sie haben ein geeignetes Haus gefunden und leben sich gut ein. Sollten Sie irgendetwas benötigen, so zögern Sie bitte nicht, mich unter der obigen Adresse zu kontaktieren.

Kondolenzschreiben

Die Nachricht vom plötzlichen Tod von Herrn ..., den wir alle als hervorragenden Mitarbeiter Ihres Teams und als guten Freund kannten, hat uns tief erschüttert. Wir alle möchten seiner Familie und seinen Freunden unser tiefstes Mitgefühl ausdrücken.

Die Nachricht vom tragischen Tod von Herrn / Frau ... hat uns mit tiefer Trauer erfüllt. Er bedeutet einen großen Verlust für alle, die ihn kannten. Bitte seien Sie so freundlich, Ihrer Familie unsere aufrichtige Anteilnahme zu übermitteln.

Seien Sie sicher, dass wir ihn immer in guter Erinnerung behalten werden.

Zum Tod von Frau ... möchte ich Ihnen mein aufrichtiges Beileid ausdrücken. Wenn ich irgendetwas für Sie tun kann, so lassen Sie es mich bitte sofort wissen.

Genesungswünsche

Es tut mir leid zu erfahren, dass Sie krank geworden sind. Ich hoffe, es ist nichts allzu Ernstes, und ich wünsche Ihnen, dass Sie sich schnell und vollständig erholen.

Es tat uns allen sehr leid, von Ihrem Unfall zu erfahren. Wir waren jedoch sehr erleichtert zu hören, dass Sie das Schlimmste überstanden haben und wahrscheinlich (bereits) nächsten Monat wieder im Büro sein werden. Fürs Erste senden wir Ihnen alle unsere besten Wünsche für eine schnelle Genesung.

Ich hoffe, es geht Ihnen besser, und wünsche Ihnen baldige Genesung.

Wir wir haben uns gefreut zu erfahren, dass Sie gute Fortschritte machen.

Anmerkungen

- Bei Wünschen zum Jahreswechsel sollte man berücksichtigen, ob der/die Adressat*in das Weihnachtsfest feiert oder nicht. Entsprechend kann man bei der Formulierung wählen: **frohe Weihnachten / ein frohes Weihnachtsfest** oder eben **frohe/entspannte Feiertage**. Oder man wünscht ganz neutral nur **ein glückliches neues Jahr**.
- „Beförderung“ klingt im modernen Deutsch recht unschön, da es an Militär, Hierarchie und Gehorsam erinnert. Man würde eher **zur neuen Funktion** oder **zur neuen Aufgabe** gratulieren oder vom **Aufstieg** sprechen. Wenn es einen Titel für die Funktion gibt, kann man auch sagen:
  Er wurde zum Direktor ernannt. oder: **Sie wurde zur Professorin berufen.**
- Einen **Preis** für besondere Verdienste **erhält** man, oder er wird an jemanden **verliehen**. Wenn man einen Preis **gewinnt** (in einer Lotterie, auf einem Jahrmarkt), dann hat man nicht wirklich etwas dafür getan, ihn also **nicht verdient**.

Sie sind dran!

1 Füllen Sie die Lücken. Achtung! Manchmal gibt es auch nichts zu ergänzen!

Lieb_____ Frau Gabel,

mit dies_____ klein_____ Geschenk z_____ Abschied möchte_____ Ih_____ d_____ Marketing-Abteilung ein_____ Erinnerung_____ mit auf d_____ Weg geb_____. Wir sind all_____ sehr traurig_____, dass Sie u_____ jetzt verlas_____, denn Sie w_____ für un_____ ein_____ sehr_____ angenehm_____ Chef_____ und ein_____ hervorragend_____ Kolleg_____. Aber wir freu_____ u_____ auch mit Ih_____ über d_____ neu_____ Position_____, d_____ für _____ ein_____ groß_____ Auszeichnung_____ darstell_____. Für d_____ bevorstehend_____ Umzug_____ und für d_____ viel_____ Herausforderung___ a_____ neu_____ Arbeitsplatz_____ wünsch_____ wir all_____ Ihn_____ von Herz_____ all_____ Gut_____ und viel_____ Erfolg_____.

2 Zu welchen Anlässen sind persönliche Grüße angebracht? Bringen Sie Adjektive und Nomen richtig zusammen:

1 ____ fünfundzwanzigstes	A Beileid
2 ____ herzlichen	B Feiertage
3 ____ bestandene	C Genesung
4 ____ erfreuliche	D Glückwunsch
5 ____ tragischer	E Jubiläum
6 ____ baldige	F Nachricht
7 ____ aufrichtiges	G Prüfung
8 ____ frohe	H Unfall

▶ Lösung auf Seite 164

20 Stellenangebote und Bewerbungen

Stellenanzeige

Frau Steinmüller ist Speditionskauffrau und möchte sich beruflich verändern. In der Zeitung findet sie folgende Stellenanzeige. Sie liest die Anzeige genau durch und markiert sich wichtige Wörter, damit sie diese später in ihr Anschreiben übernehmen kann.

Wir sind eine internationale Spedition im Großraum Stuttgart und transportieren seit über 75 Jahren Güter schnell und zuverlässig.

1 ______________ (spätestens aber zum 01.09.20...) suchen wir eine / n

SACHBEARBEITER*IN (m/w/d)

Assistent *in des Leiters der Disposition

Sie sind gelernte(r) Speditionskauffrau / -mann und 2 ______________ über gute Kenntnisse in der DV (MS-Office, Speditionsspezialsoftware SSSW). Ihr Aufgabengebiet umfasst die stellvertretende Koordination unserer Disposition und die 3 ______________ der anfallenden Verwaltungsarbeiten.

Aufgrund der Internationalität des Hauses werden gute englische und französische Sprachkenntnisse vorausgesetzt. Sie arbeiten teamorientiert. Sie sind engagiert, flexibel und vor allem zuverlässig. Sie verstehen es, auch unter Termindruck sorgfältig zu arbeiten.

Wenn Sie bereits 4 ______________ Berufserfahrung verfügen, haben Sie die besten Voraussetzungen.

Fühlen Sie sich von dieser Aufgabenstellung angesprochen? Dann richten Sie Ihre schriftliche Bewerbung mit Angabe Ihrer Gehaltsvorstellung und 5 ______________ Eintrittstermin an:

Spedition Rasant GmbH & Co. KG
Personalabteilung, Esslinger Straße 62, 72622 Nürtingen
Telefon: 07022 87396-128
Mail: bewerbung@rasant.de

Oder bewerben Sie sich über unser Karriereportal https://getthisjob.de.
Laden Sie dort bitte Ihre vollständigen Bewerbungsunterlagen (Anschreiben, Lebenslauf und Zeugnisse) als PDF-Datei hoch.

▶ Text 25: Lösung auf Seite 157

Vervollständigen Sie die Stellenanzeige mit Hilfe folgender Begriffe:

1 *Wann wird die Stelle besetzt?*
Zum richtigen Zeitpunkt
Zum schnellstmöglichen Termin
Mit heutigem Datum

2 *Welches Verb passt?*
verfügen
haben
besitzen

3 *Was ist mit den Verwaltungsarbeiten zu tun?*
selbstständige Erledigung
schnelle Beantwortung
prompte Bearbeitung

4 *Welche Präposition ist richtig?*
an
mit
über

5 *Welche Endung ist richtig?*
frühestmöglichem
frühestmöglichen
frühestmögliche

Das Anschreiben

Von der Anzeige fühlt sich Frau Steinmüller sofort angesprochen. Also nimmt sie sich einen Tag Zeit, um eine Bewerbung mit dem folgenden Anschreiben zu verfassen.

Lisa Steinmüller
Tübinger Str. 7
73732 Esslingen
Tel. 0711 842345
E-Mail: steinmuellerlisa@t-online.de

Spedition Rasant GmbH & Co. KG
Personalabteilung
Esslinger Straße 62
72622 Nürtingen

19.06.20...

Ihr Stellenangebot in der Stuttgarter Zeitung vom 15.06.20...
Sachbearbeiterin

Sehr geehrte Damen und Herren,

Ihre Annonce hat mich **1** ____________________ gemacht.

Meine Ausbildung zur Speditionskauffrau absolvierte ich bei der Spedition Willi Petz GmbH & Co. KG. Danach sammelte ich noch in der französischen Tochterfirma Petz France drei Jahre Erfahrung. **2** ____________________ als Speditionskauffrau übernahm ich auch die Terminplanung und -koordination der Leitung der Disposition.

3 ________________ arbeite ich in der Zentrale von Willi Petz im Bereich Disposition für das englischsprachige Ausland. Um flexibel zu bleiben und 4 ________________ ________________, interessiert mich diese Stelle bei Ihnen sehr.

In der Anwendung der PC-Software habe ich mich stets weitergebildet und hier meinen Schwerpunkt auf die Speditionsspezialsoftware SSSW gelegt.

Auch wenn es „brennt", 5 ________________, sorgfältig zu arbeiten. Ich bin engagiert und zuverlässig. Als Mitglied einer Volleyballmannschaft ist teamorientiertes Handeln für mich selbstverständlich.

6 ________________ zu einem Gespräch freue ich mich und bedanke mich für Ihr Interesse.

Mit freundlichen Grüßen 7 ________________

L. Steinmüller

▶ Brief 26: Lösung auf Seite 157

Helfen Sie Frau Steinmüller bei der Formulierung ihres Bewerbungsschreibens:

1 *Wie ist Frau Steinmüller?*
neugierig
sprachlos
begierig

2 *Was Frau Steinmüller bereits zu tun hat:*
Mit meinen Hausaufgaben
Zu meinen Übungen
Neben meinen Aufgaben

3 *„momentan":*
Bei dieser Gelegenheit
Zur Zeit
In diesem Zeitpunkt

4 *Warum interessiert sich Frau Steinmüller für diese Firma?*
weil ich eine neue Herausforderung suche
weil ich mich langweile
weil ich andere Arbeit suche

5 *„können":*
bin ich in der Bewegung
bin ich auf der Höhe
bin ich in der Lage

6 *Worauf freut sich Frau Steinmüller?*
Auf die Einladung
Auf die Blumen
Auf das Vorstellungsgespräch

7 *Was wird dem Schreiben beigefügt?*
Auflagen
Auslagen
Anlagen

Stellengesuch

CHEFSEKRETÄRIN

Assistentin der Geschäftsführung

38 Jahre alt. Polnisch (Muttersprache), Deutsch und Russisch in Wort und Schrift, gute Kenntnisse in Englisch und Französisch, engagiert, hilfsbereit, langjährige Berufserfahrung im In- und Ausland (auch Export und Messen), sucht neue verantwortungsvolle Position.

Zuschriften erbeten unter ...

Textbausteine

Sich um eine ausgeschriebene Stelle bewerben

Ihre Annonce hat mich neugierig gemacht.

Ihre Anzeige hat mich sofort angesprochen.

Als Bankkauffrau mit Zusatzqualifikation Finanzassistenz habe ich mit Interesse Ihr Stellenangebot gelesen.

Mit meiner soeben erfolgreich abgeschlossenen Ausbildung zum Europasekretär interessiert mich Ihr Stellenangebot besonders.

Nach einem Telefonat

Wie telefonisch am ... vereinbart, sende ich Ihnen anbei meine Bewerbungsunterlagen.

Aufgrund eines Telefonats mit Herrn Müller vom ... bewerbe ich mich um die Stelle als Sekretärin der Geschäftsführung.

Initiativbewerbung (Blindbewerbung)

Aus ungekündigter Position suche ich im Bereich Verwaltung in Ihrem Hause eine neue Herausforderung und biete Ihnen meine Mitarbeit an.

Ihr Unternehmen ist marktführend auf dem Gebiet ... *(Branche)*. Darin sehe ich meine Zukunft als ... *(Beruf)*.

Ein Bericht in der Mülheimer Zeitung hat mein Interesse an Ihrem Unternehmen geweckt.

Informationen über die eigene Person geben

Meine Ausbildung zur Industriekauffrau habe ich bei der SGB Textiltechnik GmbH durchlaufen.

Ich bin mit allen im Sekretariat anfallenden Arbeiten bestens vertraut, spreche sehr gut Deutsch und Englisch und verfüge über umfassende Kenntnisse in den Office-Programmen.

Ich verfüge über umfassende Kenntnisse / Erfahrung in ...

Im Umgang mit kaufmännischen Verwaltungssystemen habe ich mich stets weitergebildet und hier den Schwerpunkt auf XY-Software gelegt.

Selbstständiges und teamorientiertes Arbeiten ist für mich ebenso selbstverständlich wie eine hohe Einsatzbereitschaft.

Ich beherrsche Englisch und Französisch in Wort und Schrift.

Zu meinen Aufgaben gehört(e) ...

Während der letzten fünf Jahre arbeitete ich als ... für ... in ...

Ich bin daran interessiert, meine ...-Kenntnisse zu vervollkommnen.

Gehaltsvorstellungen

Bei meinen Gehaltsvorstellungen bin ich gerne bereit, mich an den in Ihrem Hause üblichen Dotierungen zu orientieren.

Sobald ich mein genaues Aufgabengebiet kenne, bin ich gerne bereit, mich zu meinen Gehaltsvorstellungen zu äußern.

Abschließende Formulierungen

Die neue Verantwortung in dieser anspruchsvollen Stellung übernehme ich gerne.

Ab 1. Oktober könnte ich bei Ihnen anfangen.

Über eine Einladung zu einem persönlichen Gespräch freue ich mich schon jetzt und bedanke mich für Ihr Interesse.

Für ein Vorstellungsgespräch stehe ich Ihnen gerne zur Verfügung.

Ich freue mich, Sie in einem persönlichen Gespräch kennen zu lernen.

Anmerkungen

- Beachten Sie, dass es heißt:
  sich bewerben als ... *(Beruf)*
  sich bewerben um (oder **auf**) **die Stelle des ...** *(Beruf)*
- In Stellenanzeigen tauchen immer wieder Adjektive wie **teamorientiert**, **sorgfältig**, **zuverlässig**, **flexibel**, **motiviert**, **selbstständig**, ... auf. Überlegen Sie sich ein Beispiel aus Ihrem beruflichen oder privaten Alltag, mit dem Sie die gewünschte Eigenschaft belegen können. Denn der / die Personalchef/in hat sich überlegt, für welche Wörter Geld ausgegeben wird. Stellenanzeigen dienen nicht nur der Personalsuche, sondern repräsentieren gleichzeitig die Firma!
- Da das Anschreiben Türen öffnen soll, formulieren Sie Ihren Brief mit Hilfe der markierten Wörter aus der Stellenanzeige. Schicken Sie auch nicht ein und dasselbe Anschreiben (und Lebenslauf!) an mehrere Firmen! Denn: Nicht die Masse bringt den Erfolg, sondern die Qualität.

Sie sind dran!

1 Setzen Sie die folgenden Wörter in die Sätze ein, die alle aus Stellenangeboten stammen:

Leitung • Ausbildung • Mitarbeitende • übernächsten • Verständnis • Berufserfahrung Kundinnen und Kunden • selbstständiger • Engagement

1 Ihre Hauptaufgabe ist die eigenverantwortliche __________ unserer Geschäftsstelle.

2 Ihre Aufgabe: Sie beraten und betreuen unsere __________.

3 Wir suchen zum __________ Monat eine*n Professor*in für das Anästhesie-Institut.

4 Mitbringen sollten Sie viel __________, Kreativität und Interesse an wirtschafts- und umweltpolitischen Themen.

5 Computerkenntnisse, Spanischkenntnisse sowie eine handwerkliche __________ sind erwünscht.

6 Voraussetzungen für diese Aufgabe sind eine Berufsausbildung zur / zum Kauffrau/-mann für Büromanagement mit mehrjähriger einschlägiger __________.

7 Wir stellen __________ ein, die bereit sind, in Wechselschicht zu arbeiten.

8 Sie bringen fundiertes technisches __________ mit, speziell für den Bereich Elektronik / Elektrotechnik.

9 Ihr __________ und teamorientierter Arbeitsstil rundet Ihr Profil ab.

2 Bringen Sie nachstehendes Bewerbungsschreiben in die richtige Reihenfolge:

1 **Bewerbung als Buchhalter*in Rechnungswesen und EDV**
Süddeutsche Zeitung vom 10.11.20... und unser Telefonat vom 18.11.20...

2 Momentan arbeite ich für die XY-Vertriebs GmbH & Co. KG. Schwerpunkt meiner Tätigkeit dort ist die Kosten- und Budgetplanung.

3 Sehr geehrter Herr Moosgruber,

4 Ich spreche gut Englisch, verfüge über gute Präsentationserfahrungen und bin neben meinen Softwarekenntnissen (SAP, MS-Office, Datenbank XY) auch mit Problemlösungen im Hardwarebereich vertraut.

5 Für die Betreuung des IT-Netzwerkes habe ich mich weitergebildet und an der IHK Münster den Abschluss IT-Fachwirt erworben. Der Umgang mit SAP ist ein Bestandteil meiner täglichen Arbeit.

6 Anlagen

7 Auf ein persönliches Gespräch mit Ihnen freue ich mich.

8 Ich bin auch verantwortlich für das Berichtswesen, die Erstellung der Jahresabschlüsse und betreue das IT-Netzwerk.

9 Die Grundlage für die von mir ausgeübten Tätigkeiten war meine Ausbildung zum Bankkaufmann an der Sparkasse Bochum, für die ich nach Abschluss der Ausbildung im Bereich Kreditwesen tätig war.

10 Unterschrift

11 Mit freundlichen Grüßen

12 wie telefonisch besprochen, verfüge ich über mehrjährige Berufspraxis im Rechnungswesen und Controlling.

▶ Lösung auf Seite 164

21 Lebenslauf

Marta Rodriguez Sanchez hat in der Zeitung eine interessante Stellenanzeige gelesen, auf die sie sich bewerben will. Sie hat sich einen Tag Zeit genommen und ihren Lebenslauf geschrieben.

Marta Rodriguez Sanchez
Blumenstraße 55 // 72827 Reutlingen // Mobil: 0174-165241 // E-Mail: marta.r@yahoo.de

Persönliche Angaben

Vorname	Marta
Name	Rodriguez Sanchez
Geburtsdaten	25.09.1985
Geburtsort	Zaragoza, Spanien
Familienstand	verheiratet
Staatsangehörigkeit	Spanisch
Einreise nach Deutschland	15.09.2021

Rechts oben ein repräsentatives **Foto** (kein Familienfoto), einfügen. Alternativ kann es auf einem schön gestalteten separaten Deckblatt aufgebracht werden.

Berufstätigkeit

2007 - 2009	Krankenschwester am Poliklinikum Zaragoza
2013 - 2021	Biologin am Institut für Biologie, Zaragoza

Studium

2009 - 2013	Bachelor Studium an der Universität von Zaragoza. Fakultät für Biologie: Abschlussnote gut

Ausbildung

2005 - 2007	Ausbildung als Krankenschwerster

Schulbildung

1992 - 2004	Grundschule und Gymnasium in Zaragoza, Allgemeine Hochschulreife

Weiterbildung

2022	Deutschkurs mit Berufsorientierung Institut für Akademische Berufe (IAB) Stuttgart

Kenntnisse

Sprachen	Spanisch, Muttersprache Englisch, fließend Französisch, fließend Deutsch, gut
EDV-Kenntnisse	MS Office, Grundlagen
Führerschein	Theorieprüfung bestanden, praktische Prüfung ausstehend
Hobbys / Engagement	Ehrenamtliche Übersetzerin für das Jugendamt Stadt Reutlingen Familie, Freunde, Kino, Sport

Stuttgart, 10.01.20...
(Unterschrift)

Hier nochmals schematisch alle Angaben auf einen Blick:

Persönliche Daten	Name	*Vorname Name oder Name, Vorname*
	Anschrift	*Straße Nr. Postleitzahl, Ort*
	Telefon	*Geben Sie auf alle Fälle eine Telefonnummer an.*
	Geburtsdatum/-ort/(-land)	
	Familienstand	*gegebenenfalls Anzahl der Kinder*
	(Konfession/Religion)	*nur bei entsprechender Bewerbung!*
	(Staatsangehörigkeit)	*bei Nicht-Deutschen wegen der Arbeitserlaubnis*
Schulbildung	Schulart, Ort	*Jahresangaben genügen; geben Sie nur Ihren höchsten Schulabschluss an.*
Berufsausbildung	Art der Berufsausbildung Firma/Institution, Ort	*gegebenenfalls mit Abschlussnote*
(Militärdienst/Zivildienst)	(Institution, Einsatzbereich, Ort)	*(entfällt heute meistens)*
Studium	Name des Studiums Name der Universität, Ort Schwerpunkte, Abschluss	*gegebenenfalls Titel der Abschlussarbeit und Abschlussnote*
Berufserfahrung	Berufsbezeichnung Arbeitgeber, Ort	*gegebenenfalls Aufgabenschwerpunkte*
Weiterbildung	Art, Institution, Ort (Dauer)	*nur die für das Stellenangebot spezifischen Weiterbildungen angeben, ggf. Abschluss*
Besondere Kenntnisse	Fremdsprachen EDV-Kenntnisse Führerschein etc.	*ausschließlich für die Stelle Wichtiges angeben*
(Hobbys/Freizeitaktivitäten)	Hierzu gehören auch Ehrenämter sowie politisches, soziales und sportliches Engagement.	*gut überlegen, denn es muss zur künftigen Stelle passen, sonst lieber weglassen*

Zum Schluss noch den Ort und das Datum hinzufügen und darunter dann die eigenhändige Unterschrift setzen.

Anmerkungen

- Bitte denken Sie daran, dass der hier gezeigte Lebenslauf lediglich ein Muster darstellt. So verschieden wie die Menschen sind, so verschieden sind die Lebensläufe. Das ist in Ordnung! Der Personalchef will die Person erkennen und nicht Musterbewerber Nr. 100. Also ist der Lebenslauf in umgekehrter chronologischer Reihenfolge, beginnend mit der aktuellen Berufstätigkeit, inzwischen üblicher. Er ist besonders zu empfehlen, wenn fehlende Berufsausbildung durch die beruflichen Erfahrungen und Kenntnisse ausgeglichen werden soll.
- Im Unterschied zum hier dargestellten Lebenslauf sieht der Musterlebenslauf, den die Europäische Kommission vorgeschlagen hat, ein Foto des Bewerbers oder der Bewerberin nicht vor. Die Auflistung der beruflichen Erfahrungen und der Angaben zu Bildung und Ausbildung ist getrennt vorgesehen, beginnend mit den neuesten Daten einschließlich der Namen und Adressen der früheren Arbeitgeber.
  Ausführlichere Informationen erhält man auf der Internetseite der Europäischen Kommission unter: www.europass.cedefop.europa.eu
- Beachten Sie: Lebenslauf und Anschreiben gehören zusammen. Sowohl für das Formulieren des Anschreibens als auch für den Lebenslauf sollten Sie einen Tag rechnen. Es ist durchaus üblich, zwei oder mehr Versionen zu erarbeiten. Auch bei der grafischen Gestaltung sind Sie frei. ABER: Der Lebenslauf muss die Person zeigen **und** zur Stelle passen.
- Viele Unternehmen akzeptieren inzwischen keine Bewerbungen mehr, die per Post geschickt werden. Sie organisieren das Bewerbungsverfahren online über ein Karriereportal. Beachten Sie die folgenden Punkte, egal ob Sie Ihre Bewerbung über ein solches Portal oder per E-Mail versenden:
  - Unterschreiben Sie Ihren Bewerbungsbrief und Ihren Lebenslauf, und scannen Sie die Dokumente danach.
  - Fassen Sie alle weiteren Unterlagen (Zeugnisse, Referenzen etc.) in einer Datei zusammen. Sortieren Sie die Seiten entsprechend der Auflistung in Ihrem Lebenslauf. Achten Sie darauf, dass die Datei nicht zu umfangreich ist. Benennen Sie die Datei z. B. mit „Bewerbung_(Ihr Name)".
  - Wenn Sie Ihre Bewerbungsunterlagen per Mail versenden, schreiben Sie in die Betreffzeile Ihrer Mail z. B. „Bewerbung um die Stelle ..." oder „Bewerbung als ...". Halten Sie den Text in der E-Mail kurz, aber schreiben Sie zwei, drei persönliche Sätze.

Viel Erfolg!

22 Bewerbungen beantworten

Frau Roski, die Personalchefin der Spedition Rasant, hat eine Auswahl unter den eingegangenen Bewerbungen getroffen. Frau Steinmüller war zwar in die engere Wahl gekommen, ihre Gehaltsvorstellungen lagen jedoch über dem Höchstgehalt, das Frau Roski von der Geschäftsleitung genannt worden war.

Gesendet: Di 12.09.20...
Von: Ursula Roski <u.roski@rasant.de>
An: <steinmuellerlisa@t-online.de>
Betreff: **Ihre Bewerbung vom 19.06.20... als Sachbearbeiterin**

Sehr geehrte Frau Steinmüller,

vielen Dank für **1** ______________________________.

Ihre Qualifikation und **2** ____________________ haben uns so überzeugt, dass Sie in die **3** ____________________ für ein Vorstellungsgespräch gekommen sind.

Dass wir dennoch einem Mitbewerber **4** ____________________, liegt an der Gehaltsstruktur in unserem Hause. Ihre finanziellen Vorstellungen **5** ____________________ deutlich den für diese Position vorgesehenen Etat. Der Abstand zu unseren Möglichkeiten ist so groß, dass wir auch in einem Gespräch zu keiner Einigung gekommen wären.

Haben Sie bitte **6** ____________________ für unsere Entscheidung. Sicherlich werden Sie in einem größeren Unternehmen schnell eine Stelle finden, die Ihre **7** ____________________ realisieren kann. Ihre **8** ____________________ werden in sechs Monaten automatisch gelöscht.

Mit freundlichen Grüßen

Ursula Roski
Roski, Personalchefin

▶ Brief 27: Lösung auf Seite 158

Rekonstruieren Sie Frau Roskis Absage mit Hilfe nachstehender Ausdrücke:

1 *Wofür bedankt sich Frau Roski?*
Ihre ansprechende Bewerbung
Ihre motivierende Rede
Ihre ideenreiche Briefgestaltung

2 *Was hat Frau Roski überzeugt?*
Praxisbezug
Theorie
Berufserfahrung

3 *Die interessantesten Bewerber*innen:*
Bewerberrunde
engere Wahl
erste Mannschaft

4 *Einen anderen Bewerber ausgewählt haben:*
den Vortritt gelassen haben
den Vorzug gegeben haben
die Unterlagen gegeben haben

5 *Zu hoch sein:*
sprengen
kollidieren
überschreiten

6 *Worum bittet Frau Roski?*
Verständnis
Zustimmung
Feingefühl

7 *Das Geld, das man für seine Arbeit erwartet:*
Lohnforderungen
Gehaltsvorstellungen
Ausgleichszahlungen

8 *Was schickt Frau Roski zurück?*
Zeugnisse
Unterlagen
Briefe

Textbausteine

Den Erhalt einer Bewerbung bestätigen

Vielen Dank für Ihre ausführliche und ansprechende Bewerbung.
Wir freuen uns über Ihr Interesse, in unserer Firma mitzuarbeiten.
Ihre übersichtlichen Bewerbungsunterlagen haben uns sehr angesprochen. Vielen Dank.
Ihre Bewerbung haben wir erhalten. Vielen Dank. Bitte gedulden Sie sich noch etwas, da wegen Erkrankung der Personalleitung die Bewerber*innenauswahl verschoben werden musste.
Unter den zahlreichen Bewerbungen ist uns Ihr Profil positiv aufgefallen.

Eine Bewerbung annehmen / näher berücksichtigen

Wir freuen uns, Ihnen mitzuteilen / mitteilen zu können, dass ...
... Sie sich erfolgreich für die Stelle als ... beworben haben.
... wir uns für Sie entschieden haben.
... Ihre Bewerbung in die engere Wahl gezogen wurde.

Zu einem Vorstellungsgespräch einladen

Um Sie persönlich kennen zu lernen, kommen Sie bitte am Dienstag, den 03. Sept. 20..., um 10.00 Uhr in unsere Geschäftsstelle in ...

Wir laden Sie hiermit zu einem Besuch in unser Werk ein und schlagen Ihnen folgenden Termin vor: ...

Bitte kommen Sie am ... in unser Werk in Bremen. Sollten Sie verhindert sein, vereinbaren Sie bitte einen neuen Termin mit Frau Müller, Tel. ...

Die Bewerber*innen aus der engeren Wahl wollen wir möglichst objektiv beurteilen und laden Sie zu einem Test und einem individuellen Bewerbungsgespräch ein.

Damit sie uns leicht finden, fügen wir eine Anfahrtsskizze bei.

Selbstverständlich erstatten wir Ihnen die Fahrtkosten.

Eine Bewerbung ablehnen

Leider können wir Ihnen keinen positiven Bescheid geben.

Leider ist die Stelle schon vergeben.

Leider müssen wir Ihnen mitteilen, dass wir Sie bei der Auswahl aus rein sachlichen Gründen nicht berücksichtigen konnten.

Ihre Bewerbung ist in die engere Wahl gekommen, doch nach Prüfung und Vergleich aller Unterlagen haben wir uns für eine Mitbewerberin entschieden, da sie die gewünschten Spezialkenntnisse mitbringt.

Eine Initiativbewerbung beantworten

Wir haben leider momentan keine Stelle frei. Ihre Bewerbung würden wir jedoch gerne noch aufbewahren für den Fall, dass sich im Laufe der kommenden Monate eine geeignete Stelle auftut. Bitte senden Sie uns eine kurze Bestätigung, falls Sie damit einverstanden sind.

Da zur Zeit keine entsprechende Stelle zu besetzen ist, müssen wir Ihnen bedauerlicherweise eine Absage erteilen.

Nach eingehender Prüfung müssen wir Ihnen leider mitteilen, dass in unserem Hause keine entsprechende Position zu besetzen ist.

Eine Ihren Fähigkeiten und Kenntnissen entsprechende Position können wir zur Zeit leider nicht anbieten.

Schlussformulierungen

Für Ihren weiteren Berufsweg wünschen wir Ihnen alles Gute.

Für Ihre weiteren beruflichen Bemühungen wünschen wir Ihnen viel Erfolg.

Ihre Bewerbungsunterlagen werden wir entsprechend den datenschutzrechtlichen Bestimmungen löschen.

Anmerkungen

Senden hat zwei verschiedene Vergangheits- und Partizipformen: **sendete**, **gesendet** und **sandte**, **gesandt**.
Die Formen mit **-e-** werden im Bereich der Technik gebraucht, z. B.:
Seine Beiträge sind alle im Radio gesendet worden.
In der Bedeutung **schicken** sind jedoch beide Formen üblich, die Form mit **-a-** ist häufiger:
Sie sandte (sendete) ihm eine E-Mail, hat ihm eine E-Mail gesandt (gesendet).

Sie sind dran!

1 Vervollständigen Sie diese Ablehnung einer Bewerbung:

Sehr geehrter Herr Bergmann,

besten Dank für Ihr **1** ____________________ vom 11.04.20... .

Leider können wir Ihnen keinen **2** ____________________ geben. Ihre Bewerbung ist in die **3** ____________________ gekommen, aber nach Prüfung und Vergleich aller **4** ____________________ haben wir uns für eine Mitbewerberin entschieden, die durch ihre berufliche Tätigkeit bereits die gewünschten **5** ____________________ mitbringt. Für Ihre **6** ____________________ bei einer anderen Firma wünschen wir Ihnen baldigen Erfolg.

Ihre eingereichten Bewerbungsunterlagen **7** ____________________ Sie anbei **7** ____________________.

Mit freundlichen Grüßen

2 Reagieren Sie mit einer positiven Antwort auf die Bewerbung einer Speditionskauffrau. Schlagen Sie für Mittwoch, den 17. November, um 14 Uhr ein Gespräch vor.

▶ Lösung auf Seite 164

Lerntipps

Dieses Buch kann natürlich nicht alle gebräuchlichen Wendungen enthalten. Wenn Sie ein auf Deutsch verfasstes Schreiben bekommen, notieren Sie die Ausdrücke, die nicht in Ihrem Buch aufgeführt sind. So erweitern Sie Ihre Kenntnisse.

23 Persönliche Schreiben an Behörden

Die kanadische Grafikerin Kelly McLaren ist nach Deutschland übergesiedelt. Frau Wunder hat ihr angeboten, auf Honorarbasis für Reich & Schön zu arbeiten. Dafür braucht sie allerdings die Genehmigung, in Deutschland selbstständig zu arbeiten.

Kelly McLaren
Pfullinger Str. 34
73238 Ostfildern

Stadtverwaltung Ostfildern
Ausländerbehörde
Bonhoefferstr. 24
73238 Ostfildern

Ostfildern, den 24.05.20...

Antrag auf Genehmigung einer selbstständigen Arbeit

1 ____________

seit kurzem bin ich in Ostfildern unter der o. a. Adresse 2 ____________ ____________. Meine Aufenthaltserlaubnis 3 ____________ die Ausübung einer selbstständigen Tätigkeit.

Da ich ein Angebot erhalten habe, ab und zu freiberuflich als Grafikerin zu arbeiten,
4 ____________, meine Aufenthaltserlaubnis entsprechend abzuändern und
5 ____________ „Selbstständige Erwerbstätigkeit nicht gestattet" zu streichen.

Wie aus dem beigefügten Diplom der Universität Toronto und dem Arbeitszeugnis meines früheren Arbeitgebers 6 ____________, verfüge ich über eine ausreichende Qualifikation für diese Berufstätigkeit. Mein Lebensunterhalt ist durch die Berufstätigkeit meines Mannes gesichert.

Ich bitte Sie, den 7 ____________ und mir baldmöglichst
8 ____________.

9 ____________

Anlage

Kelly McLaren

▶ Brief 28: Lösung auf Seite 158

Helfen Sie Kelly, mit Hilfe folgender Elemente den Brief zu formulieren:

1 *Die Anrede:*
Sehr geehrte Damen und Herren,
Sehr geehrte Ausländerbehörde,
Sehr geehrter Herr Bürgermeister,

2 *Sie wohnt hier:*
als Bürgerin registriert
mit erstem Wohnsitz gemeldet
amtlich genehmigt

3 *Es ist nicht erlaubt:*
genehmigt mir aber nicht
gestattet mir aber nicht
berechtigt mir aber nicht

4 *Kelly möchte etwas von der Behörde:*
bitte ich Sie
frage ich Sie
ersuche ich Sie

5 *Die Einschränkung der Aufenthalts-erlaubnis:*
die Auslage
die Auflage
die Ausnahme

6 *„zu sehen ist":*
hervorgeht
herauskommt
hinzugefügt

7 *Was die Behörde tun soll:*
Antrag zu prüfen
Antrag zu studieren
Antrag zu kontrollieren

8 *Eine Antwort geben:*
eine Nachricht mitzuteilen
einen Bescheid zukommen zu lassen
Bescheid zu sagen

9 *Die Grußformel:*
Mit ergebener Hochachtung
Mit freundlichen Grüßen
Mit herzlichem Dank im Voraus

Textbausteine

Auf das Schreiben einer Behörde Bezug nehmen

Ihr Schreiben vom ... *(Datum)* habe ich erhalten. Dazu möchte ich folgendermaßen Stellung nehmen: ...

Als Antwort auf Ihren Brief vom ...

Zu Ihrer Anfrage vom ... teile ich Ihnen mit, dass ...

Um Auskunft oder Unterlagen bitten

Bitte informieren Sie mich über die Wege, eine solche Genehmigung zu erhalten.

Für eine Erläuterung des Verfahrens wäre ich Ihnen sehr dankbar.

Bitte senden Sie mir die amtlichen Vordrucke zur Beantragung von ...

Einen Antrag stellen

Hiermit beantrage ich, ...

Ich stelle daher den Antrag ...

Ich bitte Sie um die Genehmigung, ...

Auf Anlagen verweisen

Zum Nachweis lege ich folgende Unterlagen bei: ...

Die von Ihnen angeforderten Belege finden Sie beigefügt.

Wie Sie aus den beigefügten Unterlagen ersehen können, ...

Als Anlage sende ich Ihnen die beglaubigte Übersetzung meiner Geburtsurkunde.

Hier erhalten Sie die noch fehlenden Unterlagen zu meiner Steuererklärung vom ... *(Datum)*.

Auf einen ablehnenden Bescheid reagieren

Gegen Ihren Bescheid, der am ... gegen mich ergangen ist, lege ich hiermit Widerspruch ein.

Bitte überprüfen Sie die Ablehnung meines Antrags noch einmal.

Meines Erachtens sind die Voraussetzungen für einen positiven Bescheid jedoch gegeben, daher kann ich Ihre Ablehnung nicht akzeptieren.

Es würde mich freuen, wenn auf der Grundlage der hier vorgebrachten Argumente doch noch eine positive Antwort möglich wäre.

Ich bedaure, dass Sie meine Begründungen nicht anerkennen. Ich möchte Sie jedoch auf einen Parallelfall hinweisen, in dem bei gleicher Sachlage anders entschieden wurde.

Anmerkungen

- Der grundsätzliche Unterschied zwischen einer **Bitte** und einem **Antrag** ist die rechtliche Grundlage:
  Einen Antrag stellt man, wenn man einen Anspruch auf etwas hat. Wenn die Voraussetzungen erfüllt sind, muss die Behörde einen Antrag genehmigen. Wenn dieser Anspruch nicht besteht und die Behörde entscheiden kann, ob man etwas bekommt oder nicht, dann formuliert man sein Schreiben besser als Bitte.
  In jedem Fall sollte man aber die Formeln **Hiermit beantrage ich ...** oder **Ich stelle Antrag auf ...** nur bei wirklich sicheren Routinefragen benutzen. In allen anderen Fällen ist die Formulierung **Ich bitte um ...** höflicher.

- Auf einen Antrag oder ein anderes formelles Schreiben muss eine Behörde innerhalb von 4 Wochen reagieren, und sei es auch nur, dass der Eingang des Antrags bestätigt wird und man Ihnen mitteilt, dass die Prüfung mehr Zeit benötige **(Zwischenbescheid)**. In jedem Fall muss schließlich ein **rechtsmittelfähiger Bescheid** erfolgen. Dies bedeutet, dass die Behörde eine offizielle, klar begründete Antwort geben muss und dass auch angegeben sein muss, welche Möglichkeiten **(Rechtsmittel)** man hat, wenn man mit dem Bescheid nicht einverstanden ist. Gewöhnlich kann man gegen einen Bescheid **Widerspruch einlegen**. Zur Einleitung des Widerspruchs genügt meist eine Standardformel:
  Gegen Ihren Bescheid vom ... *(Datum)* **lege ich Widerspruch ein.**
  Begründung: ... *(ausführliche Argumente)*

Sie sind dran!

1 Jeweils ein Verb passt nicht:

1 einen Antrag • stellen • einreichen • introduzieren
2 einen Antrag • abweisen • ablehnen • absagen
3 eine Genehmigung • erteilen • geben • austeilen
4 ein Bescheid • ergeht • entsteht • wird ausgestellt
5 Widerspruch • erlassen • einreichen • einlegen
6 eine Tätigkeit • hinnehmen • genehmigen • gestatten
7 eine Erlaubnis • beantragen • erbitten • fordern
8 ein Formular • erfüllen • ausfüllen • vervollständigen

2 Kelly besitzt einen kanadischen Führerschein. Sie weiß, dass sie mit diesem Führerschein nicht mehr in Deutschland fahren darf. Sie erkundigt sich, wie sie einen deutschen Führerschein erhalten kann. Schreiben Sie für Kelly an das Straßenverkehrsamt und bitten Sie um Auskunft über das Verfahren.

▶ Lösung auf Seite 165

24 Versicherungen

Kelly McLaren möchte ein Auto kaufen. Da für die Anmeldung des Fahrzeugs in Deutschland eine Haftpflichtversicherung erforderlich ist, hatte sie sich bei einer Versicherung nach den Konditionen erkundigt und erhielt folgende Antwort.

Kaiser-Wilhelm-Ring 234 · 50672 Köln · Tel. 02 21 / 527 20-0 · Fax 02 21 / 527 20-10
www.lobodirekt.de · E-Mail: info@lobodirekt.de

Frau
Kelly McLaren
Pfullinger Str. 34
73238 Ostfildern

Unser Zeichen: SC / jw
Auskünfte erteilt: Herr Schmeling
Tel.: 0221 52720-**321**
Fax: 0221 52720-18

Köln, den 22.03.20...

1 ________________ wegen Anerkennung von Fahrpraxis im Ausland

Sehr geehrte Frau MacLaren,

vielen Dank für 1 ________________. Gerne geben wir Ihnen die folgenden Auskünfte 2 ________________ bei ausländischen Führerscheinen:

Eine Rabatteinstufung allein aufgrund der Führerscheinbesitzdauer nehmen wir nicht vor. 3 ________________ erkennt die Lobo-Versicherung aber Bestätigungen über 4 ________________ kanadischer Versicherer an. 5 ________________ ist, dass aus der Bestätigung des kanadischen Versicherers der 6 ________________ und das Ende, der Schadensfreiheitsrabatt und eventuell vorhandene Schäden hervorgehen. Eine Führerscheinkopie ist dafür auch notwendig.

Sie können diese Unterlagen für eine 7 ________________ Vorabüberprüfung gern an uns unter der oben angegebenen Nummer faxen.

Sobald Sie konkrete Angaben zu Ihrem Fahrzeug haben, können wir Ihnen die Tarifklasse ermitteln und ein Angebot auch für die Optionen 8 ________________ und Vollkasko erstellen.

-2-

-2-

Wir hoffen, Ihnen mit diesen Informationen 9 ________________, und stehen Ihnen gern für weitere Auskünfte zur Verfügung.

Mit freundlichen Grüßen
LOBO Direkt

J. Schmeling

Joachim Schmeling
Kfz-Versicherungen

▶ Brief 29: Lösung auf Seite 158

Rekonstruieren Sie den Antwortbrief der Versicherung mit Hilfe folgender Elemente:

1 *Kellys Schreiben an die Versicherung:*
Ihr Fragen
Ihre Anfrage
Ihr Ersuchen

2 *„zur Praxis":*
zur Prozessordnung
zur Vorgehensweise
zur Gesetzgebung

3 *„im Prinzip":*
Selbstverständlich
An der Basis
Grundsätzlich

4 *Zeit ohne Unfall:*
unfalllos gebliebene Fahrten
unfallfrei gefahrene Zeiten
sicher gesteuerte Jahre

5 *„Bedingung":*
Voraussetzung
Vorgabe
Aufgabe

6 *Wann hat die Versicherung angefangen?*
Vertragsmoment
Vertragsbeginn
Vertragsanfang

7 *„ohne Verpflichtung":*
unvermittelte
unverbindliche
unfreiwillige

8 *Wenn die Versicherung in bestimmten Fällen zahlt:*
Teilkasko
Teileversicherung
Teilrisiko

9 *„geholfen zu haben":*
gedient zu haben
verdient zu haben
belohnt zu haben

Textbausteine

Sich nach Tarifen erkundigen

Da ich ein neues Kraftfahrzeug anmelden möchte, würde ich gern mehr über Ihre Tarife und Konditionen für eine Haftpflichtversicherung sowie Insassen-Unfallversicherung erfahren.

Bitte informieren Sie mich über Ihre Angebote für Lebensversicherungen, Hausrat- und Privathaftpflichtversicherung.

Ich interessiere mich für eine private Rentenversicherung und bitte Sie, für ein Beratungsgespräch mit mir Kontakt aufzunehmen.

Beiliegend erhalten Sie den ausgefüllten Fragebogen mit den persönlichen Angaben. Ich wäre Ihnen dankbar, wenn Sie mir auf dieser Grundlage ein Angebot erstellen könnten.

Einen Schaden melden

Zum Versicherungsschein Nr. 18921 habe ich folgenden Schaden zu melden: ...

Der Schadensfall ereignete sich folgendermaßen: ...

Die Schadenshöhe wurde vom Gutachter festgestellt. Ein Exemplar des Gutachtens ist beigefügt.

Beiliegend finden Sie die Abrechnungen, die ich vorausbezahlt habe. Ich bitte um Erstattung der Rechnungsbeträge auf mein Konto.

Einer Tariferhöhung widersprechen

Die von Ihnen angekündigte Beitragsanpassung akzeptiere ich nicht, und ich mache daher von meinem außerordentlichen Kündigungsrecht Gebrauch.

Der Tariferhöhung im Tarif PNE widerspreche ich hiermit. Ich möchte zum alten Tarif und den bisherigen Konditionen weiterversichert werden.

Eine Versicherung kündigen

Zum Jahreswechsel möchte ich meine Versicherung wechseln und kündige daher unseren Versicherungsvertrag Nr. ... zum 31.12.20...

Hiermit kündige ich meine Versicherung Nr. ... zum ... *(Datum)*.

Bitte bestätigen Sie mir die Kündigung schriftlich.

Anmerkungen

- Besonders bei Versicherungen ist darauf zu achten, dass keine Termine versäumt werden. Kündigungen haben zum Beispiel **fristgerecht** (normalerweise 3 Monate vor Jahresende, also im September) zu erfolgen. Schauen Sie daher beim Vertrag besonders auf die Kündigungsfristen, Vertragsdauer und auf die Formel
  ... verlängert sich automatisch ...

- Achten Sie auf die richtige Formulierung beim **Selbstbehalt**. Dies ist der Anteil, den Sie bei einem Versicherungsfall selbst zahlen müssen. **Ohne Selbstbehalt** bedeutet, dass die Versicherung wirklich alles zahlt. Dies ist natürlich der teurere Tarif.

Sie sind dran!

1 Dieser Brief ist durcheinandergeraten. Stellen Sie wieder die richtige Reihenfolge her!

Sehr geehrte Damen und Herren,

1 ___ mit dem Versicherungsschein Nr. 345823 habe ich
2 ___ Während meines Urlaubs in Mallorca litt ich unter Durchfall und Übelkeit und
3 ___ Der behandelnde Arzt stellte eine Gastroenteritis fest und
4 ___ Die Arztrechnung, das Rezept und die Quittung der Apotheke
5 ___ Den Versicherungsschein füge ich
6 ___ Bitte erstatten Sie mir vertragsgemäß die Krankheitskosten

A auf mein Konto bei der Postbank Nr. 8096 927, BLZ 370 100 50.
B verschrieb mir entsprechende Medikamente.
C sende ich Ihnen hier in Anlage.
D bei Ihrer Gesellschaft eine Auslandskrankenversicherung abgeschlossen.
E musste daher einen Arzt aufsuchen.
F ebenfalls diesem Schreiben bei.

Mit freundlichen Grüßen

2 Füllen Sie die Lücken mit folgenden Präpositionen:

über • mit • zur • im • über • bei • im

Sehr geehrte Damen und Herren,

ich bin ___ Ihrem Unternehmen ___ dem Tarif PKV privat krankenversichert. ___ Vorlage beim Arbeitgeber benötige ich nun eine Bescheinigung ___ die Höhe der monatlichen Versicherungsprämie und ___ die Leistungen ___ Krankheits- und ___ Pflegefall.

Bitte senden Sie mir eine solche Bescheinigung zu.

Mit freundlichen Grüßen

▶ Lösung auf Seite 165

25 Schreiben an Vermieter*innen

Kelly McLaren sucht für ihre Familie nach einer größeren Wohnung. Sie antwortet auf eine Anzeige in der Rubrik "Mietangebote" einer lokalen Tageszeitung.

Ihre Anzeige in der Stuttgarter Zeitung vom 21.06.20...

1 ______________

wir interessieren uns sehr für die angebotene 2 ______________ in Stuttgart-Degerloch und möchten uns Ihnen deshalb gerne hier vorstellen:

Wir sind eine kanadische Familie, die im Januar dieses Jahres 3 ______________ ist. Mein Mann Jim ist bei der Software-Firma Global-Info in Filderstadt in leitender Funktion 4 ______________ , und ich selbst arbeite freiberuflich als Grafikerin. Unser Einkommen ist gesichert, zumal die Firma meines Mannes 5 ______________ zur Miete zahlen wird.

Unsere Kinder Mary-Ann, 9 Jahre, und Austin, 7 Jahre, gehen in die Internationale Schule. Da diese in der Nähe ist, wären wir natürlich sehr froh, Ihre Wohnung 6 ______________ zu können.

Wir sind Nichtraucher und haben keine Haustiere. Weder die Nachbarschaft noch Vermieter *innen haben sich 7 ______________ über uns beschwert.

Auch zu der in der Anzeige erwähnten 8 ______________ der Einbauküche wären wir bereit, da wir in unserer derzeitigen Wohnung nur eine kleine Mietküche haben.

Über die Einladung zu einem 9 ______________ würden wir uns sehr freuen.

Mit freundlichen Grüßen

Kelly McLaren

▶ Brief 30: Lösung auf Seite 159

Helfen Sie Kelly, sich um diese Wohnung zu bewerben:

1 *Die Anrede:*
Sehr geehrter Hausbesitzer,
Sehr geehrte Inserentin, sehr geehrter Inserent,
Lieber Herr Vermieter,

2 *Wie beschreibt man eine Wohnung?*
4-Schlafzimmer-Wohnung
5-Zimmer-Wohnung
Fünfraumwohnung

3 *„nach Deutschland gekommen":*
nach Deutschland gezogen
in Deutschland eingezogen
in Deutschland umgezogen

4 *In sicherer beruflicher Position:*
versetzt worden
fest angestellt
ernannt worden

5 *Einen Teil der Miete:*
eine Subvention
ein Wohngeld
einen Zuschuss

6 *Eine Wohnung zur Nutzung bekommen:*
mieten
vermieten
besetzen

7 *Es gab nie Beschwerden:*
jemals
niemals
gar nicht

8 *Die Mieter müssen die Küche kaufen:*
Verkauf
Übernahme
Erstattung

9 *McLarens möchten die Wohnung sehen:*
Besuchstermin
Besichtigungstermin
Vorstellungsgespräch

Textbausteine

Sich um eine Wohnung bewerben

Ihre Wohnungsanzeige hat uns sehr interessiert, und wir glauben, dass dies genau die Wohnung ist, die wir suchen.

Könnten Sie sich vorstellen, die Wohnung an eine vierköpfige Familie aus ... zu vermieten?

Wir sind Nichtraucher und haben keine Haustiere.

Unsere finanzielle Situation ist gesichert. Gerne können wir Ihnen Verdienstbescheinigungen vorlegen.

Nebenkosten-Abrechnung

Wir haben Ihre diesjährige Nebenkosten-Abrechnung erhalten. Der Nachzahlungsbetrag wurde bereits überwiesen.

Zu Ihrer Abrechnung haben wir noch die folgenden Fragen: ...

Ihre NK-Abrechnung können wir in einigen Punkten nicht nachvollziehen. Die Posten 3, 4 und 5 lassen sich laut Auskunft des Mietervereins nicht auf den Mieter abwälzen.

Mieterhöhung

Der angekündigten Mieterhöhung können wir nicht zustimmen, da sie deutlich über dem gültigen Mietspiegel liegt.

Wir möchten Sie bitten, die in der Staffelmiete vorgesehene Erhöhung zum 1.1. des nächsten Jahres um ein Jahr auszusetzen.

Erlaubnis für einen Umbau oder eine Veränderung

Wir möchten gerne die folgenden Veränderungen vornehmen und bitten Sie dafür um Ihre Zustimmung: ...

Wären Sie einverstanden, wenn wir auf unsere Kosten die folgenden Einbauten vornehmen würden?

Bitte prüfen Sie die Möglichkeit, auch die Fenster zur Westseite mit Sonnenschutz zu versehen. Da wir dies nicht selbst vornehmen können, wären wir für eine rasche Entscheidung dankbar.

Schäden in der Wohnung melden

Leider mussten wir feststellen, dass in der Küche ein Wasserschaden aufgetreten ist.

In den Wintermonaten hat sich in einigen Ecken trotz unserer Gegenmaßnahmen Schimmel gebildet.

Die Rollläden im Esszimmer lassen sich nicht mehr schließen und müssten repariert werden. Diese Außenreparaturen sind laut Mietvertrag Sache des Vermieters.

Wir bitten Sie, die gemeldeten Schäden, sobald es geht, beheben zu lassen.

Mietminderung

Da die mehrfach gemeldeten Mängel immer noch nicht abgestellt sind, werden wir unsere Mietzahlungen ab sofort um 15 % reduzieren.

Wir bitten Sie, uns umgehend einen Termin mitzuteilen, bis zu dem die gemeldeten Schäden behoben werden. Ansonsten werden wir von unserem Recht der Mietminderung Gebrauch machen.

Kündigung

Wir werden in eine Eigentumswohnung ziehen und kündigen daher unseren Mietvertrag frist- und formgerecht zum ... *(Datum)*.

Wir möchten unser Mietverhältnis zum ... *(Datum)* beenden. Die letzten noch offenen Mietzahlungen bitten wir mit unserer Kaution zu verrechnen.

Anmerkungen

- **Vermieter - Eigentümer - Hausbesitzer:** Alle drei Begriffe werden nebeneinander gebraucht. Allerdings ist die Bezeichnung „Besitzer" nicht ganz exakt, denn nach juristischer Definition ist der Besitzer derjenige, der eine Sache hat und benutzt. Dieser Unterschied ist den meisten Deutschen jedoch nicht bewusst.
- **etwas machen lassen, veranlassen:** Wenn es um Reparaturen geht, wird der Vermieter die meisten Dinge nicht selbst machen, sondern Handwerker oder Fachfirmen damit beauftragen:
  Wir lassen die Jalousien reparieren. oder: **Wir veranlassen eine Reparatur.**
- **zulassen:** Wenn der Vermieter eine Erlaubnis erteilt oder etwas toleriert, dann kann man dieses Verb benutzen:
  Die Hausordnung lässt das Abstellen von Fahrrädern im Geräteschuppen zu.
- Anzeigen zu Immobilien (Wohnungen und Häuser) enthalten oft Abkürzungen. Hier die häufigsten:

  Bj. - Baujahr
  BLK - Balkon
  DT - Dachterrasse
  DU - Dusche
  EBK - Einbauküche
  EG - Erdgeschoss
  ETG - Etage
  HMS - Hausmeisterservice
  KM - Kaltmiete
  NK - Nebenkosten
  OG - Obergeschoss
  TG - Tiefgarage
  TL - Tageslicht
  WM - Warmmiete
  Zi / Zi. - Zimmer

Sie sind dran!

1 Setzen Sie die folgenden Wörter in das Schreiben an den Vermieter ein:

Absprache • ankündigen • außer • einvernehmliche • erforderlich • ermöglichen überlassen • Zugang

Sehr geehrter Herr Walter,

wir danken für Ihr Schreiben vom 24.05. d. J., mit dem Sie uns die Renovierungsarbeiten an der Außenfassade unserer Wohnung 1 ________________.

Wie Sie uns mitteilten, wird dazu erforderlich sein, dass wir den beauftragten Handwerkern den 2 ____________ zum Balkon durch unsere Wohnung 3 ____________.

Da wir beide berufstätig und normalerweise tagsüber 4 __________ Haus sind, ist es jedoch ausgeschlossen, dass wir 4 Wochen lang zu Hause bleiben. An einzelnen Tagen könnten wir nach 5 ____________ die Handwerker hereinlassen, wir sind jedoch nicht bereit, jemandem den Schlüssel für diesen Zeitraum zu 6 _______________ oder die Wohnungstür offen zu lassen.

Wir bitten Sie daher, die Termine genau abzusprechen, in denen ein Durchgang durch unsere Wohnung 7 ________________ ist.

Wir hoffen, dass sich in dieser Angelegenheit eine 8 ____________ Lösung finden lässt.

Mit freundlichen Grüßen

2 In Ihrem Haus gibt es öfter Müllprobleme, weil viele Leute aus der Nachbarschaft ganze Kartons und Glasflaschen in die Mülltonne werfen. Oft sind die Tonnen bereits nach drei Tagen wieder voll. Deshalb hat die Hausverwaltung entschieden, größere Mülltonnen anzuschaffen. Da sich die Nebenkosten dadurch erhöhen, appellieren Sie in einem Rundschreiben an die Nachbarn und Nachbarinnen, durch Mülltrennung (Kartons zerkleinern und ins Altpapier, Glas in die Glascontainer) die teure Anschaffung zu vermeiden.

▶ Lösung auf Seite 165

26 Telefonieren

Alle Dialoge in diesem Kapitel sowie sämtliche Textbausteine (ab Seite 140) können Sie unter **www.pons.de/buerokommunikation-deutsch im Internet anhören und herunterladen**. Hier im Buch sind die Nummern der Trackpunkte angegeben.

Eine alltägliche Situation: Man versucht, jemanden in seinem Büro telefonisch zu erreichen, aber ohne Erfolg. Auch Frau Wunder ist nicht immer an ihrem Platz. 1

Mayer: Agentur Reich und Schön, Mayer, guten Tag.

Betzke: Guten Tag! Hier ist Harald Betzke aus Münster. Ich **1** ______________.

Mayer: Tut mir leid, Frau Wunder ist auf Kundenbesuch **2** ______________. Das wird noch etwa eine Stunde dauern. **3** ______________ sie Sie dann zurückrufen?

Betzke: Hmmm, ist denn Frau Steinle gerade da?

Mayer: Nein, leider auch nicht. Frau Steinle ist in Urlaub und kommt erst in der nächsten Woche wieder. Kann ich Ihnen vielleicht **4** ______________? Oder kann ich Frau Wunder etwas **5** ______________?

Betzke: Ja, vielleicht kann ich **6** ______________.

Mayer: Ja, gern. Was darf ich denn notieren?

Betzke: Ich bräuchte dringend noch ein paar Angaben zu den PDF-Dateien, die Frau Wunder mir gemailt hat. Wenn sie sich möglichst heute noch **7** ______________ ______________ könnte ...

Mayer: **8** ______________, bitte?

Betzke: Harald Betzke aus Münster.

Mayer: Herr Betzke - **9** ______________ das mit t-z?

Betzke: Ja, genau, B wie Berta, e - t - z - k - e. **10** ______________. Sie soll mich nur anrufen, dann klären wir alles Weitere.

Mayer: Wo kann Frau Wunder **11** ______________, Herr Betzke?

Betzke: Am besten auf dem Handy. Die Nummer hat sie. Oder ich gebe sie Ihnen noch mal zur Sicherheit: null eins sieben zwei - fünfundsiebzig dreiundzwanzig achtunddreißig zehn.

Mayer: Ja, ich sehe die Nummer auch auf dem Display. In Ordnung, Herr Betzke, ist notiert. Frau Wunder wird sich dann so schnell wie möglich **12** ______________ ______________.

Betzke: Vielen Dank!

Mayer: Ich danke auch. Auf Wiederhören, Herr Betzke!

Betzke: Auf Wiederhören.

▶ Text 31: Lösung auf Seite 159

Ergänzen Sie die im Dialog fehlenden Elemente mit Hilfe folgender Vorschläge:

1 *Er möchte mit Frau Wunder reden:*
hätte gern Frau Wunder sprechen
hätte gern Frau Wunder mitsprechen
hätte gern Frau Wunder gesprochen

2 *„nicht im Gebäude":*
außerhalb des Büros
draußen vom Haus
außer Haus

3 *Welches Modalverb ist das richtige?*
Will
Soll
Möchte

4 *Was kann Frau Mayer tun?*
weiterhelfen
weitermachen
aushelfen

5 *eine Nachricht weitergeben:*
ausrichten
berichten
verrichten

6 *Frau Wunder soll eine Nachricht bekommen:*
eine Nachricht verlassen
eine Nachricht hinterlassen
eine Nachricht berichten

7 *Frau Wunder soll anrufen:*
bei mir melden
bei mir abmelden
bei mir anmelden

8 *Frau Mayer fragt höflich nach dem Namen:*
Wie sei noch mal Ihr Name
Wie war noch mal Ihr Name
Wie wäre noch mal Ihr Name

9 *die richtige Schreibweise:*
buchstabiert
diktiert
schreibt sich

10 *Frau Wunder ist informiert:*
Frau Wunder sagt Bescheid
Frau Wunder weiß Bescheid
Frau Wunder kennt Bescheid

11 *Wo kann Frau Wunder anrufen?*
Sie erreichen
Sie ermitteln
Sie telefonieren

12 *Frau Wunder wird ihn kontaktieren:*
mit Ihnen in Verbindung setzen
mit Ihnen in Verbindung treten
mit Ihnen Verbindung machen

Textbausteine

Sich melden, wenn das Telefon klingelt 2

Müller GmbH, Schmidt, guten Tag.

Guten Tag, Fokus Direkt, mein Name ist Sandra Meier, was kann ich für Sie tun?

Guten Tag, Agenturbüro Schröder, Sie sprechen mit Alice Werner.

Antworten, wenn sich der Angerufene gemeldet hat 3

Schönen guten Morgen, hier ist Walter Schmidt von der Firma Plakat Marketing.

Guten Tag, mein Name ist Werner Weber von der Euro-Consulting AG.

Ja, hallo Frau Meier, Weber hier von Euro-Consulting.

Hallo Melanie, Thomas hier von Krug & Partner. *(wenn man sich duzt)*

Nach dem Namen fragen – wenn man ihn nicht verstanden hat oder wenn man weiterverbinden soll 4

Wie war noch mal der Name, bitte?

Entschuldigung, ich habe Ihren Namen nicht richtig verstanden.

Könnten Sie Ihren Namen bitte nochmals wiederholen?

Mit wem spreche ich, bitte?

Nach dem richtigen Gesprächspartner suchen 5

Ich hätte gern mit jemandem gesprochen, der in Ihrem Hause für das Marketing zuständig ist.

Könnte ich bitte mit Herrn Schröder sprechen?

Ist Herr Schröder zu sprechen?

Könnten Sie mich mit Herrn Schröder verbinden?

Ich habe schon ein paar Mal versucht, Herrn Schröder zu erreichen. Ist er jetzt da?

Ich habe eine Frage zu einer Rechnung von Ihnen. Können Sie mir da helfen oder können Sie mich weiterverbinden?

Weitervermitteln 6

Einen Moment, ich verbinde Sie.

Ich stelle Sie durch.

Einen Augenblick bitte, ich gebe Sie weiter an meinen Kollegen.

Frau Kopf spricht gerade. Wollen Sie warten oder soll ich Ihnen die Durchwahl geben?

Da ist besetzt. Möchten Sie es später noch einmal versuchen?

Moment, bleiben Sie bitte mal dran, ich versuche es noch auf einem anderen Apparat.

Hören Sie bitte? Da meldet sich niemand.

Der Gesprächspartner ist nicht erreichbar ⤓ 7

Herr Weber ist ...

... gerade in einer Besprechung.

... außer Haus.

... nicht am Platz.

... zu Tisch.

... verreist.

... in Urlaub.

... nicht mehr bei uns.

Hilfe anbieten, wenn jemand nicht erreichbar ist ⤓ 8

Kann ich Ihnen vielleicht weiterhelfen?

Soll er / sie Sie zurückrufen, oder möchten Sie es später noch einmal probieren?

▶ Dann versuche ich es später noch einmal.

▶ Wann wird er / sie wieder zurück sein?

▶ Wann kann ich ihn / sie denn am besten erreichen?

Kann ich ihm / ihr etwas ausrichten?

▶ Ja, könnten Sie ihm / ihr bitte ausrichten, dass ich angerufen habe?

Möchten Sie eine Nachricht hinterlassen?

Soll ich etwas von Ihnen notieren?

Ich sage ihm / ihr Bescheid, dass Sie angerufen haben.

Falsch verbunden ⤓ 9

Tut mir leid, aber ich glaube, das ist ein Irrtum.

Da sind Sie falsch verbunden. Herr Weber hat die Durchwahl ...

Der Name sagt mir nichts. Sind Sie sicher, dass Sie die richtige Nummer gewählt haben?

Hier gibt es keinen Herrn Brandel. Sie haben sich vielleicht verwählt.

Verständigungsschwierigkeiten ⤓ 10

Wie bitte?

Entschuldigung, das habe ich nicht verstanden. Könnten Sie das bitte wiederholen?

Entschuldigung, aber ich spreche nicht gut Deutsch. Könnten Sie bitte langsamer sprechen?

Könnten Sie das bitte mal buchstabieren?

Könnten Sie bitte lauter sprechen?

Sonstige Schwierigkeiten 11

Ich verstehe Sie sehr schlecht. Können Sie noch mal anrufen?

Wir sind vorhin unterbrochen worden.

Entschuldigung, die Verbindung hat nicht geklappt. Ich versuche es noch einmal.

Das ist gerade leider sehr ungünstig. Kann ich Sie später zurückrufen?

Entschuldigung, da kommt gerade ein anderer Anruf. Bleiben Sie bitte mal einen Augenblick dran.

Mobiltelefon 12

Sie können ihn / sie auf dem Handy erreichen.

Er / Sie hat das Handy ausgeschaltet.

Ich spreche ihm / ihr auf die Mailbox oder schicke eine SMS auf sein / ihr Handy.

Haben Sie meine SMS erhalten?

Der Akku meines Handys ist leer, ich rufe Sie später zurück / nochmals an.

Ich kann Sie nicht verstehen. Sie sind in einem Funkloch.

Die Verbindung wird gleich abbrechen, ich fahre gerade in einen Tunnel.

Das Gespräch beenden 13

Vielen Dank für Ihren Anruf. Auf Wiederhören.

Ich danke Ihnen für die Auskunft. Auf Wiederhören.

Ich glaube, dann haben wir alles besprochen. Vielen Dank für Ihre Zeit.

Gut, das war's dann wohl für heute. Ich melde mich wieder. Bis dann!

Ansagen für den Anrufbeantworter  14

Guten Tag. Sie sind verbunden mit der Mailbox der Firma ...

Unser Büro ist zur Zeit nicht besetzt.

Sie rufen außerhalb unserer Geschäftszeiten an.

Leider bin ich zur Zeit nicht erreichbar.

Alle Mitarbeiter sind im Gespräch.

Zur Zeit sind alle Leitungen besetzt.

Bitte bleiben Sie in der Leitung.

Bitte sprechen Sie nach dem Signalton.

Eine Nachricht auf dem Anrufbeantworter hinterlassen 15

Guten Tag, hier ist Dieter Maier aus München. Telefonnummer ...

Ich habe eine Nachricht für Herrn / Frau ...

Könnten Sie mich bitte zurückrufen? Vielen Dank, auf Wiederhören.

Beim Buchstabieren von Wörtern kann dieses Buchstabieralphabet weiterhelfen. Beim Buchstabieren z. B. des Wortes "Geld" sagt man : **G wie Gustav, E wie Emil, L wie Ludwig, D wie Dora**. 16

A	Anton	**J**	Julius	**Sch**	Schule
Ä	Ärger	**K**	Kaufmann	**T**	Theodor
B	Berta	**L**	Ludwig	**U**	Ulrich
C	Cäsar	**M**	Martha	**Ü**	Übermut
Ch	Charlotte	**N**	Nordpol	**V**	Viktor
D	Dora	**O**	Otto	**W**	Wilhelm
E	Emil	**Ö**	Ökonom	**X**	Xanthippe
F	Friedrich	**P**	Paula	**Y**	Ypsilon
G	Gustav	**Q**	Quelle	**Z**	Zacharias
H	Heinrich	**R**	Richard		
I	Ida	**S**	Samuel		

Anmerkungen

- Es ist im deutschen Sprachraum üblich, zu Beginn des Telefongesprächs seinen Namen zu nennen, auch wenn man nur weitervermittelt werden will oder lediglich eine kurze Frage hat. Wenn jemand nicht den Namen sagt, kommt sicherlich die Nachfrage:
  Wie war noch mal Ihr Name, bitte?

  Wenn Sie sich am Telefon melden, sollten Sie sich nicht selbst als „Herr XY" oder „Frau YZ" bezeichnen. Besser ist, Sie nennen einfach nur den Nachnamen oder Vornamen und Nachnamen.

  Als Anrufer sagt man nicht „Ich bin ...", sondern: **Hier ist ...** oder **Hier spricht ...**

- Bitte unterscheiden Sie:
  zurückrufen – wieder anrufen: Zurückrufen kann nur der Angerufene, wieder anrufen kann nur derjenige, der schon einmal angerufen hat, also beispielsweise:
  A ruft B an, B ist nicht da.
  ▶ Später **ruft** B ihn **zurück**.
  ▶ Wenn B nicht **zurückruft**, **ruft** A wieder **an**.

- Bei Telefonnummern haben leider viele Deutsche die Angewohnheit, sie in Zehnerziffern anzugeben („vierundzwanzig, neununddreißig, elf"). Dies macht das Verstehen und Notieren nicht nur für Ausländer schwierig. Sie sollten auf jeden Fall die Nummer in einzelnen Ziffern wiederholen:
  zwo (zur deutlichen Unterscheidung von „drei") **– vier – drei – neun – eins – eins**.

Sie sind dran!

1 Bringen Sie die Ausdrücke zusammen:

1 ___ einen Rückruf	A auflegen
2 ___ einen Gesprächspartner	B herstellen
3 ___ einen Anruf	C hinterlassen
4 ___ eine Verbindung	D tätigen
5 ___ eine Nummer	E verlangen
6 ___ eine Nachricht	F wählen
7 ___ den Hörer	G zusagen

2 Welche der beiden Antworten passt jeweils?

1 ___ Ist Herr Schober da?
A Ich sehe mal nach. Wie war der Name bitte?
B Das weiß ich nicht. Wer sind Sie denn?

2 ___ Können Sie mir bitte seine Handynummer geben?
A Tut mir leid, die kann ich Ihnen nicht sagen, denn die habe ich selbst nicht.
B Da müssen Sie ihn schon selbst fragen.

3 ___ Wann ist Herr Schmidt denn zu erreichen?
A Er ist ab 14 Uhr wieder reichlich.
B Ab 14 Uhr ist er erreichbar.

4 ___ Ich hätte gern Herrn Sauer gesprochen.
A Herr Sauer ist leider nicht gesprochen.
B Herr Sauer ist leider nicht zu sprechen.

5 ___ Herr Schmidt ist nicht da. Kann ich etwas ausrichten?
A Ja, richten Sie ihn bitte aus, dass er zurückruft.
B Ja, könnten Sie ihm bitte ausrichten, dass er mich zurückrufen soll?

6 ___ Tut mir leid, Herr Schmidt spricht gerade. Wollen Sie warten?
A Nein, ich rufe noch mal an.
B Nein, ich rufe zurück.

7 ___ Spreche ich mit der Kundenbetreuung?
A Nein, da haben Sie sich verwählt.
B Nein, da sind Sie leider falsch verbunden.

▶ Lösung auf Seite 165

3 Hier ist ein Telefongespräch völlig durcheinandergeraten. Versuchen Sie, die richtige Reihenfolge wiederherzustellen. Die Tabelle soll Ihnen dabei helfen. 17

1 Auf Wiederhören.

2 Bin ich denn da nicht bei Pohl Werbeartikel in Pforzheim?

3 Bitte sehr, kein Problem. Auf Wiederhören.

4 Das ist aber komisch, denn ich habe die Nummer aus dem Telefonbuch, und da sind Sie unter Pohl der einzige Firmeneintrag.

5 Hallo, mein Name ist Alex Brenner von der Firma Gruber. Wir hätten gern ein Angebot über 20.000 Kugelschreiber mit Werbeaufdruck.

6 Ja das mag sein, aber ich kann Ihnen da wirklich nicht weiterhelfen. Versuchen Sie es doch mal im Branchenbuch - oder vielleicht im Internet.

7 Ja, das wäre vielleicht noch eine Möglichkeit. Vielen Dank und entschuldigen Sie bitte die Störung.

8 Nein, hier ist die Firma Pohl & Rüttler. Wir sind zwar in Pforzheim, aber wir sind eine Autolackiererei, Kugelschreiber stellen wir leider nicht her.

~~9 Pohl & Rüttler, Schmidt, Guten Tag.~~

10 Tut mit leid, Herr Brenner, ich verstehe nicht ganz. Ich glaube, Sie sind falsch verbunden.

Anrufer: Herr ...	Angerufene: Frau ...
	9. Pohl & Rüttler, Schmidt, guten Tag.

▶ Lösung auf Seite 165

4 Auch bei folgendem Telefonat, das Ihnen zeigt, wie man einen ungelegenen Anrufer höflich abweist, stimmt die Reihenfolge der Gesprächsbeiträge nicht! 18

1 Ah ja, vielen Dank, Frau Scheunemann. Ich hätte gern in Ihrer Firma jemanden gesprochen, der für das Marketing und die Werbung zuständig ist.
2 Auf Wiederhören, Herr Kummer.
3 Das macht unser Chef, Herr Gambsheim junior. Worum geht es denn genau?
4 Es geht um den Eintrag in unserem Internet-Firmenverzeichnis. Da wollte ich mit ihm die Daten abgleichen für die Verlängerung des Eintrags um ein weiteres Jahr.
5 Firma Gambsheim, Scheunemann, guten Morgen.
6 Ich danke für das Gespräch, Frau Scheunemann. Auf Wiederhören.
7 Ich würde das lieber direkt mit ihm besprechen.
8 Ja, das habe ich alles vorliegen. Ich schicke Ihnen dann unser Infopaket zu, und ich würde mich freuen, wenn Herr Gambsheim sich bei mir melden könnte.
9 Ja, in Ordnung, vielen Dank für Ihren Anruf.
10 Mir ist da leider nichts bekannt. Haben wir denn schon einen Vertrag mit Ihnen?
11 Das Beste ist, Sie schicken uns per Fax oder E-Mail ein paar Informationen über Ihr Verzeichnis. Dann wird Herr Gambsheim Sie zurückrufen.
12 Nun, das würde ich ja gern mit Ihrem Chef besprechen. Wann ist er denn zu erreichen?
13 Scheunemann.
14 Schönen guten Morgen. Hier ist Gabriel Kummer von MegaConsult. Ihren Namen habe ich jetzt nicht richtig verstanden, könnten Sie mir den noch mal sagen?
15 Tut mir leid, das geht jetzt wirklich nicht, er ist in einer Besprechung. Aber wenn Sie uns etwas zuschicken, dann meldet er sich bestimmt. Haben Sie unsere Adresse?

Anrufer: Herr ...	Angerufene: Frau ...
	5. Firma Gambsheim, Scheunemann, guten Morgen.

▶ Lösung auf Seite 166

5 Frau Steinle möchte einen Termin mit dem Reinigungsunternehmen Akurat zum Fensterputzen vereinbaren. ⭳ 19

Ercan: Akurat Reinigung, mein Name ist Ercan, guten Tag.
Steinle: Steinle, Werbeagentur Reich & Schön, guten Tag. Ich möchte einen Termin **1** ________________ für eine Fensterreinigung in unseren Büroräumen, **2** ________________ noch, wenn es geht.
Ercan: Ja gern. Sagen Sie mir mal die Adresse?
Steinle: Konstanzer Allee 14.
Ercan: Danke! Ah ja, ich hab's in unserem System gefunden! Firma Reich & Schön. Büroreinigung täglich, Fensterreinigung vierteljährlich nach Terminvereinbarung. Wann würde es **3** ________________ für die Fensterreinigung? Direkt morgens oder **4** ________________?
Steinle: **5** ________________ es auch am späten Nachmittag, so nach Büroschluss?
Ercan: Also das Späteste wäre am Donnerstag um 15.30 Uhr. Die späten Termine sind immer schnell **6** ________________.
Steinle: Ja, das verstehe ich. Also dann Donnerstag – nein halt! Das geht nicht, da haben wir noch einen Besucher. Haben Sie sonst nichts mehr in dieser Woche?
Ercan: Leider nicht mehr am Nachmittag. Es ist ja gerade Hochsaison. **7** ________________, Sie könnten schon um 13 Uhr, da hätte ich den Mittwoch und auch den Freitag.
Steinle: Nein, das wäre **8** ________________.
Ercan: Ich könnte Ihnen noch den Samstag **9** ________________.
Steinle: Ach, Sie arbeiten auch samstags?
Ercan: Nicht **10** ________________, aber ausnahmsweise bei dem starken Andrang im Moment. Jetzt im Frühjahr wollen alle eben wieder schöne Fenster haben. Gerade bei diesem schönen Wetter. Aber nächste Woche soll es ja wieder regnen. Soll ich Sie denn für den Samstag eintragen? Da hätte ich noch **11** ________________ um halb 3, um halb 4 und um halb 5. Das wäre der letzte Termin am Samstag, dann machen wir Schluss.
Steinle: Ja gut, dann so spät es geht, also nehme ich **12** ________________, das passt uns gut. Ich werde dafür sorgen, dass die Fenster **13** ________________ sind, und ich werde selber auch da sein.
Ercan: In Ordnung, Frau Steinle, ich hab's **14** ________________. Bis Samstag dann.
Steinle: Ja vielen Dank!
Ercan: Ich danke auch, schönen Tag noch.
Steinle: Gleichfalls, auf Wiederhören.

Vervollständigen Sie das Telefongespräch zwischen Frau Steinle und Herrn Ercan.

1 *Wenn man einen Termin haben möchte:*
vereinbaren
vereinbart
vereinbarung

2 *ziemlich eilig:*
kommende Woche
nächste Woche
diese Woche

3 *Was wäre gut?*
Sie denn passen
Ihnen denn gehen
Ihnen denn passen

4 *irgendwann am Tag:*
am Laufe des Tages
am Tageslauf
im Laufe des Tages

5 *„Würde es gehen?" (Konjunktiv)*
Ginge es
Gänge es
Gehe es

6 *„nicht mehr frei":*
abgebucht
zugebucht
ausgebucht

7 *„außer wenn":*
Was wäre wenn
Sei's drum
Es sei denn

8 *„nicht so gut":*
günstig
ungünstig
missgünstig

9 *„vorschlagen":*
anzubieten
angeboten
anbieten

10 *„immer":*
regelkonform
regular
regelmäßig

11 *„einen freien Termin":*
ein Loch
ein Leck
eine Lücke

12 *Frau Steinle nimmt von den vorgeschlagenen Terminen:*
den ersten
den zweiten
den letzten

13 *Die Fenster vorbereiten:*
freigeräumt
umgeräumt
ausgebreitet

14 *„aufgeschrieben":*
benotet
notiert
aufgenotet

▶ Lösung auf Seite 166

6 **Beim folgenden Dialog üben wir eine deutsche Besonderheit, die besonders in der gesprochenen Sprache zu beobachten ist: Modalpartikeln. Lesen Sie den Text, bevor Sie ihn hören, und versuchen Sie, die Partikeln an den richtigen Stellen einzusetzen:** 20

bloß • denn • doch • eben • halt • ja • mal • wohl

Daniel: Herzlich willkommen bei der Firma „Klaus Direkt". Mein Name ist Daniel, was kann ich für Sie tun?

Sonia: Guten Tag, mein Name ist Sonia Marmouz von der Firma Reich & Schön in Stuttgart. Ich möchte was bestellen.

Daniel: Sehr gern. Sind Sie ______________ schon Kunde bei uns?
Sonia: Ja. Soll ich Ihnen die Kundennummer geben?
Daniel: Ja bitte.
Sonia: Einen Moment bitte .... wo hatte ich ______________ den Zettel mit der Nummer? .... Ach ja, hier ist er ______________. Also, das ist die Eins-Null-Vier ... und dann zweiundneunzig, achtundvierzig, zwölf.
Daniel: Danke! Einen Moment bitte. ... Ja, das ist Firma Reich & Schön in Stuttgart, Frau Irmgard Steinle?
Sonia: Frau Steinle ist nicht im Haus, ich bin die Praktikantin. Ich bestelle im Auftrag von Frau Steinle.
Daniel: Ah verstehe, natürlich. Zum Abgleich hätte ich gerne ______________ die Straße und die Postleitzahl.
Sonia: Ja, das ist Konstanzer Allee 14 in 70258 Stuttgart.
Daniel: Vielen Dank! Und was darf ich notieren?
Sonia: Wir benötigen Aktenordner, die breiten.
Daniel: Hätten Sie vielleicht die Bestellnummer aus dem Katalog?
Sonia: Nein leider nicht. Wir hätten ______________ gern die günstigsten.
Daniel: Sie meinen ______________ die „Klaus-Direkt Standardordner", 80 mm Breite zu 99 Cent das Stück, oder?
Sonia: Das ist ______________ echt günstig! Dann nehme ich gleich 15 Stück.
Daniel: Die sind allerdings immer im 10er-Pack.
Sonia: Ja gut, dann nehme ich ______________ 20. Das wäre alles.
Daniel: Vielen Dank! Habe ich notiert. Die Ware geht heute noch aus unserem Lager, dürfte also morgen bei Ihnen sein. Einen schönen Tag noch!
Sonia: Danke, Ihnen auch, auf Wiederhören.

▶ Lösung auf Seite 167

Anmerkungen

- Die kleinen Wörter, die man unter dem Begriff **Modalpartikeln** zusammenfasst, sind wie Salz in der Suppe: Es geht auch ohne, aber es schmeckt besser mit der richtigen Portion Salz! Sie könnten einen solchen Dialog auch führen, ohne irgendetwas in die Lücken einzusetzen, und alles wäre vollkommen verständlich. Die Partikeln geben der Aussage mehr eine persönliche Note und sagen etwas zu der Beziehung zum Gesprächspartner aus. Einige sind auch austauschbar, wie z. B. *eben* und *halt* oder *vielleicht* und *wohl*. Versuchen Sie nicht, die Partikeln systematisch zu lernen, sondern beobachten Sie vielmehr, wie diese in der Sprache benutzt werden. Ebenso wie für das Kochen gilt hier: Übung macht den Meister!

Musterbriefe und Lösungen

1 INFORMATIONEN EINHOLEN

E-Mail 1 ▶ Seite 20

Informationsmaterial
1 *Sehr geehrte Damen und Herren,*
in der Zeitschrift „TRAINING" las ich den 2 *Bericht* über Ihr Seminar „Kommunikationsschulung für Profis", das in Berlin stattfinden 3 *soll.* Da ich im Laufe des letzten Jahres 4 neue Mitarbeiter*innen eingestellt habe, die schon über 4 *Grundkenntnisse* verfügen, bin ich sehr an einer Vertiefung ihrer Kenntnisse interessiert.
Gerne würde ich mehr über die geplante Veranstaltung wissen:
- Wann ist der genaue Termin für 5 *dieses* Seminar?
- 6 *Wie hoch* ist die Teilnahmegebühr?
- Wer leitet den Kurs?
- Wie viele Teilnehmer*innen sind zugelassen?

Bitte schicken Sie mir auch Ihr aktuelles Programm.
Vielen Dank 7 *für Ihre Hilfe*!
8 *Mit freundlichen Grüßen*

2 TERMINE VEREINBAREN

E-Mail 2 ▶ Seite 25

Sehr geehrter Herr Betzke,
nochmals 1 *bedanke ich mich* für das freundliche Gespräch in der Kaffeepause bei der Konferenz „Grafica 21" in Bern. Ich habe dabei den Eindruck gewonnen, dass wir durchaus gemeinsame Projekte realisieren könnten.
Gerne würde ich daher 2 *auf Ihren Vorschlag zurückkommen,* dass wir uns bei einem weiteren gemeinsamen Termin näher darüber unterhalten, in welcher Form unsere beiden Teams in Zukunft zusammenarbeiten könnten.
Meine Einladung nach Stuttgart möchte ich an dieser Stelle wiederholen. Ich wäre aber auch 3 *bereit und interessiert,* zusammen mit meiner Mitarbeiterin, Frau Steinle, nach Münster zu kommen, so dass wir Ihre Agentur und Ihre Mitarbeiter kennen lernen könnten. Von unserer Seite wäre das lange Wochenende vom 1. November 4 *ein günstiges Reisedatum.* Wir könnten bereits am Donnerstagabend in Münster eintreffen und würden am Montagmorgen wieder abreisen.
Wäre es möglich, dass Sie für uns für diesen Zeitraum in einem guten Hotel 2 Einzelzimmer reservieren?
Selbstverständlich haben wir nicht vor, Ihre Zeit während dieser gesamten 3 Tage 5 *in Anspruch zu nehmen,* sondern wir möchten uns bei dieser Gelegenheit gern im Münsterland ein wenig umschauen. Aber es wäre schön, wenn wir diese Tage für einen Gedankenaustausch nutzen könnten und vielleicht erste konkrete Ziele 6 *miteinander abstimmen* könnten.
Sollte der Termin Anfang November für Sie 7 *überhaupt nicht gehen,* könnten wir sicherlich auch einen anderen Zeitpunkt gemeinsam finden. Möglich wäre auch ein Treffen per Videokonferenz. Es wäre nur wünschenswert, dass es uns in diesem Jahr noch gelingt.
Bitte rufen Sie mich einfach an oder schreiben Sie mir eine kurze Antwort. Ich freue mich auf 8 unser *Wiedersehen*!
Mit freundlichen Grüßen

3 TERMINE BESTÄTIGEN

E-Mail 3 (Terminvorschlag annehmen) ▶ Seite 30

Sehr geehrte Frau Wunder,
Ihre E-Mail hat mich 1 *wirklich sehr gefreut.* Man sieht wieder einmal, dass die wichtigsten Dinge bei einem Kongress in der Pause passieren! Auch ich sehe viel Übereinstimmung in unseren Gedanken und ein großes Potenzial an Kooperationsmöglichkeiten.
Gerne 2 *gehe ich auf Ihren Terminvorschlag ein.* Das lange Wochenende vom 1. November passt auch mir ganz gut, da wir gerade dann mit einer ruhigen Auftragslage rechnen und ich außerdem mit meiner Familie noch nichts geplant habe.
Ich 3 *habe mir erlaubt,* auf Ihren Namen für Sie

und Frau Steinle im Hotel am Wiedertäuferturm 2 Einzelzimmer mit Bad zu reservieren. Sie werden vom Hotel noch eine eigene **4** *schriftliche Bestätigung* sowie eine Hausbroschüre mit Anfahrtsskizze erhalten.
Sollten Sie mit Bahn oder Flugzeug anreisen, **5** *lassen Sie es mich bitte wissen.* Leider kann ich Sie am Donnerstagabend **6** *wegen eines unaufschiebbaren Geschäftstermins* nicht selbst begrüßen, aber ich werde dann veranlassen, dass eine:r meiner Mitarbeiter:innen Sie abholt und zum Hotel bringt.
Am Freitag stehe ich ganz zu Ihrer Verfügung, und am Samstag würde ich Ihnen sehr gern bei **7** *einem kleinen Ausflug* ins Münsterland eines der wunderschönen Wasserschlösser, übrigens mit einem fabelhaften Restaurant, zeigen.
Die Einzelheiten dieses Treffens können wir ja kurz vorher noch telefonisch oder per E-Mail **8** *ausmachen.* In jedem Fall freue auch ich mich auf das Wiedersehen und wünsche uns einen regen Gedankenaustausch.
Freundliche Grüße

Nachricht 4 (Termin verschieben)
▶ Seite 32

Sehr geehrte Frau Wunder,
leider muss ich doch nochmals wegen unseres Treffens im November auf Sie zukommen. **1** *Es ist mir sehr unangenehm*, Ihnen diese Mitteilung zu machen, aber leider kann ich in meiner derzeitigen Situation nicht **2** *gewährleisten*, dass ich Ihnen an dem vereinbarten Treffen wirklich zur Verfügung stehe.
Wichtige familiäre Gründe machen es mir sehr schwer, **3** *den Termin zu halten.* Daher **4** *wäre es mir lieber*, wenn wir unsere Begegnung auf Anfang nächsten Jahres verschieben könnten.
Bitte entschuldigen Sie nochmals die **5** *Unannehmlichkeiten*, die Sie sicherlich durch **6** *diese recht kurzfristige Änderung* haben, aber leider kann auch ich dies nicht beeinflussen.
Ich hoffe aber trotzdem, dass sich unsere Zusammenarbeit **7** *zu einem späteren Zeitpunkt* verwirklichen lässt.
Mit freundlichen Grüßen

Schreiben 5 (Termin absagen)
▶ Seite 33

Sehr geehrte Frau Wunder,
wie schon in meinem letzten Schreiben **1** *ausgeführt*, würde es mir sehr schwer fallen, den vereinbarten Termin **2** *wahrzunehmen.*
Nun muss ich den Termin leider ganz absagen. Die schon erwähnten privaten Gründe, verbunden mit ernsten gesundheitlichen Problemen, **3** *machen es mir zur Zeit unmöglich*, Sie zu treffen. Ich kann Sie dafür **4** *nur um Verständnis bitten.*
Ich hoffe sehr, dass sich die Situation bald, vielleicht schon um den Jahreswechsel, so stabilisiert haben wird, dass wir im nächsten Jahr **5** *einen neuen Termin ins Auge fassen* können. Dann wäre ich auch gerne bereit, Sie in Stuttgart aufzusuchen, um Ihnen eine nochmalige Reise zu ersparen.
Für Ihren geplanten Urlaub im Münsterland wünsche ich Ihnen von Herzen viel Spaß und eine gute Erholung.
In der Hoffnung auf ein baldiges Wiedersehen verbleibe ich
mit freundlichen Grüßen

4 RESERVIERUNGEN VORNEHMEN

E-Mail 6 ▶ Seite 36

Sehr geehrte Damen und Herren,
wir bitten Sie, für unsere Geschäftspartner*innen **1** *die folgende Reservierung* zu unseren Konditionen in Ihrem Hause **2** *vorzunehmen*:
2 Einzelzimmer mit Bad oder Dusche **3** *für den Zeitraum* 31. Oktober bis 3. November 20...
für Frau Gisela Wunder und Frau Irmgard Steinle.
Anreise: 31. Oktober gegen 20 Uhr
4 *Abreise*: 3. November nach dem Frühstück
Bitte bestätigen Sie die Reservierung mit **5** *Preisangabe* an:
...
Bitte **6** *stellen Sie* auch die Rechnung auf diese Anschrift **6** *aus.* Zahlung **7** *erfolgt durch die Gäste* während des Aufenthalts.
Ich wäre Ihnen sehr dankbar, wenn Sie mit der Bestätigung auch eine Hotelinformation,

8 *eine Anfahrtsskizze* und ein paar touristische Informationen schicken könnten.
9 *Bei eventuellen Rückfragen* wenden Sie sich bitte telefonisch an Frau Wunder oder Frau Steinle, Tel. 0711 99 55 88-0.
Im Voraus vielen Dank.
Mit freundlichen Grüßen

5 RESERVIERUNGEN BESTÄTIGEN

Brief 7 ▶ Seite 41

Sehr geehrte Frau Wunder,
gerne bestätigen wir die von Herrn Betzke für Sie vorgenommene Reservierung in unserem Hause 1 *wie folgt*:
2 x 4 2 *Übernachtungen* mit Frühstück à e 90,- inkl. MwSt.
Einzelzimmer mit Bad, Kategorie I,
Namen der 3 *Gäste*: Frau Gisela Wunder und Frau Irmgard Steinle
Anreise: 31. Oktober am Abend
Abreise: 3. November am Morgen
Unsere Zimmer sind 4 *ausgestattet mit* Minibar, kostenfreiem WLAN, Direktwahl-Telefon, Sat-TV, Mietsafe, Klimaanlage.
Im Zimmerpreis sind 5 *inbegriffen*: reichhaltiges Frühstücksbüfett, Benutzung des hoteleigenen Fitnessraums und Swimmingpools und der Sauna, 3-Tage-Ticket für den Verkehrsverbund sowie Ermäßigungskarte für städtische Einrichtungen.
6 *Gegen Gebühr* sind verfügbar: Parkplätze in unserer Tiefgarage, Tennisplatz, Schnellreinigung von Kleidungsstücken.
Bei Nichtinanspruchnahme reservierter Zimmer fallen bis 30 Tage vor Anreise keine Stornokosten 7 *an*, bei späterer Stornierung erlauben wir uns, Ihnen 80 % des Zimmerpreises 8 *in Rechnung zu stellen*, falls wir die von Ihnen gebuchten Zimmer nicht anderweitig vergeben konnten.
Wir wünschen Ihnen eine angenehme Anreise und 9 *einen schönen Aufenthalt* in unserem Hause. Wir freuen uns auf Ihren Besuch und stehen Ihnen für Fragen jederzeit gerne zur Verfügung.
Mit freundlichen Grüßen

6 ANGEBOTE UND KOSTENVORANSCHLÄGE

Brief 8 ▶ Seite 46

Angebot Nr. 234 / 08 M
Sehr geehrte Frau Mainz,
wir freuen uns über 1 *Ihr Interesse an* unseren Leistungen. Gerne 2 *unterbreiten wir Ihnen unser Angebot* für die 3 *nachfolgend beschriebenen* Objekte:
...
Materialkosten sind 4 *eingeschlossen*. Alle Preisangaben 5 *verstehen sich zuzüglich* gesetzlicher Mehrwertsteuer.
Lieferung: spätestens 3 Wochen nach 6 *Auftragseingang*
Zahlungsmodalitäten: Fälligkeit 30 Tage nach Ablieferung; bei Ablehnung unserer Entwürfe 7 *berechnen* wir eine Aufwandspauschale von 90,00 e.
Dieses Angebot 8 *ist befristet bis* Jahresende. Es gelten unsere allgemeinen Geschäftsbedingungen.
9 *Unsere beigefügte Broschüre* zeigt Ihnen u. a. einige unserer bisherigen Arbeiten und gibt Ihnen vielleicht weitere Ideen zur Gestaltung Ihrer Außenwerbung.
Über Ihre Beauftragung würden wir uns freuen. Selbstverständlich stehen wir Ihnen für weitere Fragen, Beratungen und Vorschläge jederzeit zur Verfügung.
Mit freundlichen Grüßen

7 BESTELLUNGEN AUFGEBEN

E-Mail 9 ▶ Seite 51

1 *Bestellung*
2 *Sehr geehrte* Frau Bader,
3 *vielen Dank für* die rasche Angebotserstellung vom 01.11.20... . 4 *Wir bestellen* die Drucker zu folgenden Konditionen:
...
Über eine schnelle Lieferung 5 *freuen wir uns.*
Bitte 6 *bestätigen Sie den Erhalt* dieser Bestellung.
7 *Mit freundlichen Grüßen*

8 BESTELLUNGEN BEANTWORTEN

E-Mail 10 ▶ Seite 55

Sehr geehrte Frau Wunder,
1 *vielen Dank für* Ihre Bestellung.
Leider können wir Ihre Bestellung über 50 Taschen zu diesen 2 *Bedingungen* nicht ausführen. Unser Angebot vom 03.09.20... sieht 10 % Rabatt 3 *bei Abnahme von* 100 Taschen vor. 50 Taschen mit 15 % Rabatt lässt unser enger Kalkulationsrahmen 4 *leider* nicht zu.
5 *Unser äußerstes Angebot* sind 100 Taschen mit 15 % Rabatt.
Alle anderen Konditionen bleiben davon 6 *unberührt*. Dürfen wir liefern?
Wir 7 *bitten um* Ihre Bestätigung.
Mit freundlichen Grüßen

9 LIEFERBEDINGUNGEN

Brief 11 ▶ Seite 59

Lieferbedingungen
Sehr geehrte Frau Wunder,
verbindlichen Dank für Ihre E-Mail und 1 *das weitergehende Interesse* an unseren Produkten. Wie von Ihnen gewünscht, teile ich Ihnen hier die genauen Lieferbedingungen für die geplante Bestellung mit.
Die Ware kann etwa 4 Wochen nach Bestellung 2 *auf den Weg gebracht* werden. Die Konfektionierung nehmen wir im Werk vor. Die Figuren werden 3 *zum Schutz vor Beschädigungen* einzeln in Folie und dann in Kartons verpackt. 4 *Der Versand erfolgt* per Lkw 5 *ab Werk* (EXW), Versandkosten und Transportversicherung sowie Verzollung gehen zu Ihren Lasten. Bitte teilen Sie uns auch noch mit, 6 *an welche Lieferanschrift* die Ware gehen soll.
Nach Versand werde ich Ihnen umgehend per Fax 7 *die Versandanzeige zukommen lassen*. Erfahrungsgemäß können Sie damit rechnen, dass die Lieferung innerhalb von 3 Tagen 8 *zugestellt wird*. Lieferverzögerungen können wegen der Zollformalitäten jedoch 9 *nicht ganz ausgeschlossen* werden.
Sollten Sie eine Versendung per Eisenbahn oder Luftfracht wünschen, kann ich gerne 10 *die entsprechenden Konditionen* für Sie erfragen.
Es würde mich freuen, bald wieder von Ihnen zu hören. Für weitere Auskünfte stehe ich Ihnen sehr gerne zur Verfügung.
Mit freundlichen Grüßen

10 ZAHLUNGSBEDINGUNGEN UND RECHNUNGEN

E-Mail 12 ▶ Seite 64

Zahlungsbedingungen - Ihr Schreiben vom 07.01.20...
Sehr geehrter Herr Dreisam,
gerne kommen wir auf Ihre Nachfrage zurück und geben Ihnen hiermit 1 *unsere üblichen Zahlungsbedingungen* bekannt:
Unsere Rechnung ist 2 *fällig nach Leistungserbringung* und Freigabe, zahlbar rein netto und ohne Abzug innerhalb 4 Wochen. Bei Zahlung innerhalb 6 Arbeitstagen nach Rechnungserhalt können 2 % 3 *Skonto in Abzug* gebracht werden.
Sofern der Auftragswert den Betrag von 5000 e 4 *übersteigt*, verlängert sich die Skontofrist auf 11 Arbeitstage.
Das von Ihnen angefragte 5 *Zahlungsziel von 90 Tagen* können wir leider nicht gewähren, da auch wir unseren Vertragspartnern gegenüber zur pünktlichen Zahlung verpflichtet sind und dadurch möglicherweise in 6 *Liquiditätsengpässe* geraten würden.
Bestellte Waren bleiben bis zur vollständigen Bezahlung 7 *unser Eigentum*.
Wir würden uns freuen, bald Ihre Bestellung zu erhalten, und stehen für weitere Fragen gerne zu Ihrer Verfügung.
Mit freundlichen Grüßen

11 ZAHLUNGSERINNERUNGEN

Brief 13 (erste Mahnung) ▶ Seite 70

Zahlungserinnerung
Sehr geehrte Damen und Herren,
offensichtlich **1** *ist Ihnen entgangen*, dass die unten aufgeführten Rechnungen **2** *noch offen* sind. Wir bitten Sie, dies zu überprüfen:
...
Bitte überweisen Sie den Gesamtbetrag von ... D innerhalb der nächsten 14 Tage auf eines unserer angegebenen Konten.
Mit freundlichen Grüßen

Brief 14 (zweite Mahnung) ▶ Seite 71

Sehr geehrte Damen und Herren,
leider konnten wir trotz unserer Zahlungserinnerung vom ... bei den unten aufgeführten Rechnungsposten immer noch **3** *keinen Zahlungseingang feststellen*. Wir erlauben uns daher, Sie wegen der überfälligen Zahlungen zu mahnen.
...
4 *Berücksichtigt wurden* alle Zahlungseingänge bis einschließlich ... .
Bitte überweisen Sie den Gesamtbetrag bis spätestens ... auf eines der angegebenen Konten. Wir weisen Sie darauf hin, dass alle weiteren mit dem Mahnverfahren verbundenen Gebühren, Auslagen sowie die **5** *Verzugszinsen* zu Ihren Lasten gehen.
Mit freundlichen Grüßen

Brief 15 (dritte Mahnung) ▶ Seite 71

Sehr geehrte Damen und Herren,
leider wurde die Rechnung Nr. ... trotz unserer Mahnungen vom ... und ... immer noch nicht **6** *ausgeglichen*.
Wir bitten Sie darum, den Gesamtbetrag von ... e einschließlich Verzugszinsen bis spätestens ... auf unser Konto zu überweisen. Ansonsten werden wir unverzüglich **7** *Vollstreckung beantragen*. Kosten für den **8** *gerichtlichen Mahnbescheid* und alle weiteren Inkassokosten gehen zu Ihren Lasten. Wir würden es begrüßen, wenn sich solche für beide Seiten unangenehmen Schritte vermeiden ließen.
Mit freundlichen Grüßen

12 VERHANDLUNGEN UND VEREINBARUNGEN

E-Mail 16 ▶ Seite 75

Kooperationsvertrag
Sehr geehrter Herr Eastman,
wir freuen uns sehr über Ihr weitergehendes Interesse.
Seit über 20 Jahren entwirft und betreut unsere Agentur Werbung aller Art. Diese Erfahrung **1** *stellen wir Ihnen gern zur Verfügung* und möchten Ihnen einen Kooperationsvertrag für Anzeigenkampagnen und andere verkaufsfördernde Maßnahmen anbieten.
2 *Unsere Aufgabe* wäre, nach Ihren Vorgaben einen Jahresplan zu erstellen und Termine zu überwachen. Die konkrete Ausführung übernehmen wir.
3 *Ihr Vorteil wäre*, dass Sie einen erfahrenen Partner auf dem deutschen Markt hätten, so dass Sie z. B. fehlerfrei redigierte Anzeigen nach dem Geschmack des deutschen Publikums erhalten würden.
4 *Im Gegenzug würden wir* den Agenturrabatt, den Zeitungen in Deutschland normalerweise gewähren, einbehalten und Ihnen den vollen gültigen Anzeigentarif berechnen. Dies bedeutet, dass Sie für Anzeigenschaltungen fast **5** *keine Mehrkosten* hätten **6** *im Vergleich zur* Entwicklung eigener Anzeigen. Bei dieser Form der Zusammenarbeit allerdings **7** *bestehen wir auf* Vorauszahlung.
Für alle anderen Werbemaßnahmen schlagen wir eine Abrechnung **8** *nach Aufwand* vor.
Wir sind überzeugt, dass wir Ihnen **9** *ein verlässlicher Partner* sein können, und freuen uns daher auf Ihre baldige Antwort.
Mit freundlichen Grüßen

13 VERTRÄGE AUFSETZEN

Brief 17 ▶ Seite 80

Vertragsdokumente
Sehr geehrter Herr Eastman,
wie bei Ihrem Europabesuch **1** *abgesprochen*, senden wir Ihnen **2** *anbei* einen **3** *Entwurf* für den zwischen uns vereinbarten Werbevertrag in **4** *doppelter Ausfertigung*.
Wir bitten Sie, diesen **5** *durch Ihre Rechtsabteilung überprüfen* zu lassen, und, sofern von Ihrer Seite **6** *keine Änderungswünsche mehr* bestehen, uns **7** *ein gegengezeichnetes Exemplar* zurückzusenden. Nach Eingang bei uns **8** *tritt der Vertrag umgehend* in Kraft, und die bereits geplanten Werbeaktionen können beginnen.
Wir freuen uns auf eine **9** *gute und erfolgreiche* Zusammenarbeit und verbleiben
mit freundlichen Grüßen

14 MÄNGEL UND REKLAMATIONEN

Brief 18 ▶ Seite 84

Reklamation Ihrer Lieferung von heute
Sehr geehrter Herr Manfredi,
die bestellten Broschüren der Firma Glupp, Auftrags-Nr. 87z634, **1** *sind heute eingetroffen*. Beim Durchsehen der Druckerzeugnisse **2** *fielen uns mehrere Mängel auf*.
Zum einen wurden die Verpackungen beim Transport offensichtlich so **3** *stark beschädigt*, dass der Inhalt zum Teil unbrauchbar ist. Zum anderen **4** *mussten wir feststellen*, dass die Druckqualität nicht **5** *dem Standard entspricht*, den wir sonst von Ihnen gewohnt sind. Mehrere Farbtöne weichen von den Vorgaben deutlich ab.
Da wir unsererseits dem Kunden schnelle Ausführung des Auftrags zugesagt hatten, wären wir Ihnen sehr dankbar, wenn Sie uns möglichst umgehend eine **6** *einwandfreie Ersatzlieferung* zukommen lassen könnten. Die bemängelte Lieferung stellen wir **7** *zur Abholung bereit*.
Da wir ansonsten immer mit Ihren Arbeiten sehr zufrieden waren, gehen wir davon aus, dass Sie alle Anstrengungen unternehmen, um diese **8** *Angelegenheit schnell zu regeln*.
Mit freundlichen Grüßen

15 REKLAMATIONEN BEANTWORTEN

Brief 19 ▶ Seite 88

Ihre Reklamation
Sehr geehrter Herr Walter,
1 *mit größtem Bedauern* habe ich von Ihrer Reklamation erfahren.
2 *Nach Prüfung der Angelegenheit* kann ich nur bestätigen, dass Ihre **3** *Beanstandungen völlig berechtigt* sind und dass der Fehler ganz offensichtlich **4** *auf einem internen Kommunikationsproblem beruht*.
5 *Dem Mitarbeiter*, der Ihr Projekt betreuen sollte, sind Ihre Vorgaben **6** *durch ein Versehen* nicht weitergeleitet worden, so dass er sie auch nicht einarbeiten konnte. Selbstverständlich übernehmen wir **7** *dafür die volle Verantwortung* und werden uns bemühen, den Schaden schnellstmöglich wieder gutzumachen.
Die beanstandeten Vorlagen wurden inzwischen von unserem Kurierdienst wieder abgeholt, und die neuen Entwürfe sind bereits in Arbeit. Ich gehe davon aus, dass Sie innerhalb der nächsten 48 Stunden **8** *einen zufrieden stellenden Ersatz* erhalten werden.
9 *Als Entschuldigung für* den entstandenen Ärger erlaube ich mir, Ihnen das von uns entworfene Luxus-Flaschenöffner-Set „Le Rouge“ als kleines Präsent beizufügen.
Ich hoffe, dass wir unsere ansonsten gute Geschäftsbeziehung nun ohne Störungen fortsetzen können.
Mit freundlichen Grüßen

16 GESCHÄFTLICHE MITTEILUNGEN

Brief 20 ▶ Seite 93

1 *Sehr geehrte Geschäftspartner,*
2 *wir möchten Sie darüber informieren,* dass zur Umsetzung 3 *eines einheitlichen Marktauftritts* aller Unternehmen der Markus-Gruppe die Cornelius GmbH in
Markus Dienstleistungen GmbH
4 *umfirmiert* wurde.
Gleichzeitig erfolgte die Sitzverlegung von Hamburg nach Stuttgart. Die Gesellschaft Markus Dienstleistungen GmbH ist nun im Handelsregister beim Amtsgericht Stuttgart unter der HRB Nr. 24365 eingetragen.
5 *Ansprechpartner und Anschriften* der einzelnen Standorte bleiben 6 *davon natürlich unberührt.*
Wir freuen uns auf eine weiterhin 7 *gute und erfolgreiche Zusammenarbeit* mit Ihnen.
Mit freundlichen Grüßen

17 EINLADUNGEN

Brief 21 (formelle Einladung) ▶ Seite 97

Einladung zur Vernissage
Sehr geehrte <<Anrede1>> <<Anrede2>>,
in Partnerschaft mit der Feininger-Bank haben wir 1 *es uns zur Aufgabe gemacht,* junge vielversprechende Künstlerinnen und Künstler aus anderen Ländern in Deutschland 2 *einem interessierten Publikum* vorzustellen. Dazu gehört der litauische Maler Gregor Krasauskas, dessen Werke „Blaue Aktionen" im Foyer des Feininger-Hauses 2 Monate lang zu sehen sein werden.
Die Ausstellung wird am kommenden Sonntag, den 26. Mai, um 15.30 Uhr 3 *feierlich* eröffnet.
Neben dem künstlerischen Genuss bietet eine Ausstellungseröffnung immer 4 *einen angenehmen Rahmen,* um Geschäftsfreunde wiederzusehen und neue Kontakte zu 5 *knüpfen.*
6 *Es wäre uns* eine besondere Ehre, auch Sie unter den Gästen 7 *begrüßen zu dürfen.* Bitte lassen Sie uns auf der beigefügten Antwortkarte wissen, 8 *ob wir mit Ihnen rechnen können.*
Wir freuen uns auf Ihr Kommen und verbleiben mit freundlichen Grüßen

Brief 22 (informelle Einladung) ▶ Seite 98

1 *Liebe* Christa,
nach langer Zeit 2 *schaffe ich es endlich mal wieder,* mich bei dir zu melden. Aber wie du sicher auch selber weißt, gibt es in unserer Branche immer viel zu tun, und persönliche Kontakte leiden darunter. Nun möchte ich 3 *es aber nicht länger hinausschieben,* und es gibt dafür auch einen konkreten Anlass. Ich 4 *würde dir gern* einen Vorschlag machen, der dich sicher begeistern wird. 5 *Wie wäre es* also, wenn wir uns am kommenden Samstag wie in guten alten Zeiten bei Aldo zu einer Pizza Funghi treffen würden? Ich bin so neugierig, endlich zu erfahren, wie es dir inzwischen ergangen ist.
Bitte 6 *sag mir Bescheid,* ob das bei dir klappt, damit ich uns einen Tisch bestellen kann.
Bis bald also, 7 *ich freue mich riesig* auf das Wiedersehen.
8 *Liebe Grüße*
deine

18 DANKSCHREIBEN

Brief 23 (formelles Dankschreiben) ▶ Seite 103

1 *Lieber Herr Betzke,*
nach meiner Rückkehr nach Stuttgart 2 *ist es mir ein Anliegen,* Ihnen nochmals herzlich für die schönen Tage zu danken.
Ich finde, wir sind in geschäftlicher Hinsicht 3 *einen großen Schritt weitergekommen,* und ich freue mich sehr auf die Zusammenarbeit, die sich dadurch 4 *anbahnt.* Ihre Entwürfe habe ich bereits an unser Grafikbüro weitergeleitet, sie waren 5 *davon begeistert!*
Aber auch persönlich bin ich Ihnen sehr dankbar, denn ich weiß, wie schwierig es für Sie gewesen sein muss, die Zeit zu erübrigen, um uns Ihre Heimatstadt zu zeigen. Auch 6 *im Namen von* Frau Steinle möchte ich betonen, was für ein angenehmer Reiseführer und sympathischer Begleiter Sie für uns waren und wie gerne wir dies wiederholen würden.

Wir hoffen sehr, dass Sie bald **7** *unseren Besuch erwidern* und zu uns ins Schwabenland kommen.
Wir freuen uns auf eine fruchtbare und erfolgreiche Zusammenarbeit.
8 *Freundliche Grüße*
Ihre

19 GLÜCKWÜNSCHE UND KONDOLENZSCHREIBEN

Brief 24 ▶ Seite 107

Lieber Herr Betzke,
1 *mit großer Freude* habe ich die Nachricht gelesen, dass Ihre Arbeit mit dem „Blackpen-Award" dieses Jahres **2** *ausgezeichnet wurde*. Zu dieser Preisverleihung möchte ich Ihnen auch im Namen unseres gesamten Teams **3** *ganz herzlich gratulieren*.
Ich kenne ja inzwischen viele Ihrer Arbeiten und weiß, wie begnadet Sie mit dem Zeichenstift umgehen. Daher **4** *finde ich*, dass Sie diesen Preis **5** *wirklich verdient* haben. Es erfüllt mich mit einem gewissen Stolz, dass unsere Agentur so gut mit Ihnen zusammenarbeitet, und ich **6** *verspreche mir davon* auch weiterhin sehr erfreuliche Ergebnisse. Für Ihre zukünftige Arbeit wünsche ich Ihnen **7** *weiterhin viel Erfolg* und eine gute Hand. Auf unser nächstes **8** *gemeinsames Projekt* freue ich mich schon.
Freundliche Grüße

20 STELLENANGEBOTE UND BEWERBUNGEN

Text 25 (Stellenanzeige) ▶ Seite 111

Wir sind eine internationale Spedition im Großraum Stuttgart und transportieren seit über 75 Jahren Güter schnell und zuverlässig.
1 *Zum schnellstmöglichen Termin* (spätestens aber zum 01.09.20...) suchen wir eine / n
S A C H B E A R B E I T E R / I N
Assistent / in des Leiters der Disposition
Sie sind gelernte(r) Speditionskauffrau / -mann und **2** *verfügen* über gute Kenntnisse in der DV (MS-Office, Speditionsspezialsoftware SSSW).
Ihr Aufgabengebiet umfasst die stellvertretende Koordination unserer Disposition und die **3** *selbstständige Erledigung* der anfallenden Verwaltungsarbeiten.
Aufgrund der Internationalität des Hauses werden gute englische und französische Sprachkenntnisse vorausgesetzt. Sie arbeiten teamorientiert. Sie sind engagiert, flexibel und vor allem zuverlässig. Sie verstehen es, auch unter Termindruck sorgfältig zu arbeiten.
Wenn Sie bereits **4** *über* Berufserfahrung verfügen, haben Sie die besten Voraussetzungen.
Fühlen Sie sich von dieser Aufgabenstellung angesprochen? Dann richten Sie ihre schriftliche Bewerbung mit Angabe Ihrer Gehaltsvorstellung und **5** *frühestmöglichem* Eintrittstermin an:
Spedition Rasant GmbH & Co. KG, Personalabteilung, Esslinger Straße 62, 72622 Nürtingen

Brief 26 (Bewerbungsschreiben) ▶ Seite 112

Ihr Stellenangebot in der Stuttgarter Zeitung vom 15.06.20...
Sachbearbeiterin
Sehr geehrte Damen und Herren,
Ihre Annonce hat mich **1** *neugierig* gemacht.
Meine Ausbildung zur Speditionskauffrau absolvierte ich bei der Spedition Willi Petz GmbH & Co. KG. Danach sammelte ich noch in der französischen Tochterfirma Petz France drei Jahre Erfahrung.
2 *Neben meinen Aufgaben* als Speditionskauffrau übernahm ich auch die Terminplanung und -koordination der Leitung der Disposition.
3 *Zur Zeit* arbeite ich in der Zentrale von Willi Petz im Bereich Disposition für das englischsprachige Ausland. Um flexibel zu bleiben und **4** *weil ich eine neue Herausforderung suche*, interessiert mich diese Stelle bei Ihnen sehr.
In der Anwendung der PC-Software habe ich mich stets weitergebildet und hier meinen Schwerpunkt auf die Speditionsspezialsoftware SSSW gelegt.
Auch wenn es „brennt", **5** *bin ich in der Lage*, sorgfältig zu arbeiten. Ich bin engagiert und zuverlässig. Als Mitglied einer Volleyballmannschaft

(Amateur) ist teamorientiertes Handeln für mich selbstverständlich.
6 *Auf die Einladung* zu einem Gespräch freue ich mich und bedanke mich für Ihr Interesse.
Mit freundlichen Grüßen
7 *Anlagen*

22 BEWERBUNGEN BEANTWORTEN

Brief 27 ▶ Seite 121

Ihre Bewerbung als Speditionskauffrau
Sehr geehrte Frau Steinmüller,
vielen Dank für 1 *Ihre ansprechende Bewerbung*.
Ihre Qualifikation und 2 *Berufserfahrung* haben uns so überzeugt, dass Sie in die 3 *engere Wahl* für ein Vorstellungsgespräch gekommen sind.
Dass wir dennoch einem Mitbewerber 4 *den Vorzug gegeben haben*, liegt an der Gehaltsstruktur in unserem Hause. Ihre finanziellen Vorstellungen 5 *überschreiten* deutlich den für diese Position vorgesehenen Etat. Der Abstand zu unseren Möglichkeiten ist so groß, dass wir auch in einem Gespräch zu keiner Einigung gekommen wären.
Haben Sie bitte 6 *Verständnis* für unsere Entscheidung. Sicherlich werden Sie in einem größeren Unternehmen schnell eine Stelle finden, die Ihre 7 *Gehaltsvorstellungen* realisieren kann. Ihre 8 *Unterlagen* werden in sechs Monaten automatisch gelöscht.
Mit freundlichen Grüßen

23 PERSÖNLICHE SCHREIBEN AN BEHÖRDEN

Brief 28 ▶ Seite 125

Antrag auf Genehmigung einer selbstständigen Arbeit
1 *Sehr geehrte Damen und Herren,*
seit kurzem bin ich in Ostfildern unter der o. a. Adresse 2 *mit erstem Wohnsitz gemeldet*. Meine Aufenthaltserlaubnis 3 *gestattet mir aber nicht* die Ausübung einer selbstständigen Tätigkeit.
Da ich ein Angebot erhalten habe, ab und zu freiberuflich als Grafikerin zu arbeiten, 4 *bitte ich Sie*, meine Aufenthaltserlaubnis entsprechend abzuändern und 5 *die Auflage* „Selbstständige Erwerbstätigkeit nicht gestattet" zu streichen.
Wie aus dem beigefügten Diplom der Universität Toronto und dem Arbeitszeugnis meines früheren Arbeitgebers 6 *hervorgeht*, verfüge ich über eine ausreichende Qualifikation für diese Berufstätigkeit. Mein Lebensunterhalt ist durch die Berufstätigkeit meines Mannes gesichert.
Ich bitte Sie, den 7 *Antrag zu prüfen* und mir baldmöglichst 8 *einen Bescheid zukommen zu lassen*.
9 *Mit freundlichen Grüßen*

24 VERSICHERUNGEN

Brief 29 ▶ Seite 129

1 *Ihre Anfrage* wegen Anerkennung von Fahrpraxis im Ausland
Sehr geehrte Frau McLaren,
vielen Dank für 1 *Ihre Anfrage*. Gerne geben wir Ihnen die folgenden Auskünfte 2 *zur Vorgehensweise* bei ausländischen Führerscheinen:
Eine Rabatteinstufung allein aufgrund der Führerscheinbesitzdauer nehmen wir nicht vor. 3 *Grundsätzlich* erkennt die Lobo-Versicherung aber Bestätigungen über 4 *unfallfrei gefahrene Zeiten* kanadischer Versicherer an.
5 *Voraussetzung* ist, dass aus der Bestätigung des kanadischen Versicherers der 6 *Vertragsbeginn* und das Ende, der Schadensfreiheitsrabatt und eventuell vorhandene Schäden hervorgehen. Eine Führerscheinkopie ist dafür auch notwendig.
Sie können diese Unterlagen für eine 7 *unverbindliche* Vorabüberprüfung gern an uns unter der oben angegebenen Nummer faxen.
Sobald Sie konkrete Angaben zu Ihrem Fahrzeug haben, können wir Ihnen die Tarifklasse ermitteln und ein Angebot auch für die Optionen 8 *Teilkasko* und Vollkasko erstellen.
Wir hoffen, Ihnen mit diesen Informationen 9 *gedient zu haben*, und stehen Ihnen gern für weitere Auskünfte zur Verfügung.
Mit freundlichen Grüßen

25 SCHREIBEN AN VERMIETER*INNEN

Text 30 ▶ Seite 133

Ihre Anzeige in der Stuttgarter Zeitung vom 21.06.20...
1 *Sehr geehrte Inserentin, sehr geehrter Inserent,*
wir interessieren uns sehr für die angebotene 2 *5-Zimmer-Wohnung* in Stuttgart-Degerloch und möchten uns Ihnen deshalb gerne hier vorstellen: Wir sind eine kanadische Familie, die im Januar dieses Jahres 3 *nach Deutschland gezogen* ist. Mein Mann Jim ist bei der Software-Firma Global-Info in Filderstadt in leitender Funktion 4 *fest angestellt*, und ich selbst arbeite freiberuflich als Grafikerin. Unser Einkommen ist gesichert, zumal die Firma meines Mannes 5 *einen Zuschuss* zur Miete zahlen wird.
Unsere Kinder Mary-Ann, 9 Jahre, und Austin, 7 Jahre, gehen in die Internationale Schule. Da diese in der Nähe ist, wären wir natürlich sehr froh, Ihre Wohnung 6 *mieten* zu können.
Wir sind Nichtraucher und haben keine Haustiere. Weder die Nachbarschaft noch Vermieter*innen haben sich 7 *jemals* über uns beschwert.
Auch zu der in der Anzeige erwähnten 8 *Übernahme* der Einbauküche wären wir bereit, da wir in unserer derzeitigen Wohnung nur eine kleine Mietküche haben.
Über die Einladung zu einem 9 *Besichtigungstermin* würden wir uns sehr freuen.
Mit freundlichen Grüßen

26 TELEFONIEREN

Text 31 ▶ Seite 138  1

Mayer: Agentur Reich und Schön, Mayer, guten Tag.
Betzke: Guten Tag! Hier ist Harald Betzke aus Münster. Ich 1 *hätte gern Frau Wunder gesprochen.*
Mayer: Tut mir leid, Frau Wunder ist auf Kundenbesuch 2 *außer Haus.* Das wird noch etwa eine Stunde dauern. 3 *Soll* sie Sie dann zurückrufen?
Betzke: Hmmm, ist denn Frau Steinle gerade da?
Mayer: Nein, leider auch nicht. Frau Steinle ist in Urlaub und kommt erst in der nächsten Woche wieder. Kann ich Ihnen vielleicht 4 *weiterhelfen*? Oder kann ich Frau Wunder etwas 5 *ausrichten*?
Betzke: Ja, vielleicht kann ich 6 *eine Nachricht hinterlassen.*
Mayer: Ja, gern. Was darf ich denn notieren?
Betzke: Ich bräuchte dringend noch ein paar Angaben zu den PDF-Dateien, die Frau Wunder mir gemailt hat. Wenn sie sich möglichst heute noch 7 *bei mir melden* könnte ...
Mayer: 8 *Wie war noch mal Ihr Name*, bitte?
Betzke: Harald Betzke aus Münster.
Mayer: Herr Betzke - 9 *schreibt sich* das mit t-z?
Betzke: Ja, genau, B wie Berta, e - t - z - k - e. 10 *Frau Wunder weiß Bescheid.* Sie soll mich nur anrufen, dann klären wir alles Weitere.
Mayer: Wo kann Frau Wunder 11 *Sie erreichen*, Herr Betzke?
Betzke: Am besten auf dem Handy. Die Nummer hat sie. Oder ich gebe sie Ihnen noch mal zur Sicherheit: null eins sieben zwei - fünfundsiebzig dreiundzwanzig achtunddreißig zehn.
Mayer: Ja, ich sehe die Nummer auch auf dem Display. In Ordnung, Herr Betzke, ist notiert. Frau Wunder wird sich dann so schnell wie möglich 12 *mit Ihnen in Verbindung setzen.*
Betzke: Vielen Dank!
Mayer: Ich danke auch. Auf Wiederhören, Herr Betzke!
Betzke: Auf Wiederhören.

Lösungsvorschläge „Sie sind dran!"

ALLGEMEINE REGELN

1 D; 2 F; 3 G; 4 H; 5 A; 6 B; 7 C; 8 E

1 INFORMATIONEN EINHOLEN

1 **1.** nannte **2.** interessieren **3.** Prospekt / Preisliste **4.** ständig wachsende Zahl **5.** fügen bei **6.** kontaktieren **7.** Kontakt **8.** danken Ihnen im Voraus / Informationen **9.** Ihre baldige Antwort

2 **1.** senden / schicken, zusenden / zuschicken, lassen ... zukommen **2.** antworten **3.** freuen

2 TERMINE VEREINBAREN

1 **Termin findet wie geplant statt:**
abmachen, abstimmen, annehmen, arrangieren, ausmachen, bestätigen, festlegen, festmachen, zusagen
Termin findet nicht statt:
absagen, annullieren, aufheben, ausfallen lassen, streichen
Termin findet später statt:
aufschieben, nachholen, verlegen, verschieben, zurückstellen

2 Richtige Reihenfolge: 6 - 4 - 2 - 5 - 1 - 3

3 Sehr geehrter Herr ...,
wir bedanken uns herzlich für Ihr Interesse an unseren Produkten, das durch Ihre Fragen deutlich wurde. Gerne gehen wir auf diese Fragen ein. Am besten kann unsere Außendienstmitarbeiterin, Frau Annika Schmidt, Ihre Fragen in einem persönlichen Gespräch mit Ihnen erörtern und ausführlich beantworten. Wenn es von Ihrer Seite aus möglich wäre, würde Frau Schmidt Sie in der Kalenderwoche 23 besuchen. Da Frau Schmidt ohnehin dann in Ihrer Gegend sein wird, wäre ein Treffen in diesem Zeitraum besonders günstig. Wir würden den Donnerstagvormittag vorschlagen, aber selbstverständlich können wir auch einen anderen Zeitpunkt finden.
Frau Schmidt wird Sie in den nächsten Tagen anrufen, um diesen Termin konkret zu vereinbaren.
Wir freuen uns auf den weiteren Kontakt mit Ihnen und verbleiben
mit freundlichen Grüßen

3 TERMINE BESTÄTIGEN

1 Passende Verben: eintreffen, ankommen

2 Lieber Thomas,
leider ist mir für unser geplantes Frühstückstreffen wieder mal etwas dazwischengekommen. Das tut mir wirklich leid, aber ich muss dringend auf eine Geschäftsreise gehen, und das hat leider Vorrang. Wie wäre es mit dem Dienstag der nächsten Woche, bis dahin wäre ich zurück. Bitte gib mir möglichst bald Bescheid, damit ich mir den Termin freihalte.
Herzliche Grüße

4 RESERVIERUNGEN VORNEHMEN

1 Richtige Reihenfolge:
7 - 5 - 1 - 8 - 3 - 6 - 2 - 4

2 **1.** Blumentopf **2.** erledigen **3.** berichten **4.** nachkommen **5.** Kammer **6.** Ungeziefer

3 Sehr geehrte Damen und Herren,
Ihrer Stadtbroschüre entnehme ich das Angebot zur Busrundfahrt „Zum Einkauf auf Münsteraner Bio-Bauernhöfe". Sofern diese Tour auch am Sonntag, den 3. November stattfindet, würde ich gern 2 Plätze reservieren.
Bitte bestätigen Sie mir die Anmeldung zu dieser Fahrt, wenn möglich per Post. Sollte diese Tour am betreffenden Tag nicht geplant sein, bitte ich um ein Alternativangebot.
Mit freundlichen Grüßen

5 RESERVIERUNGEN BESTÄTIGEN

1 **1.** Bei verspäteter Anreise ...
2. Bei Nichtinanspruchnahme des Zimmers ...
3. Bei Benutzung der Sauna ...
4. Beim Auftreten von Problemen ...
5. Bei weiteren Fragen ...
6. Bei Unzufriedenheit ...
7. Bei Stornierung der Buchung ...
8. Bei Bezahlung der Rechnung mit Kreditkarte ...
9. Bei Erhöhung der Gebühren ...
10. Bei anderweitiger Vergabe der Zimmer ...

2 **1.** die / in der **2.** der / am **3.** der / am
4. der / am **5.** der / am **6.** die / in der
7. der / am **8.** der / im **9.** das / im
10. das / im **11.** das / im **12.** der / im
13. das / im **14.** das / im **15.** der / im
16. die / in

6 ANGEBOTE UND KOSTENVORANSCHLÄGE

1 **1.** Kostenvoranschlag **2.** Angebot
3. Angebot **4.** Angebot **5.** Kostenvoranschlag
6. Kostenvoranschlag **7.** Angebot

2 **1.** unterbreiten **2.** eingehen **3.** erteilen
4. bearbeiten **5.** ermäßigen **6.** zusichern
7. gewähren

3 1. D; 2. C; 3. F; 4. E; 5. A; 6. B

7 BESTELLUNGEN AUFGEBEN

1 Metzgerei Walter Franke
Stuttgart, Tag. Monat. Jahr
Speckstr. 49
70257 Stuttgart

Bestellung

Sehr geehrte Damen und Herren,
bitte liefern Sie uns am kommenden Donnerstag, 04. Oktober 20..., bis spätestens 9.45 Uhr insgesamt 70 Brötchen.
Bitte belegen Sie
20 Brötchen mit Schinken,
20 Vollkornbrötchen mit Käse,
10 Brötchen mit Lachs,
20 Brötchen mit veganem Gemüseaufstrich.
Wie immer freuen wir uns über eine pünktliche Lieferung.
Mit freundlichen Grüßen

2 **1.** Sollten einzelne Teile nicht auf Lager sein, schicken Sie bitte ein Angebot für einen vergleichbaren Artikel.
2. Wir erteilen Ihnen den nachstehenden Auftrag.
3. Bitte bestätigen Sie diesen Auftrag möglichst umgehend.
4. Bitte bestätigen Sie, dass Sie die Waren bis zum gewünschten Termin liefern können.
5. Bitte geben Sie diese Nummer in all Ihren Schreiben an.
6. Bitte teilen Sie uns den voraussichtlichen Liefertermin mit.

8 BESTELLUNGEN BEANTWORTEN

1 **1.** Bestellung **2.** bearbeitet **3.** Waren
4. versandfertig **5.** Auslieferung **6.** vorrätig
7. Ersatz

2 **1.** Angebot **2.** Bestellung **3.** Auslieferung
4. Liefertermin **5.** geliefert **6.** Lieferung
7. anzurufen **8.** freundlichen

9 LIEFERBEDINGUNGEN

1 **1.** Sehr geehrter **2.** Rücksprache
3. Auslieferung **4.** Transport **5.** beschädigt
6. verpacken **7.** stellen **8.** stellen
9. ankommen / eintreffen **10.** Haus
11. Verzollung

2 **1.** beliefern **2.** ausliefern **3.** nachliefern
4. anliefern

10 ZAHLUNGSBEDINGUNGEN UND RECHNUNGEN

1 **1.** am Ende des nächsten Monats
2. vor Ablauf der Frist
3. bei Bezahlung der vollständigen Summe
4. die Deckung des Kontos
5. Gewährung weiterer Sonderkonditionen
6. Übergabe sämtlicher Unterlagen
7. auf Grund der aktuellen wirtschaftlichen Situation
8. abzüglich unseres Provisionsanteils

2 Sehr geehrte Damen und Herren,
wir danken für die schnelle Übermittlung des Angebots und die ausführlichen Beratungs- und Planungsgespräche. Bevor wir uns zur Bestellung entschließen, möchten wir gerne noch die Zahlungsbedingungen geklärt haben.
Deshalb wären wir Ihnen sehr dankbar, wenn Sie uns Ihre allgemeinen Zahlungsbedingungen erläutern könnten.
Da es sich bei unserem Auftrag um ein größeres Volumen handelt, würden wir gern auch die Möglichkeit einer Teilzahlung mit Ihnen diskutieren oder nach Möglichkeit ein Zahlungsziel von mindestens 3 Monaten nach Lieferung vereinbaren.
Bitte nehmen Sie Kontakt mit uns auf und informieren uns darüber, was Sie uns in dieser Hinsicht anbieten können.
Mit freundlichen Grüßen

3

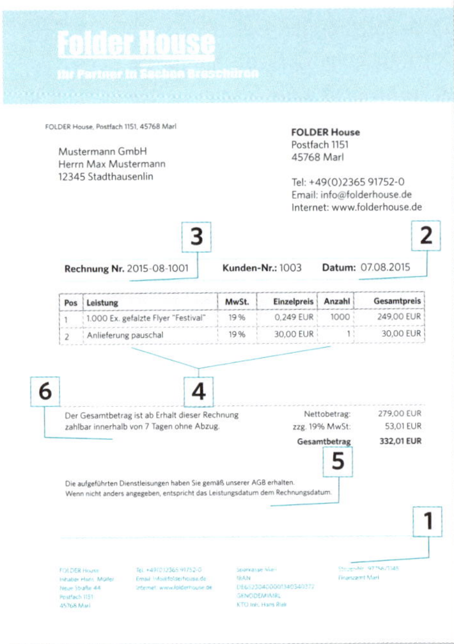

Folder House
Ihr Partner in Sachen Broschüren

FOLDER House, Postfach 1151, 45768 Marl

Mustermann GmbH
Herrn Max Mustermann
12345 Stadthausenlin

FOLDER House
Postfach 1151
45768 Marl

Tel: +49(0)2365 91752-0
Email: info@folderhouse.de
Internet: www.folderhouse.de

3 2

Rechnung Nr. 2015-08-1001 **Kunden-Nr.:** 1003 **Datum:** 07.08.2015

Pos	Leistung	MwSt.	Einzelpreis	Anzahl	Gesamtpreis
1	1.000 Ex. gefalzte Flyer "Festival"	19 %	0,249 EUR	1000	249,00 EUR
2	Anlieferung pauschal	19 %	30,00 EUR	1	30,00 EUR

6 4

Der Gesamtbetrag ist ab Erhalt dieser Rechnung zahlbar innerhalb von 7 Tagen ohne Abzug.

Nettobetrag: 279,00 EUR
zzg. 19% MwSt: 53,01 EUR
Gesamtbetrag **332,01 EUR**

5

Die aufgeführten Dienstleisungen haben Sie gemäß unserer AGB erhalten.
Wenn nicht anders angegeben, entspricht das Leistungsdatum dem Rechnungsdatum.

1

FOLDER House
Inhaber Hans Müller
Neue Straße 44
Postfach 1151
45768 Marl

Tel. +49(0)2365 91752-0
Email: info@folderhouse.de
Internet: www.folderhouse.de

Sparkasse Marl
IBAN

Finanzamt Marl

11 ZAHLUNGSERINNERUNGEN

1 **1.** Zahlungseingang **2.** fällige **3.** ausgeglichen

2 Sehr geehrte Damen und Herren,
wir haben Ihre Zahlungserinnerung für die Rechnung Nr. K12-703B erhalten. Diese Rechnung wurde von uns allerdings schon am ... beglichen, wie auch aus dem beiliegenden Bankbeleg ersichtlich ist. Wir bitten Sie daher zu prüfen, ob es sich um einen Buchungsfehler handelt oder ob die Zahlung tatsächlich noch nicht bei Ihnen eingegangen ist.
Sollten noch Unklarheiten bestehen, stehen wir Ihnen gern zur Verfügung.
Mit freundlichen Grüßen

12 VERHANDLUNGEN UND VEREINBARUNGEN

1 **1.** treten **2.** besteht **3.** sind **4.** ließe **5.** werden **6.** kämen

2 **1.** dass **2.** Allerdings **3.** Während **4.** auf **5.** wegen **6.** zwar **7.** aber **8.** Deshalb **9.** dann

13 VERTRÄGE AUFSETZEN

1 **1.** Verhandlungen **2.** Abschluss **3.** unterschriftsreifen 4. allgemeinen **5.** Gegenstand **6.** eingehalten **7.** Fragen **8.** Verfügung

2 **1.** stornieren **2.** lösen **3.** eingehen **4.** Aufgabe **5.** unterstreichen **6.** Anweisung **7.** Vertrag bonifizieren

14 MÄNGEL UND REKLAMATIONEN

1 prompt - flink - hastig

2 J noch sehr freundlich:
hoffen, bitten, würden es begrüßen, wären dankbar, wären Ihnen verbunden
L schon mit Nachdruck:
erwarten, verlangen, ersuchen, fordern, wünschen, geltend machen, beanspruchen

15 REKLAMATIONEN BEANTWORTEN

1 Verfehlung - Dummheit - Entgleisung - Macke - Sünde - Versagen

2 bereuen - Bedauern äußern - betroffen sein - untröstlich sein - schade finden

3 Sehr geehrter Herr Kalkofen,
wir haben Ihr Schreiben vom ... erhalten und Ihre Beanstandung umgehend geprüft. Leider müssen wir Ihnen jedoch mitteilen, dass wir in diesem Fall Ihre Reklamation nicht akzeptieren können. Unsere Nachforschung ergab, dass alle Kisten überprüft worden waren, bevor die Ware an Sie ausgeliefert wurde. Diese Ausgangskontrolle wurde dokumentiert und kann Ihnen auf Wunsch zur Einsicht übermittelt werden. Wir vermuten, dass es sich um ein Transportproblem handelt, und darauf haben wir keinen Einfluss mehr, sobald die Ware unser Haus verlassen hat.
Da Sie durch diesen Zwischenfall möglicherweise Verzögerungen in Ihrer Produktion haben werden, wären wir aber bereit, ohne dass dies als Eingeständnis einer Schuld zu werten wäre, Ihnen die verkaufte Warenmenge in unserem Lager zu reservieren und erneut zur Abholung bereitzustellen.
Wir hoffen, Ihnen damit dienen zu können, und verbleiben
mit freundlichen Grüßen

16 GESCHÄFTLICHE MITTEILUNGEN

1 Richtige Reihenfolge:
5 - 7 - 3 - 6 - 1 - 2 - 4

2 Sehr geehrte Damen und Herren,
um vergleichbare Kalkulationsdaten in unserem Betrieb zu erhalten, ist es notwendig, die Zahlungsbedingungen unserer Lieferanten einheitlich zu gestalten.
Ab dem Jahreswechsel werden wir Ihre Rechnungen mit folgenden Skontobedingungen begleichen:
14 Tage 3 %
30 Tage netto
Für Ihr Verständnis und Entgegenkommen im Voraus besten Dank.
Bei weiteren Rückfragen steht Ihnen unser Herr Krupp unter der Durchwahl -123 gern zur Verfügung.
Wir freuen uns auf eine weiterhin erfolgreiche Zusammenarbeit und verbleiben
mit freundlichen Grüßen

17 EINLADUNGEN

1 1F 2E 3A 4B 5C 6D

2 Liebe Ursula,
vielen herzlichen Dank für deine Einladung, über die ich mich sehr gefreut habe. Natürlich wäre ich gerne zu deiner Geburtstagsparty gekommen, aber leider ist es mir einfach unmöglich! Genau an diesem Tag kommt mein Freund aus den USA an, und du verstehst sicher, dass ich ihn vom Flughafen abholen möchte, denn es ist unser erster gemeinsamer Abend nach einer langen Trennung.
Vielleicht können wir ja deinen Geburtstag mal zu zweit feiern, wenn du Zeit hast und Joe wieder abgereist ist.
Auf jeden Fall wünsche ich euch viel Spaß, dir alles Gute für das neue Lebensjahr und hoffentlich bis bald!
Alles Liebe
Deine Tine

18 DANKSCHREIBEN

1 Liebe Frau Stadler, lieber Herr Stadler,
auf diesem Weg möchte ich Ihnen für die freundliche Einladung in Ihr Haus danken. Es war ein schöner Abend, und ich habe mich seit langem nicht mehr so wohl gefühlt. Mein besonderes Kompliment gilt der Köchin. Es hat wirklich ausgezeichnet geschmeckt. Bitte zögern Sie nicht, auch mich in meiner Heimat zu besuchen und unsere regionalen Spezialitäten zu kosten. Es wird mir eine Freude sein, Sie dort zu bewirten.
Freundliche Grüße
George A. Singh

2 Ich möchte mich bei Ihnen ganz herzlich für Ihr nettes Geschenk bedanken, das Sie mir gestern an meinen Arbeitsplatz geschickt haben. Die Überraschung ist Ihnen wirklich gelungen, und Sie haben meinen Geschmack sehr gut getroffen. Man kann erkennen, wie sorgfältig Sie ausgewählt haben und dass Sie sich viele Gedanken gemacht haben, wie Sie mir eine Freude machen können.

Ich möchte mich bei dir ganz herzlich für dein nettes Geschenk bedanken, das du mir gestern an meinen Arbeitsplatz geschickt hast. Die Überraschung ist dir wirklich gelungen, und du hast meinen Geschmack gut getroffen. Man kann erkennen, wie sorgfältig du ausgewählt hast und dass du dir viele Gedanken gemacht hast, wie du mir eine Freude machen kannst.

19 GLÜCKWÜNSCHE UND KONDOLENZSCHREIBEN

1 Liebe Frau Gabel,
mit diesem kleinen Geschenk zum Abschied möchte Ihnen die Marketing-Abteilung eine Erinnerung mit auf den Weg geben. Wir sind alle sehr traurig, dass Sie uns jetzt verlassen, denn Sie waren für uns eine sehr angenehme Chefin und eine hervorragende Kollegin. Aber wir freuen uns auch mit Ihnen über die neue Position, die für Sie eine große Auszeichnung darstellt. Für den bevorstehenden Umzug und für die vielen Herausforderungen am neuen Arbeitsplatz wünschen wir alle Ihnen von Herzen alles Gute und viel Erfolg.

2 1E 2D 3G 4F 5H 6C 7A 8B

20 STELLENANGEBOTE UND BEWERBUNGEN

1 **1.** Leitung **2.** Kunden **3.** übernächsten **4.** Engagement **5.** Ausbildung **6.** Berufserfahrung **7.** Mitarbeitende **8.** Verständnis **9.** selbstständiger
2 Richtige Reihenfolge:
1 - 3 - 12 - 2 - 8 - 5 - 9 - 4 - 7 - 11 - 10 - 6

22 BEWERBUNGEN BEANTWORTEN

1 **1.** Schreiben **2.** positiven **3.** engere Wahl **4.** Unterlagen **5.** Spezialkenntnisse **6.** beruflichen Bemühungen **7.** erhalten … zurück

2 Sehr geehrte Frau ...,
vielen Dank für Ihre Bewerbung.
Unter den zahlreichen Bewerbungen ist uns Ihre Mappe positiv aufgefallen. Um Sie persönlich kennen zu lernen, kommen Sie bitte am Mittwoch, den 17. November um 14.00 Uhr in unsere Geschäftsstelle nach Echterdingen, in die Wilhelmstr. 67.
Sollten Sie zu diesem Termin verhindert sein, informieren Sie uns bitte, damit wir einen anderen Termin finden können.
Anbei übersenden wir Ihnen eine Wegbeschreibung.
Mit freundlichen Grüßen

23 PERSÖNLICHE SCHREIBEN AN BEHÖRDEN

1 **1.** introduzieren **2.** absagen **3.** austeilen **4.** entsteht **5.** erlassen **6.** hinnehmen **7.** fordern **8.** erfüllen

2 Sehr geehrte Damen und Herren,
als kanadische Staatsbürgerin besitze ich einen Führerschein des Staates Manitoba. Da ich seit 3 Monaten in Deutschland lebe, benötige ich eine deutsche Fahrerlaubnis. Allerdings weiß ich nichts über die Vorgehensweise in diesem Fall. Bitte teilen Sie mir mit, welche Schritte ich zu unternehmen habe, um in Deutschland ein Fahrzeug führen zu können.
Mit freundlichen Grüßen

24 VERSICHERUNGEN

1 1D 2E 3B 4C 5F 6A

2 Sehr geehrte Damen und Herren,
ich bin bei Ihrem Unternehmen mit dem Tarif PKV privat krankenversichert.
Zur Vorlage beim Arbeitgeber benötige ich nun eine Bescheinigung über die Höhe der monatlichen Versicherungsprämie und über die Leistungen im Krankheits- und im Pflegefall.
Bitte senden Sie mir eine solche Bescheinigung zu.
Mit freundlichen Grüßen

25 SCHREIBEN AN VERMIETER*INNEN

1 **1.** ankündigen **2.** Zugang **3.** ermöglichen **4.** außer **5.** Absprache **6.** überlassen **7.** erforderlich **8.** einvernehmliche

2 Liebe Nachbarn,
Sie wissen, dass unsere Hausverwaltung beabsichtigt, weitere Mülltonnen für die Hausgemeinschaft anzuschaffen. Die sehr hohen Müllgebühren werden unsere Nebenkosten aber weiter in die Höhe treiben.
Ich glaube, dass wir dies vermeiden können, wenn wir alle darauf achten, dass der Müll, insbesondere große Kartons, zerkleinert und in die Altpapier-Container entsorgt wird. Auch für Glasflaschen gibt es eigene Behälter. Daher müssen unsere Mülltonnen nicht unbedingt schon wieder 3 Tage nach der Leerung überlaufen, und wir alle können so Geld sparen.
In Ihrem eigenen und in unser aller Interesse möchte ich Sie daher dringend bitten, Müllprobleme in Zukunft zu vermeiden.
Vielen Dank für Ihr Verständnis.

26 TELEFONIEREN

1 1G 2E 3D 4B 5F 6C 7A

2 Passende Antworten:
1A 2A 3B 4B 5B 6A 7B

3 Richtige Reihenfolge:  17
9 - 5 - 10 - 2 - 8 - 4 - 6 - 7 - 3 - 1
9. Pohl & Rüttler, Schmidt, Guten Tag.
5. Hallo, mein Name ist Alex Brenner von der Firma Gruber. Wir hätten gern ein Angebot über 20.000 Kugelschreiber mit Werbeaufdruck.
10. Tut mit leid, Herr Brenner, ich verstehe nicht ganz. Ich glaube, Sie sind falsch verbunden.
2. Bin ich denn da nicht bei Pohl Werbeartikel in Pforzheim?
8. Nein, hier ist die Firma Pohl & Rüttler. Wir sind zwar in Pforzheim, aber wir sind eine Autolackiererei, Kugelschreiber stellen wir leider nicht her.

4. Das ist aber komisch, denn ich habe die Nummer aus dem Telefonbuch, und da sind Sie unter Pohl der einzige Firmeneintrag.
6. Ja das mag sein, aber ich kann Ihnen da wirklich nicht weiterhelfen. Versuchen Sie es doch mal im Branchenbuch - oder vielleicht im Internet.
7. Ja, das wäre vielleicht noch eine Möglichkeit. Vielen Dank und entschuldigen Sie bitte die Störung.
3. Bitte sehr, kein Problem. Auf Wiederhören.
1. Auf Wiederhören.

4 Richtige Reihenfolge:  **18**

5 - 14 - 13 - 1 - 3 - 4 - 10 - 12 - 11 - 7 - 15 - 8 - 9 - 6 - 2

5. Firma Gambsheim, Scheunemann, guten Morgen.
14. Schönen guten Morgen. Hier ist Gabriel Kummer von MegaConsult. Ihren Namen habe ich jetzt nicht richtig verstanden, könnten Sie mir den noch mal sagen?
13. Scheunemann.
1. Ah ja, vielen Dank, Frau Scheunemann. Ich hätte gern in Ihrer Firma jemanden gesprochen, der für das Marketing und die Werbung zuständig ist.
3. Das macht unser Chef, Herr Gambsheim junior. Worum geht es denn genau?
4. Es geht um den Eintrag in unserem Internet-Firmenverzeichnis. Da wollte ich mit ihm die Daten abgleichen für die Verlängerung des Eintrags um ein weiteres Jahr.
10. Mir ist da leider nichts bekannt. Haben wir denn schon einen Vertrag mit Ihnen?
12. Nun, das würde ich ja gern mit Ihrem Chef besprechen. Wann ist er denn zu erreichen?
11. Das Beste ist, Sie schicken uns per Fax oder E-Mail ein paar Informationen über Ihr Verzeichnis. Dann wird Herr Gambsheim Sie zurückrufen.
7. Ich würde das lieber direkt mit ihm besprechen.
15. Tut mir leid, das geht jetzt wirklich nicht, er ist in einer Besprechung. Aber wenn Sie uns etwas zuschicken, dann meldet er sich bestimmt. Haben Sie unsere Adresse?
8. Ja, das habe ich alles vorliegen. Ich schicke Ihnen dann unser Infopaket zu, und ich würde mich freuen, wenn Herr Gambsheim sich bei mir melden könnte.
9. Ja, in Ordnung, vielen Dank für Ihren Anruf.
6. Ich danke für das Gespräch, Frau Scheunemann. Auf Wiederhören.
2. Auf Wiederhören, Herr Kummer.

5 **19**

Ercan: Akurat Reinigung, mein Name ist Ercan, guten Tag.

Steinle: Steinle, Werbeagentur Reich & Schön, guten Tag. Ich möchte einen Termin **1** *vereinbaren* für eine Fensterreinigung in unseren Büroräumen, **2** *diese Woche* noch, wenn es geht.

Ercan: Ja gern. Sagen Sie mir mal die Adresse?

Steinle: Konstanzer Allee 14.

Ercan: Danke! Ah ja, ich hab's in unserem System gefunden! Firma Reich & Schön. Büroreinigung täglich, Fensterreinigung vierteljährlich nach Terminvereinbarung. Wann würde es **3** *Ihnen denn passen* für die Fensterreinigung? Direkt morgens oder **4** *im Laufe des Tages*?

Steinle: **5** *Ginge* es auch am späten Nachmittag, so nach Büroschluss?

Ercan: Also das Späteste wäre am Donnerstag um 15.30 Uhr. Die späten Termine sind immer schnell **6** *ausgebucht*.

Steinle: Ja, das verstehe ich. Also dann Donnerstag - nein halt! Das geht nicht, da haben wir noch einen Besucher. Haben Sie sonst nichts mehr in dieser Woche?

Ercan: Leider nicht mehr am Nachmittag. Es ist ja gerade Hochsaison. **7** *Es sei denn*, Sie könnten schon um 13 Uhr, da hätte ich den Mittwoch und auch den Freitag.

Steinle: Nein, das wäre **8** *ungünstig*.

Ercan: Ich könnte Ihnen noch den Samstag **9** *anbieten*.

Steinle: Ach, Sie arbeiten auch samstags?

Ercan: Nicht **10** *regelmäßig*, aber ausnahmsweise bei dem starken Andrang im Moment.

Jetzt im Frühjahr wollen alle eben wieder schöne Fenster haben. Gerade bei diesem schönen Wetter. Aber nächste Woch soll es ja wieder regnen. Soll ich Sie denn für den Samstag eintragen? Da hätte ich noch **11** *eine Lücke* um halb 3, um halb 4 und um halb 5. Das wäre der letzte Termin am Samstag, dann machen wir Schluss.

Steinle: Ja gut, dann so spät es geht, also nehme ich **12** *den letzten*, das passt uns gut. Ich werde dafür sorgen, dass die Fenster **13** *freigeräumt* sind, und ich werde selber auch da sein.

Ercan: In Ordnung, Frau Steinle, ich hab's **14** notiert. Bis Samstag dann.

Steinle: Ja vielen Dank!

Ercan: Ich danke auch, schönen Tag noch.

Steinle: Gleichfalls, auf Wiederhören.

6 ⓵ **20**

Daniel: Herzlich willkommen bei der Firma „Klaus Direkt". Mein Name ist Daniel, was kann ich für Sie tun?

Sonia: Guten Tag, mein Name ist Sonia Marmouz von der Firma Reich & Schön in Stuttgart. Ich möchte was bestellen.

Daniel: Sehr gern. Sind Sie *denn* schon Kunde bei uns?

Sonia: Ja. Soll ich Ihnen die Kundennummer geben?

Daniel: Ja bitte.

Sonia: Einen Moment bitte .... wo hatte ich *bloß* den Zettel mit der Nummer? .... Ach ja, hier ist er *doch*! Also, das ist die Eins-Null-Vier ... und dann zweiundneunzig, achtundvierzig, zwölf.

Daniel: Danke! Einen Moment bitte. ... Ja, das ist Firma Reich & Schön in Stuttgart, Frau Irmgard Steinle?

Sonia: Frau Steinle ist nicht im Haus, ich bin die Praktikantin. Ich bestelle im Auftrag von Frau Steinle.

Daniel: Ah verstehe, natürlich. Zum Abgleich hätte ich gerne *mal* die Straße und die Postleitzahl.

Sonia: Ja, das ist Konstanzer Allee 14 in 70258 Stuttgart.

Daniel: Vielen Dank! Und was darf ich notieren?

Sonia: Wir benötigen Aktenordner, die breiten.

Daniel: Hätten Sie vielleicht die Bestellnummer aus dem Katalog?

Sonia: Nein leider nicht. Wir hätten *halt** gern die günstigsten.

Daniel: Sie meinen *wohl* die „Klaus-Direkt Standardordner", 80 mm Breite zu 99 Cent das Stück, oder?

Sonia: Das ist ja echt günstig! Dann nehme ich gleich 18 Stück.

Daniel: Die sind allerdings immer im 10er-Pack.

Sonia: Ja gut, dann nehme ich *eben*** 20. Das wäre alles.

Daniel: Vielen Dank! Habe ich notiert. Die Ware geht heute noch aus unserem Lager, dürfte also morgen bei Ihnen sein. Einen schönen Tag noch!

Sonia: Danke, Ihnen auch, auf Wiederhören.

* Statt *halt* wäre hier auch *eben* möglich.

** Statt *eben* wäre hier auch *halt* möglich.

Nützliche Wendungen

Briefanfang

Den Empfang bestätigen, sich auf einen vorausgegangenen Kontakt beziehen

Wir danken für Ihr Schreiben vom ...

Vielen Dank für Ihre Nachricht vom ...

Sie haben uns wissen lassen, dass ...

Wir bestätigen Ihnen (hiermit) ...

Gerne bestätigen wir Ihnen ...

Wie telefonisch besprochen, ...

Wie abgesprochen ...

Wie in unserem Brief vom ... erwähnt, ...

Wir nehmen Bezug auf Ihr Schreiben vom ... und teilen Ihnen mit, ...

Informieren, ankündigen

Wir freuen uns, Ihnen mitteilen zu können, dass ...

Wir möchten Sie davon in Kenntnis setzen, dass ...

Es wird Sie interessieren, dass ...

Wir möchten Sie gerne darauf hinweisen, dass ...

Auf Anlagen hinweisen

In der Anlage erhalten Sie ...

Anbei finden Sie ...

Wir fügen ... bei.

Wir schicken ... mit getrennter Post.

Wir freuen uns, Ihnen ... vorzulegen / zu unterbreiten.

Ablehnen, ein Angebot zurückweisen

Es tut uns leid, Ihnen mitteilen zu müssen, dass ...

Es tut uns leid, Sie davon in Kenntnis zu setzen, dass ...

Leider können wir auf Ihr Angebot / Ihre Bitte nicht eingehen.

Sehr zu meinem Bedauern ...

Ich kann nur bedauern, dass ...

Wir sind nicht in der Lage, ... anzunehmen.

Es ist mir nicht möglich, ...

Unter den beschriebenen Umständen kann ich Ihnen leider nur eine Absage erteilen.

Anfragen

Eine Bitte formulieren

Ich wäre Ihnen dankbar, wenn Sie ... könnten.

Wir wären (sehr) dankbar für ...

Wären Sie so freundlich, ... ?

Ich wäre Ihnen sehr verbunden, wenn Sie ...

Wäre es Ihnen möglich, ... zu ... ?

Würden Sie bitte ... ?

Wir möchten ...

Informationen einholen

Könnten Sie uns mitteilen, ob ... ?

Wir wüssten gern, ob ... oder ...

Könnten Sie mir sagen, ob ... ?

Bitte schicken Sie mir ...

Könnten Sie mir freundlicherweise ... zuschicken?

Bitte machen Sie mir genauere Angaben zu ...

Um eine Antwort oder Bestätigung bitten

Bitte antworten Sie ...
... umgehend.
... postwendend.

Bitte lassen Sie es uns schnellstmöglich wissen.

Schicken Sie Ihre Antwort bitte an ...

Setzen Sie sich bitte mit ... in Verbindung.

Bitte bestätigen Sie ...

Für eine rasche Bestätigung wären wir Ihnen sehr dankbar.

Vorschläge, Angebote, Einladungen

Vorschlagen

Darf ich vorschlagen, ... ?

Ich würde vorschlagen, ...

Sie könnten ...

Ich schlage vor, dass ...

Was meinen Sie zu ... ?

Es wäre sinnvoll, ...

Ein Angebot machen

Wir bieten (Ihnen) ... (an).
Wir können Ihnen ... anbieten.
Wir würden sehr gern ...
Was halten Sie von folgendem Vorschlag: ...

Einladen

Ich möchte Sie zu ... einladen.
Wir würden uns sehr freuen, wenn Sie zu / für ... zu uns kämen.
Ich wäre sehr erfreut, Sie bei uns begrüßen zu dürfen.

Reklamationen

Reklamieren

Wir mussten leider feststellen, dass ...
Leider müssen wir Ihnen mitteilen, dass ...
Leider muss ich mich über ... beschweren.
Bei ... stellten wir erhebliche Mängel fest.
... entsprechen nicht Ihrem Angebot.
Bitte bringen Sie in Erfahrung, warum ... noch nicht erfolgt ist.
Wir bitten um eine Überprüfung / Erklärung ...

Auf ein Problem aufmerksam machen

Wir möchten Sie darauf hinweisen, dass ...
Es / Da muss ein Fehler vorliegen.

Gewissheit, Vermutung, Zweifel

Gewissheit zum Ausdruck bringen

Es ist klar, dass ...
Wir sind sicher, dass ...
Es besteht kein Zweifel, dass ...
Wir sind (davon) überzeugt, dass ...
Wir werden (es) nicht versäumen, zu ...
Ich gehe davon aus, dass ...

Vermutungen anstellen

Es ist sehr wahrscheinlich, dass ...

Es hat den Anschein, dass ...

Alles scheint darauf hinzuweisen, dass ...

Sollte dies unpassend / ungelegen sein, ...

Sollten Sie nicht verfügbar sein, ...

Sollte dies nicht mit ... übereinstimmen, ...

Zweifel und Befürchtungen zum Ausdruck bringen

Leider ...

Ich fürchte, dass ...

Wir bezweifeln, dass ...

Wir sind sehr besorgt, dass dies auch wirklich gewährleistet ist.

Es könnte eine Verzögerung eintreten.

Sich entschuldigen

Wir entschuldigen uns für ...

Wir bitten Sie ganz herzlich, uns für ... zu entschuldigen.

Wir müssen uns für ... entschuldigen.

Bitte entschuldigen Sie ...

Wir können Sie nur bitten, unsere Entschuldigung anzunehmen.

Es tut uns leid zu erfahren, dass ...

Sich bedanken

formell:

Ich möchte mich aufrichtig für ... bedanken.

Es war sehr freundlich von Ihnen, ... zu ...

Wir möchten Ihnen für ... danken.

Wir bedanken uns ganz herzlich für ...

Wir möchten unserer Dankbarkeit / unserem aufrichtigen Dank für ... Ausdruck geben.

informell:

Wir danken für ...
Danke für ...
Vielen Dank für ...
Besten Dank für ...

Briefschluss

Wir möchten uns nochmals für Ihre Hilfe bedanken.
Mit bestem Dank im Voraus.
Wir freuen uns darauf, ... zu bekommen.
Wir freuen uns auf eine baldige Antwort.
Bei etwaigen Rückfragen stehen wir Ihnen gerne jederzeit zur Verfügung.
Es würde uns freuen, Sie recht bald bei uns begrüßen zu dürfen. In der Zwischenzeit stehen wir Ihnen gerne für weitere Beratungen und Informationen zur Verfügung.

Geläufige Abkürzungen

A	Österreich
a. a. O.	am angeführten / angegebenen Ort
Abb.	Abbildung
Abs.	Absender Absatz
AG	Aktiengesellschaft Arbeitsgemeinschaft
AGB	Allgemeine Geschäftsbedingungen
allg.	allgemein
Az., AZ	Aktenzeichen
Bd.	Band (Buch)
bes.	besonders
Betr.	Betreff
BGB	Bürgerliches Gesetzbuch
BLZ	Bankleitzahl
b. w.	bitte wenden
bzgl.	bezüglich
bzw.	beziehungsweise
ca.	circa
cc	cum copia, carbon copy, Kopie an
CH	Confoederatio Helvetica, Schweiz
Ct.	Cent
D	Deutschland
d. h.	das heißt
DIN	Deutsche Industrie-Norm
Dipl.	Diplom
d. J.	dieses Jahres
d. M.	diesen Monats
Dr.	Doktor
€	Euro
(E)DV	(Elektronische) Datenverarbeitung
etc.	et cetera
EU	Europäische Union
ev.	evangelisch
e. V.	eingetragener Verein

evtl.	eventuell
Fa.	Firma
Fam.	Familie
ff.	und folgende Seiten
FH	Fachhochschule
Fr.	Frau
GBR	Gesellschaft bürgerlichen Rechts
Ges.	Gesellschaft
gez.	gezeichnet
ggf.	gegebenenfalls
GmbH	Gesellschaft mit beschränkter Haftung
Hbf.	Hauptbahnhof
HGB	Handelsgesetzbuch
Hr(n).	Herr(n)
i. A.	im Auftrag
IHK	Industrie- und Handelskammer
incl., inkl.	inklusive
ISO	Internationale Standardization Organization
i. V.	in Vertretung
jd, jmd.	jemand
kath.	katholisch
Kfz	Kraftfahrzeug
KG	Kommanditgesellschaft
Kto.	Konto
lt.	laut
m. E.	meines Erachtens
Mio.	Million
Mrd.	Milliarde
MwSt.	Mehrwertsteuer
Nr.	Nummer
o. a.	oben angegeben
o. Ä.	oder Ähnliche(s)
PC	Personalcomputer
PLZ	Postleitzahl
ppa., pp.	per procura

PS	Postskriptum Pferdestärke
S.	Seite
s. (a.)	siehe (auch)
SFr., sfr	Schweizer Franken
SMS	Short Message Service, Kurznachrichtendienst
s. o.	siehe oben
sog.	so genannte(r, -s)
Str.	Straße
s. u.	siehe unten
Tel.	Telefon
u. a.	unter anderem und andere
u. A. w. g.	um Antwort wird gebeten
usw.	und so weiter
u. U.	unter Umständen
vgl.	vergleich(e)
z. B.	zum Beispiel
z. H., z. Hd.	zu Händen
z. K.	zur Kenntnis
z. T.	zum Teil
zzgl.	zuzüglich
zzt.	zurzeit

Besonderheiten in Österreich und in der Schweiz

Nicht alles im deutschen Sprachraum ist einheitlich und überall gültig. Österreich und die deutschsprachige Schweiz haben einige besondere Ausdrucksweisen und Wörter, die im übrigen Sprachraum unbekannt sind oder anders klingen. In Österreich haben sich einige eher traditionelle Ausdrücke gehalten, während in der Schweiz gelegentlich die Nähe zu den romanischen Landessprachen für gewisse Sonderformen sorgt.
Weitere Informationen zur unterschiedlichen Briefform finden Sie auch in den **Allgemeinen Regeln** (siehe S. 10 – 14).

Hier einige Beispiele:

Ausdruck in Österreich *(A)* **und / oder der Schweiz** *(CH)*	**entsprechender Ausdruck in Deutschland**
die Abfertigung, -en *(A)*	die Zahlung bei Auflösung von (Dienst-)Verträgen
die Absenz, -en *(CH)*	die Abwesenheit
à jour sein *(A, CH)*	auf dem Laufenden sein
das Akonto, Akonti *(A, CH)*	die Anzahlung
aliquot *(A)*	anteilig
die Aufenthaltsbewilligung, -en *(A, CH)*	die Aufenthaltserlaubnis
aufscheinen *(A)*	erscheinen
die Ausfolgung, -en *(A)*	die Übergabe (von Waren etc.)
die Auslage, -n *(A, CH)*	das Schaufenster
avisieren *(A, CH)*	ankündigen
die Beilage, -n *(A, CH)*	die Anlage
Betreibung einleiten *(CH)*	Vollstreckung einleiten
das Dienstzeugnis, -se *(A)*	das Arbeitszeugnis
die Direktwahl *(CH)*	die Durchwahl
die Drucksorte, -n *(A)*	das Formular, der Vordruck
der Erlagschein, -e *(A)*	der Einzahlungsschein, die Zahlkarte
die Exekution, -en *(A)*	die Pfändung
der Expressbrief, -e *(A, CH)*	der Eilbrief, der Expressbrief
das Ferialpraktikum, -praktika *(A)*	die Ferienarbeit
die Filiale, -n *(A, CH)*	die Zweigstelle, die Filiale
das Firmenbuch, -bücher *(A)*	das Handelsregister
der Frächter, - *(A)*	der Spediteur
die Frühpension, -en *(A, CH)*	die vorzeitige Altersrente
heuer *(A, CH)*	dieses Jahr, in diesem Jahr

innert *(CH)*	innerhalb
das Inserat, -e *(A, CH)*	die Annonce, das Inserat
die Insolvenz, -en *(A, CH)*	die Zahlungsunfähigkeit, die Insolvenz
der Jänner *(A)*	der Januar
der Karenzurlaub *(A)*	der Erziehungsurlaub
der Lehrling, -e *(A, CH)*	der Auszubildende, der Lehrling
die Matura *(A, CH)*	das Abitur
die Maturität *(CH)*	das Abitur, die Hochschulreife
die Nächtigung, -en *(A)*	die Übernachtung
die Okkasion, -en *(A)*	der Gelegenheitskauf
der Parteienverkehr *(A)*	die Sprechstunden in Ämtern
die Pauschale, -n *(A, CH)*	der Gesamtbetrag
die Pension, -en *(A, CH)*	die Rente
die Polizze, -n *(A)*	die Police
die Pönale, -n *(A)*	die Strafgebühr (bei Terminverzug)
die Pragmatisierung, -en *(A)*	die Verbeamtung
die Realkanzlei, -en *(A)*	das Immobilien-Maklerbüro
der Rekurs gegen einen Entscheid *(CH)*	der Widerspruch gegen einen Bescheid
die Remuneration, -en *(A)*	die Vergütung, die Entschädigung
die Repräsentationsspesen *(A)*	die Geschäftsanbahnungskosten
die Rückvergütung, -en *(A, CH)*	die Kostenerstattung, die Rückvergütung
das Salär, -e *(CH)*	das Gehalt, das Honorar
der Servicetechniker, - *(A, CH)*	der Wartungsingenieur, der Servicetechniker
urgieren *(A)*	anmahnen
die Vakanz, -en *(A, CH)*	die freie Stelle
verabsäumen *(A)*	versäumen
vergebühren *(A)*	(amtliche) Gebühren erheben
der Versicherungsausweis, -e *(CH)*	der Versicherungsschein
das Zirkular, -e *(A, CH)*	das Rundschreiben
zuwarten *(A)*	abwarten

Fachwortschatzliste

Die folgenden Übersetzungen beziehen sich auf die Briefe und E-Mails, die Telefondialoge sowie die Textbausteine in diesem Buch. Die Vokabeln haben teilweise auch andere Bedeutungen, die Sie in den gängigen Wörterbüchern oder unter www.pons.de finden werden. Auf der Seite **www.pons.de/buerokommunikation-deutsch** können Sie sich die Liste der deutschen Begriffe auch mit der Übersetzung ins **Arabische** und ins **Türkische** herunterladen.

Deutsch	Englisch	Französisch	Spanisch	Russisch
A				
die Abbuchung, -en	direct debit	le prélèvement	adeudo	списание со счёта
abholbereit	ready for collection	prêt à emporter	listo para recoger	готовый к отправке
abholen	to fetch	aller chercher; venir chercher	recoger	встретить (кого-л. на аэродроме)
das Abkommen, -	agreement	l'accord	acuerdo, convenio	соглашение, договор
die Abkürzung, -en	abbreviation	l'abréviation	abreviatura	сокращение, аббревиатура
der Ablauf	*(of a deadline)* end	*(d'un délai)* l'expiration	*(de un plazo)* vencimiento, expiración	истечение, окончание (срока)
ablegen	*(data file)* to save	*(fichier)* sauvegarder	*(fichero)* archivar	сохранить (файл)
ablehnen	to turn down, refuse	refuser, décliner	rechazar, rehusar	отклонить; отказать
die Abnahme, -n	purchase	l'achat; la réception	compra	закупка (партии товара)
die Abnahmemenge, -n	amount (to be) purchased	la quantité achetée	cantidad de compra	объём закупки
die Abrechnung, -en	bill, invoice	les comptes; la facture détaillée	cuenta	расчёт
die Abreise, -n	departure	le départ	salida, partida	отъезд
abrufen	to call up, download	*(courrier électronique)* consulter	*(e-mail)* pedir	востребовать (электронное послание)

die Absage, -n	*(of appointment)* cancellation	le contrordre, l'annulation	*(rechazo)* (respuesta) negativa; *(de una cita)* cancelación	отказ
eine Absage erteilen	to reject sb / sth	donner une réponse négative	dar una negativa	отказать, заявить об отказе
absagen	to cancel	annuler	anular, cancelar	отказать; отменить
der Abschluss, Abschlüsse	*(of negotiation)* conclusion; *(school, college)* leaving certificate	*(d'un contrat)* la conclusion; *(d'études)* le diplôme	*(de un contrato)* cierre; *(examen)* diploma, título	окончание; образование, специальность; заключение (сделки)
zum Abschluss kommen	*(negotiations)* to come to a conclusion	*(négociations)* être conclu	*(negociaciones)* concluir(se), terminar	завершиться (о пререговорах)
der Absender, –	sender	l'expéditeur	remite, remitente	отправитель; адрес отправителя
in Absprache mit	in consultation with	en accord avec	de acuerdo con	в порядке договорённости с
abstellen	to deal with, remove	*(défaut)* remédier à	*(defecto)* reparar, remediar	устранять (недостатки)
abwälzen auf	*(costs)* to pass on	*(coûts)* répercuter sur	*(gastos)* cargar a	перекладывать на кого-л. (издержки)
der Abzug, Abzüge	deduction	la déduction	deducción, retención	вычет; скидка
abzüglich	excluding	déduction faite de	descontando	за вычетом
adäquat	suitable	convenable	adecuado	приемлемый
die Agentur, -en	agency	l'agence	agencia	агентство
die Agenturprovision, -en	agent's fee	la commission de l'agence	comisión de la agencia	комиссионное вознаграждение (за посреднические услуги)
das Aktenzeichen, –	reference	le numéro de dossier	referencia	шифр документа
die Alternative, -n	alternative	l'alternative	alternativa	альтернатива
amtlich	official	officiel	oficial	официальный
anbieten	to offer	offrir, proposer	ofrecer, proponer	предложить
der Anbieter, –	vendor; provider	*(d'une marchandise; d'accès)* le fournisseur; *(d'un service)* le prestataire	vendedor; *(informática)* proveedor, suministrador	оферент, продавец

Deutsch	Englisch	Französisch	Spanisch	Russisch
die Anfahrtsskizze, -n	route map	le croquis d'accès	plano de situación / ubicación	схема пути
anfallen: es fallen keine Kosten an	no costs will arise	il n'y a pas de frais	no se producen gastos	это не влечёт расходов
die anfallenden Arbeiten	any jobs that (may) arise	les travaux à faire	los trabajos acumulados	поступающие работы
anfordern	to request, ask for	demander	pedir	затребовать, запросить
die Anfrage, -n	enquiry; *Am* inquiry	la demande (d'offre(s), de renseignements)	solicitud de información	запрос
die Angabe, -n	detail(s)	l'indication	indicación, dato	указание, обозначение; сведение
angeben	to give, enter	indiquer, mentionner	indicar, especificar	указать, сообщить
das Angebot, -e	offer	l'offre, la proposition	oferta	предложение; ассортимент
die Angelegenheit, -en	matter	l'affaire	asunto	дело, вопрос
angemessen	appropriate	convenable	adecuado	уместный, приемлемый
angesichts	in view of	face à	ante, al ver	ввиду
angestellt	employed	employé	contratado	состоящий на службе
fest angestellt sein	to have full employee status	avoir un contrat à durée indéterminée	estar en plantilla	состоять в штате
ankündigen	to announce	annoncer	anunciar	объявить; известить
die Anlage, -n	enclosure	l'annexe, la pièce jointe	anejo, anexo	приложение
der Anlass, Anlässe	reason, occasion	l'occasion; le motif, la raison	motivo; ocasión	повод, основание; причина
anlässlich	on the occasion of	à l'occasion de	con motivo de	по случаю
die Anmeldung, -en	registration	l'inscription; *(d'une voiture)* l'immatriculation	*(coche)* matriculación; *(informática)* inicio (de una sesión)	регистрация
die Anmerkung, -en	note	le commentaire	observación	примечание
die Annonce, -n	written advertisement	l'annonce	anuncio	объявление, реклама

die Anrede, -n	form of address, salutation	l’appel	*(de una carta)* encabezamiento; (de cortesía) tratamiento	обращение
der Anrufbeantworter, -	answering machine	le répondeur (automatique)	el contestador automático	автоответчик
anrufen	to call, ring (up)	appeler, téléphoner (à)	llamar	звонить, позвонить
der Anrufer, –	caller	le correspondant	persona que hace una llamada telefónica	звонящий / позвонивший по телефону
anschaffen	to procure	acheter	comprar, adquirir	приобрести
anschließend	subsequent, ensuing	qui suit	a continuación, (inmediatamente) después	последующий
das Anschreiben, -	letter	le courrier	carta	письменное заявление
die Anschrift, -en	address	l’adresse	dirección, señas	адрес
ansprechen	to mention; *(be attractive)* to appeal to, like	aborder; plaire	*(tema)* abordar; *(persona)* hablar; *(agradar)* gustar	обратиться (к теме); обратиться (к кому-л.)
ansprechend	attractive	attrayant	atractivo	привлекательный, приятный
der Ansprechpartner, –	partner, person to talk to	l’interlocuteur	persona de contacto	контактное лицо
der Anspruch, Ansprüche	right	le droit (à qc)	derecho	притязание; право
in Anspruch nehmen	*(time)* to take up; *(services, room in hotel)* to use	*(temps)* prendre; *(services)* recourir à; *(chambre)* profiter de	*(tiempo)* exigir; *(servicios, habitación)* valerse de, hacer uso de	воспользоваться (чьими-л. услугами, комнатой); занимать (чьё-л. время)
anspruchsvoll	demanding	exigeant	exigente	требующий особых знаний или умений, непростой
die Anstrengung, -en	effort	l’effort	esfuerzo	усилие
der Antrag, Anträge	claim	la demande	solicitud	ходатайство, заявление; предложение
anwenderfreundlich	user-friendly	convivial	fácil de usar	удобный в применении
die Anwendung, -en	usage	l’application	uso, aplicación	применение, использование
die Anwesenheit	presence	la présence	presencia	присутствие

Deutsch	Englisch	Französisch	Spanisch	Russisch
die Anzahlung, -en	down-payment	l'acompte, les arrhes	señal, paga y señal, depósito	задаток; первый взнос
die Anzeige, -n	ad, advertisement	l'annonce	anuncio	объявление (в газете); уведомление
eine Anzeige schalten	to submit an ad	mettre une annonce	poner un anuncio	поместить объявление
der Arbeitgeber, –	employer	l'employeur	empresario, patrón	работодатель
die Arbeitserlaubnis, -se	work permit	l'autorisation de travail; la carte de travail	permiso de trabajo	разрешение на работу
das Arbeitszeugnis, -se	testimonial	le certificat de travail	certificado de trabajo	справка с (последнего) места работы
das Attachment, -s	attachment	l'attachement	attachment, fichero adjunto	приложение (к электронному письму)
der Aufenthalt, -e	stay	le séjour	estancia, permanencia	пребывание; проживание
die Aufenthaltserlaubnis, -se	residency permit	le permis de séjour; la carte de séjour	permiso de residencia	вид на жительство
das Aufgabengebiet, -e	area of work	le ressort	área de actividades, ámbito de funciones	круг задач, компетенция
aufgeben	*(order)* to submit	*(commande)* passer	*(pedido)* hacer, pasar	выдать (заказ)
aufgreifen	*(suggestion)* to take up	*(proposition)* saisir	*(propuesta)* aceptar	поддержать (предложение)
aufgrund, auf Grund	because (of)	par suite de, en raison de	a causa de	из-за
die Auflage, -n	condition	la condition	condición	условие, ограничение
auflegen	to hang up	raccrocher	colgar	положить трубку
die Aufmerksamkeit	attention	l'attention	atención	внимание
jds Aufmerksamkeit erregen	to attract sb's attention	attirer l'attention de qn	llamar la atención de alguien	привлечь чьё-л. внимание
aufschieben	to postpone	remettre	aplazar	отложить, отсрочить
die Aufstellung, -en	list, summary; *(of furniture, etc.)* putting up	*(relevé)* la liste; *(de meubles)* l'installation	*(lista)* relación; *(montaje)* instalación	установка, сборка (мебели); составление (списка); перечень; смета

der Auftrag, Aufträge	order	l'ordre	pedido, encargo, orden	поручение, задание; заказ
der Auftraggeber, -	buyer, contractor	le mandant, le client	cliente; comitente	заказчик
die Auftragsbestätigung, -en	confirmation of order	la confirmation de commande	confirmación del pedido	подтверждение (получения) заказа
der Auftragseingang	receipt of order	l'entrée de commandes	entrada de pedidos	поступление заказа
die Auftragslage, -n	order situation	l'état des carnets de commandes	situación de pedidos	ситуация в отношении заказов
der Aufwand	expenditure	l'investissement; la dépense	gastos	затраты, издержки
die Aufwandspauschale, -n	fixed expenditure costs	les dépenses forfaitaires	importe global de gastos	общая сумма издержек
in doppelter Ausfertigung	in duplicate	en double exemplaire	por duplicado	в двух экземплярах
die Ausgabe, -n	*(of magazine)* edition	*(d'un magazine)* l'édition	*(de una revista)* número	издание
die Ausgangskontrolle, -n	final quality control	le contrôle des envois	control de salidas	контроль за исходящей документацией
ausgebucht	booked out	complet	completo	без свободных мест
ausgeschlossen: alle Ansprü-che sind ausgeschlossen	no claims will be considered	toute réclamation est exclue	se excluye toda reclamación, no se admite ninguna recla-mación	любые претензии исключены
es ist ausgeschlossen, dass wir …	we cannot…	il est hors de question que nous …	se descarta la posibilidad de …	исключено, что мы
ausgestattet mit	equipped with	équipé de	provisto de, dotado con / de	оснащённый, оборудованный чем-л.
der Ausgleich	*(of bill)* payment, settlement	*(d'une facture)* le règlement	*(de una factura)* pago, liquidación	оплата (счёта), уплата (по счёту)
ausgleichen	*(account)* to balance	*(compte)* solder	*(cuenta)* saldar, liquidar	уравнять, покрыть (счёт)
aushandeln	to negotiate	négocier	negociar	добиться
die Auslage, -n *(meist Plural)*	expense(s)	les frais	gastos, desembolso	накладные расходы

Deutsch	Englisch	Französisch	Spanisch	Russisch
die Auslandskrankenversicherung, -en	health insurance abroad	l'assurance-maladie pour l'étranger	seguro de enfermedad en el extranjero	страхование на случай болезни во время пребывания за рубежом
die Auslieferung	dispatch	la livraison	entrega	доставка (товара)
ausrichten	to give someone a message	transmettre (un message) à qn	dejar un mensaje	передать что-нибудь
die aussagefähige Bewerbung	comprehensive application	la candidature expressive	la solicitud / candidatura expresiva	заявление о приёме на работу, содержащее необходимые данные
ausschreiben	*(job)* to advertise	*(poste)* mettre au concours	*(empleo)* sacar a concurso	объявить (вакансию)
der Außendienstmitarbeiter, -	(travelling) sales representative	le représentant de commerce	colaborador en el servicio exterior, comercial	коммивояжёр
außer Haus sein	to be out (of the office)	être absent, être à l'extérieur	no se encuentra	быть где-то в другом месте, кого-нибуть нет
äußern	to express	*(avis, désir)* exprimer; *(critique, doute)* émettre	expresar	выразить, высказать
außerordentlich	extraordinary	exceptionnel	extraordinario; sumamente, mucho	чрезвычайно, исключительно
das außerordentliche Kündigungsrecht	extraordinary right of cancellation	le droit au licenciement exceptionnel	el derecho de rescisión extraordinario	чрезвычайное право расторжения договора
der ausstehende Betrag	the outstanding amount	l'encours	el importe pendiente (de pago)	(ещё) не поступившая сумма
die Ausübung	practice	l'exercice	ejercicio	занятие (какой-л. деятельностью)
ausverkauft	sold out	épuisé	agotado, vendido	распродан

B

die Bahnfracht	rail freight	le fret ferroviaire	transporte ferroviario	перевозка грузов по железной дороге
die Banküberweisung, -en	bank transfer	le virement bancaire	transferencia bancaria	банковский перевод
der Bankwechsel, –	banker's bill, bank draft	la traite bancaire	efecto bancario	банковская тратта
die Barzahlung, -en	cash payment	le paiement comptant	pago al contado	платёж наличными
die beanstandete Lieferung	the goods complained about	la livraison faisant / ayant fait l'objet d'une réclamation	la entrega objeto de reclamación	поставка, на которую заявлена рекламация
die Beanstandung, -en	complaint	la réclamation	queja	рекламация; претензия
beantragen	to apply for	demander	solicitar, pedir	запрашивать, ходатайствовоть
beantworten	to answer	répondre à	contestar, responder	ответить на что-л.
die Beantwortung, -en	answer	la réponse	respuesta	ответ
die Beauftragung, -en	order	la charge	encargo, pedido	поручение
sich bedanken für	to thank	remercier pour	agradecer, dar las gracias por	поблагодарить за что-л.
bedauern	to regret	regretter	lamentar, sentir	сожалеть
befristen	to set a limit on	limiter	fijar un plazo, limitar	ограничить сроком
beglaubigen	to certify, authenticate	certifier (conforme)	certificar, dar fe; compulsar	заверить, удостоверить
begleichen	to settle	acquitter	pagar, saldar	оплатить; погасить
die Begleichung	settlement	le règlement	liquidación	оплата; погашение
der Begriff, -e	term	le terme	concepto, palabra	понятие
die Begründung, -en	reason	la justification	motivo	обоснование
beheben	*(damages)* to repair	*(dégâts)* réparer	*(daños)* reparar	устранить (дефект)
beherrschen in Wort und Schrift	to be fluent (spoken and written)	maîtriser (l'allemand, le français, ...) parlé et écrit	*(idioma)* dominar en forma hablada y escrita	владеть устно и письменно (языком)
beigefügt	enclosed	joint	adjunto, incluido	прилагаемый; в приложении
das Beileid	deepest sympathy	les condoléances	pésame	соболезнование

Deutsch	Englisch	Französisch	Spanisch	Russisch
beiliegend	enclosed	joint; ci-joint	adjunto	прилагаемый; в приложении
der Beitrag, Beiträge	contribution	la prime	cuota, contribución	сумма взносов
die Beitragsanpassung, -en	changed contribution level	le réajustement de la prime	actualización de la cuota	адаптирование суммы взносов
der Beleg, -e	receipt	la pièce justificative	recibo, comprobante	оправдательный документ; справка
bemängeln	to fault	critiquer	censurar, criticar	находить недостатки
der Benutzer, -	user	l'utilisateur	usuario	пользователь
der Benutzername, -n	user's name	le nom de l'utilisateur	nombre del usuario	имя пользователя
die Beratung, -en	consulting	la consultation	asesoramiento	консультация
das Beratungsgespräch, -e	consultation	l'entretien de consultation	entrevista informativa	консультация
berechnen	to charge	facturer	cobrar, calcular	ставить в счёт; подсчитывать
berechtigt	justified	légitime, justifié	autorizado, justificado	обоснован, оправдан
der Bereich, -e	area	le secteur	sector	область, сфера
bereitstellen	to make available	*(marchandise)* préparer	poner a disposición, facilitar	предоставить в распояжение
der Bericht, -e	report	le rapport	informe	сообщение; отчёт
das Berichtswesen	reporting process	les rapports	elaboración de informes	отчётность
berücksichtigen	to take into account	prendre en considération	tener en cuenta	предусмотреть
die Berufsausbildung, -en	professional training	la formation professionnelle	formación profesional	профессиональная подготовка
die Berufserfahrung	professional experience	l'expérience professionnelle	experiencia profesional	профессиональный опыт
berufstätig sein	to be (gainfully) employed	travailler	trabajar	работать
die Berufstätigkeit	employment	l'activité professionnelle	actividad profesional	профессиональная деятельность
beruhen auf	to be based upon	reposer sur	basarse en	основываться на чём-л.
die Beschädigung, -en	damage	l'endommagement, les dégâts	deterioro, desperfecto	повреждение
der Bescheid, -e	notification	la réponse, l'avis	respuesta; aviso	ответ, решение; сообщение

Bescheid geben	to inform	informer	dar aviso, informar	сообщить
Bescheid wissen	to know, be in the know	être au courant	estar informado / avisado	знать о чём-либо, быть в курсе дело
die Bescheinigung, -en	certification	l'attestation, le certificat	certificado	справка
die Beschwerde, -n	complaint	la plainte	queja	жалоба
besetzt	busy, *GB* engaged	occupé	ocupado	занято
besprechen	to discuss	discuter de	hablar, discutir	обсудить
die Besprechung, -en	meeting	la réunion	la reunión	совещание
die Bestätigung, -en	confirmation	la confirmation	certificado, certificación	подтверждение
die Bestellnummer, -n	order number	la référence	número de pedido	номер заказа
der Bestellschein, -e	order form	le bon de commande	hoja de pedido	бланк заказа
der Betrag, Beträge	amount	le montant	importe, suma	сумма
der Betreff, -e	subject	l'objet	asunto	предмет, повод
betreffen	to concern; *(emotionally)* to affect	concerner; affecter	*(concernir)* referirse; *(consternar)* afectar	касаться; задевать
betreffend	relevant	en question	en cuestión, correspondiente	соответствующий, данный
betreuen	to be responsible for	s'occuper de	dirigir	руководить; обслуживать
die Betreuung, -en	maintenance	la prise en charge	mantenimiento	обслуживание
sich bewerben	to apply	poser sa candidature	solicitar, presentarse	подавать заявление о приёме на работу; участвовать в конкурсе на занятие должности
der Bewerber, -, die Bewerberin, -nen	applicant	le candidat, la candidate	solicitante, aspirante, candidato, -a	кандидат, претендент; кандидатка, претендентка
die Bewerbung, -en	application	la candidature, la demande d'emploi	solicitud, candidatura	заявление о приёме на работу
das Bewerbungsgespräch, -e	job interview	l'entretien d'embauche	entrevista personal	собеседование

Deutsch	Englisch	Französisch	Spanisch	Russisch
die Bewerbungsunterlage, -n *(normalerweise Plural)*	documents of application	le dossier de candidature	papeles para una solicitud (de trabajo)	документ, прилагаемый к заявлению о приёме на работу
bewerten	to judge, evaluate	évaluer	evaluar, calificar	оценивать
bewirten	to invite someone to a meal	restaurer	atender	угощать
beziehen	to order	se fournir	comprar, adquirir	заказывать, закупать
sich beziehen auf	to refer to	se référer à	referirse a, hacer referencia a	ссылаться
der Bezug, Bezüge	reference	la référence	referencia	отношение, касание
Bezug nehmen auf	to make reference to	faire référence à	remitirse a	ссылаться на что-л.
bezüglich	with reference to	en référence à, à la suite de, suite à	en relación a, en lo concerniente a	относительно, касательно
die Blindbewerbung, -en	speculative application	la candidature spontanée	solicitud enviada a ciegas, autocandidatura	заявление о приёме на работу по собственному почину
in Blockschrift	in capital letters	en lettres capitales, en caractères d'imprimerie	en mayúsculas / letra de imprenta	гротесковым шрифтом (печатными буквами равной величины)
boomen	to boom	connaître un boom	prosperar	переживать бум
die Branche, -n	area of business	la branche	sector, ramo	отрасль
der Briefkopf, -köpfe	letter heading	l'en-tête (de lettre)	membrete	шапка (официального письма)
der Browser, –	browser	le navigateur	browser, navegador	браузер
buchen	to book	réserver, retenir; enregistrer	reservar	забронировать; сделать заявку
die Büchersendung, -en	"Printed Papers"	le colis de livres	paquete con libros; envío de libros	посылка с книгами
die Buchhaltung, -en	bookkeeping	la comptabilité	contabilidad	бухгалтерия
der Buchungsfehler, –	booking error	l'erreur comptable	error contable	ошибка бухгалтерского учёта

C

Deutsch	Englisch	Französisch	Spanisch	Russisch
der Cashflow	cash flow	le cash-flow	cash-flow	кэш флоу
chartern	to charter	affréter	fletar	фрахтовать

D

Deutsch	Englisch	Französisch	Spanisch	Russisch
die Datei, -en	file	le fichier	fichero, archivo	файл
das Dateiformat, -e	data format	le format du fichier	formato de archivo / fichero	размер файла
die Dauer	duration	la durée	duración, período	продолжительность
die Deckung	*(of account)* cover	*(d'un compte)* la provision	*(de una cuenta)* cobertura, provisión de fondos	покрытие (счёта)
der Designer, –	designer	le designer	diseñador	дизайнер
die Dienstleistung, -en	service	la prestation de service	(prestación de) servicio	услуга
das Display, -s	display	l'afficheur	el display, la pantalla	дисплей
die Disposition	Planning Department	la disposition	expedición	оперативное управление
das Doppel, –	duplicate	le double	copia, duplicado	второй экземпляр
die Dotierung, -en	wage, salary	la rémunération	retribución, remuneración	дотация
downloaden	to download	télécharger	*(datos)* descargar, bajar	перенести (электронные данные)
das Duplikat, -e	duplicate (copy)	le double	duplicado, copia	дубликат, копия
durchaus	quite, absolutely	absolument, tout à fait	absolutamente	вполне
durchgeben	*(telephone)* to let sb know	*(au téléphone)* communiquer	*(por teléfono)* dar, tra(n)smitir	передать (по телефону)
durchstellen	to put through	passer qn (à qn)	comunicar	соединять, соединить
die Durchwahl	extension	la ligne directe	número directo	прямой набор

Deutsch	Englisch	Französisch	Spanisch	Russisch
E				
die EDV	EDP	l'informatique	procesamiento electrónico de datos, informática	электронная обработка данных
die eigenhändige Unterschrift	handwritten signature	la propre signature	la firma de puño y letra	собственноручная подпись
die Eigenschaft, -en	attribute	la qualité	característica, cualidad	качество, свойство
der Eigentümer, -	owner	le propriétaire	propietario, dueño	собственник
der Eilbote, -n	courier	le porteur spécial	mensajero, recadero	курьер
per Eilboten	by express mail	par porteur spécial	exprés, urgente	с курьером
der Eilbrief, -e	express letter	la lettre (par) exprès	carta urgente	срочное письмо
einbehalten	to keep back	retenir	retener	удержать
der Einführungspreis, -e	introductory price offer	le prix de lancement	precio de lanzamiento	цена на новый товар
der Eingang, Eingänge	arrival, receipt	la réception, l,arrivée	recepción, llegada	поступление, получение
eingedeutscht	to have become Germanised	germanisé	alemanizado, germanizado	онемеченный
eingehen	to arrive	arriver	llegar	поступить, прибыть
eingehen auf	to accept	*(offre, exigence)* accepter	aceptar	согласиться с чем-л.
die eingehende Prüfung	detailed research	l'examen approfondi	el examen exhaustivo / detallado	обстоятельный, подробный (о проверке)
die Einhaltung, -en	*(of a deadline)* adherence to	*(d'un délai)* le maintien	*(de un plazo)* cumplimiento	соблюдение (срока)
einholen	to get	demander	pedir	добывать (сведения, информацию)
der Einkauf, Einkäufe	purchase	l'achat	compra	покупка, закупка
einräumen	*(credit, discount)* to grant; *(acknowledge)* to admit	*(crédit, réduction)* accorder; *(reconnaître)* admettre	*(crédito, descuento)* conceder; *(reconocer)* admitir	признать; предоставить (кредит, скидку)
einreichen	to hand in	déposer	entregar, presentar	подавать, вносить

die Einsatzbereitschaft	willingness (to work)	la disponibilité	disponibilidad	безотказность
die einschlägige Berufs-erfahrung	relevant professional expe-rience	l'expérience professionnelle correspondante	la correspondiente experien-cia profesional	соответствующий профессиональный опыт
einschließlich	including	inclus	inclusive, incluido	включая; включительно
die Einschränkung, -en	limitation	la restriction	limitación, restricción	ограничение
das Einschreiben, –	registered mail	le recommandé	certificado	заказное отправление
eintreffen	to arrive	arriver	llegar	прибыть
der Eintrittstermin, -e	starting date	la date où qn commence à travailler	fecha de inicio	срок вступления в должность
einvernehmlich	mutually acceptable	à l'amiable	de común acuerdo	согласованный, единодушный
sich einwählen	*(internet)* to log in	*(Internet)* se connecter à	*(Internet)* conectarse	получить доступ в интернет через телефонную линию
einwandfrei	free of problems	impeccable	impecable, intachable	безупречный, безукоризненный
der Einzelpreis, -e	unit price	le prix à l'unité	precio por unidad	розничная цена
die Einzugsermächtigung, -en	direct debit instruction	l'autorisation de prélèvement automatique	domiciliación bancaria	полномочие на взимание суммы со счёта
die / das E-Mail, -s	e-mail	le courrier électronique	correo electrónico, e-mail	электронная почта
die E-Mail-Adresse, -n	e-mail address	l'adresse électronique	dirección de correo electró-nico	адрес электронной почты
in die engere Wahl kommen	to be one of the last few	être parmi les premiers choix	pasar a la fase siguiente	пройти первый отборочный тур
entgehen	to escape one's notice, forget	échapper	escapar(se), perderse	ускользать
die Entschädigung, -en	compensation	le dédommagement, l'indemnité	indemnización, compensación	возмещение
entsprechen	to correspond to	correspondre à	corresponder(se)	соответствовать
entwicklungsfähig	*(market)* with good prospects	*(marché)* capable de se développer	*(mercado)* susceptible de desarrollo / mejora	перспективный (рынок)
der Entwurf, Entwürfe	draught	l'ébauche	borrador	проект, набросок

Deutsch	Englisch	Französisch	Spanisch	Russisch
meines Erachtens	in my opinion	à mon avis	en mi opinión	на мой взгляд
ergänzen	to complete	compléter	completar, complementar	дополнить
erhältlich	available	disponible	en venta	имеющийся в продаже
erheben	*(fees)* to charge, levy	*(taxes, frais)* percevoir	*(tasa)* imponer, introducir	взимать (плату)
die Erhöhung, -en	increase	l'augmentation	aumento, subida	повышение
sich erholen	*(market)* to recover	*(marché)* se raffermir	*(mercado)* recuperarse	выйти из кризиса (о рынке)
erläutern	to describe	expliquer	explicar	разъяснить
die Erläuterung, -en	description	l'explication	explicación	разъяснение
erledigen	to deal with	accomplir	resolver	уладить
erlöschen	*(guarantee)* to elapse, run out	*(garantie)* expirer	*(garantía)* caducar, expirar	истечь (о сроке гарантии)
ermäßigen	to reduce	réduire	reducir, disminuir	снизить, сбавить
die Ermäßigung, -en	*(price)* reduction	la réduction	rebaja, descuento	снижение; скидка
erreichen	to speak to	joindre	localizar	дозвониться, застать
der Ersatz	replacement	le remplacement	recambio, repuesto	возмещение; замена
erschüttern	to shock	bouleverser	conmover, conmocionar	подрывать (монополию)
erstatten	to refund	rembourser	reembolsar, devolver	возместить
die Erstattung, -en	refund	le remboursement	reembolso, devolución	возмещение
erstellen	to draw up, create	établir	hacer, elaborar; *(informática)* crear	составить, разработать
ersuchen	to request	requérir	pedir, solicitar	просить; предлагать
erwähnen	to mention	mentionner	mencionar	упомянуть
erwerben	to purchase	acquérir	adquirir	приобрести
die Erwerbstätigkeit	gainful employment	l'activité rémunérée	actividad remunerada	трудовая деятельность

die selbstständige Erwerbs-tätigkeit	freelance employment	l'activité rémunérée indépendante	actividad autónoma	самостоятельная трудовая деятельность
expandieren	to expand	s'étendre	expandir	расширяться

F

der Fachbegriff, -e	technical term	le terme technique	término técnico	термин
der Fachwirt, -e	business administrator	l'agent spécialisé dans la gestion commerciale ou industrielle	técnico superior	специалист
die Fähigkeit, -en	skill	la faculté	capacidad, aptitud	способность; подготовка
die Fahrerlaubnis, -se	driver's license	le permis de conduire	permiso de conducir	водительские права
fällig	due	payable, dû	pagadero, vencido	подлежащий уплате
die Fälligkeit	settlement date	l'échéance	vencimiento	истечение срока (платежа)
falsch verbunden sein	to have the wrong number	Il y a erreur.	estar mal comunicado	кого-нибуть неправильно соединить
der Familienstand	marital status	l'état civil	estado civil	семейное положение
der Favorit, -en	*(EDP)* favourite	*(en informatique)* le favorit	*(informática)* favorito	фаворит (об электронной обработке данных)
faxen	to fax	envoyer un fax, faxer	mandar por fax, faxear	передать по факсу
fehlerfrei	perfect	impeccable	sin faltas, libre de errores	безошибочный, безукоризненный
fehlerhaft	faulty	erroné	defectuoso	бракованный
die Festkosten *(immer Plural)*	fixed costs	les coûts fixes	gastos fijos	постоянные издержки
der Firmensitz, -e	company headquarters	le siège social	sede social, domicilio comer-cial	местонахождение фирмы
firmenspezifisch	specific to a company	propre à l'entreprise	específico de la empresa	специфический для данной фирмы
fördern	to stimulate	*(vente)* favoriser	fomentar, promover	способствовать

Deutsch	Englisch	Französisch	Spanisch	Russisch
das Format, -e	format	le format	formato	формат
die Formel, -n	phrase	la formule	fórmula	формула
formell	formal	officiel	formal	формальный
formgerecht	in the correct form	régulier dans la forme	en debida forma	по форме, согласно форме
die Formulierung, -en	formulation	la formulation	formulación, expresión	формулировка
das Foyer, -s	foyer	le foyer, le hall	hall, vestíbulo	фойе
die Fracht, -en	freight, cargo	le fret	flete, porte, gastos de transporte	фрахт
frachtfrei	carriage paid	franco de port, fret / port payé	a porte pagado, franco de porte	франко-фрахт
der Fragebogen, -bögen	questionnaire	le questionnaire	cuestionario	анкета
frei an Bord	free on board	franco à bord	franco a bordo	франко-борт
frei Frachtführer	free carrier	franco transporteur	franco transportista	фрахтовщик
frei Haus	franco domicile	franco domicile	franco domicilio	с доставкой на дом
freiberuflich	freelance	indépendant; à son compte	como free-lance / autónomo	на гонорарной основе
die Freigabe, -n	delivery	bon à tirer	recepción	выдача, отправка
das Fremdenverkehrsamt, -ämter	tourist office	l'office du tourisme	oficina de turismo	ведмство по туризму
die Frist, -en	deadline	le délai, le terme	plazo	срок
fristgerecht	before the deadline	dans les délais impartis	a tiempo, en el plazo debido	в установленный срок
frühestmöglich	as soon as possible	le plus tôt possible	próximo (posible)	как можно раньше
die Fusion, -en	merger	la fusion	fusión	слияние

G

Deutsch	Englisch	Französisch	Spanisch	Russisch
die Gebühr, -en	fee, charge	la taxe, les frais	tasa	плата, пошлина
gegen Gebühr	for a fee, after payment	en payant des frais	bajo pago	за плату
gebührenfrei	free of charge	gratuit	exento de tasas	свободный от оплаты
gegebenenfalls	if necessary	le cas échéant	dado el caso, en caso nece-sario	смотря по обстоятельствам
das Gegenangebot, -e	alternative offer	la contre-offre	contraoferta	встречное предложение
gegenstandslos	irrelevant	sans objet	nulo, sin validez	недействительный
gegenzeichnen	to countersign	contresigner	refrendar, autorizar	поставить вторую подпись
im Gegenzug	in return	en guise de riposte; en contrepartie	como compensación	в качестве контрмеры
die Gehaltsvorstellung, -en	salary figure	les prétentions salariales	aspiraciones económicas	представление об окладе
gemäß	in accordance with	conformément à	según, conforme a	согласно, в соответствии
genehmigen	to approve	autoriser	autorizar, permitir	разрешить, санкционировать
die Genesung, -en	recovery	la guérison	restablecimiento	выздоровление
geraten in	to get into, experience	se retrouver dans	llegar a	попасть в
das Geschäft, -e	business	le magasin; l'affaire	negocio	сделка, операция
die Geschäftsbedingung, -en *(normalerweise Plural)*	terms of business	la condition	términos comerciales, condiciones de contrato	условие заключения сделки
die allgemeinen Geschäfts-bedingungen	General Terms and Conditions of Business	les conditions générales (de vente)	condiciones generales de contrato	общие условия заключения сделки
die Geschäftsbeziehung, -en	business connections	la relation commerciale	relación comercial	деловые отношения
der Geschäftsfreund, -e	business associate	la relation d'affaires	colega, compañero	компаньон
der Geschäftsführer, –	managing director	le gérant	gerente	коммерческий директор
der Geschäftspartner, –	business partner	l'associé	socio (comercial)	деловой партнёр
gesetzlich	legal, lawful	légal	legal	установленный законом

Deutsch	Englisch	Französisch	Spanisch	Russisch
mit getrennter Post	under separate cover	par courrier séparé	en correo aparte	отдельной почтой
gewähren	to grant	accorder, consentir	conceder	предоставить
gewährleisten	to guarantee	garantir	asegurar, garantizar	обеспечить
die Gewährleistung, -en	guarantee	la garantie	garantía	гарантия
gewerblich	commercial	commercial, industriel	comercial; industrial	с целью получения дохода
gewerblich nutzen	to use commercially	utiliser à des fins professionnelles	usar con fines comerciales	использовать для получения дохода
gezeichnet	signed	signé	firmado	подписано (таким-то)
gratis	free of charge	gratis	gratis	бесплатно
die Grundkenntnis, -se *(normalerweise Plural)*	basic knowledge	la connaissance élémentaire	conocimientos básicos, nociones	элементарные знания
die Grundlage, -n	basis	la base	base, fundamento	основа
grundsätzlich	basic; under any circum-stances, on principal	fondamental	en principio; por principio	принципиальный
die Grußformel, -n	salutation	la formule de politesse	fórmula de despedida	формула приветствия
gültig	valid	valable; en vigueur	válido, vigente	действительный; действующий
das Gut, Güter	goods	le bien	mercancía	товар
das Gutachten, -	evaluation survey	l'expertise	dictamen, peritaje	отзыв, заключение; экспертиза
der Gutachter, -	expert, valuator	l'expert	experto, perito	эксперт
die Gutschrift, -en	voucher	l'avoir	abono en cuenta	запись в кредит (счёта)
die Gutschriftanzeige, -n	credit note	l'avis de crédit	notificación de abono en cuenta	уведомление о записи в кредит

H

Deutsch	Englisch	Französisch	Spanisch	Russisch
haftbar	liable	responsable	responsable	ответственный
die Haftpflichtversicherung, -en	third party insurance	l'assurance responsabilité civile	seguro de responsabilidad civil	страхование от ответственности за причинение вреда
die Haftung	liability	la responsabilité	responsabilidad	ответственность
der Handel	trade	le commerce	comercio; negocio	торговля
die Handelskammer, -n	Chamber of Commerce	la chambre de commerce	Cámara de Comercio	торговая палата
das Handelsregister, –	company register	le registre du commerce	Registro Mercantil	торговый реестр
handschriftlich	handwritten	manuscrit	escrito a mano, manuscrito	рукописный
die handwerkliche Ausbildung	qualification in a manual trade	la formation artisanale	la formación artesanal	ремесленное образование
das Handy, -s	*GB* mobile phone, *Am* cell-phone	le (téléphone) portable	el móvil	мобильный телефон
die Hardware, -s	hardware	le matériel	hardware	техническое обеспечение
die Hausratversicherung, -en	house insurance	l'assurance mobilière	seguro del hogar	страхование домашнего имущества
heften	to staple	agrafer	grapar	прикреплять
die Heimatstadt, -städte	home town	la ville natale	ciudad de origen	родной город
die Herausforderung, -en	challenge	le défi	desafío, reto	вызов
der Hersteller, –	producer	le fabricant	productor, fabricante	изготовитель
die Herstellung	production	la fabrication	producción, fabricación	изготовление
herunterladen	to download	*(données)* télécharger	*(datos)* descargar, bajar	перенести (электронные данные)
hervorheben	to emphasize	souligner	poner de relieve, realzar	подчеркнуть, отметить
hilfsbereit	helpful	serviable	servicial, dispuesto a ayudar	готовый помочь
hinweisen auf	to point out	attirer l'attention sur	indicar, advertir	указать на
hochachtungsvoll	Yours faithfully	avec l'expression de ma considération distinguée	atentamente	с глубоким уважением

Deutsch	Englisch	Französisch	Spanisch	Russisch
die Hochkonjunktur	boom	la haute conjoncture	coyuntura favorable, alta coyuntura	высокая конъюнктура
die Holdinggesellschaft, -en	holding company	le holding	holding	холдинговая компания
die Homepage, -s	homepage	la page d'accueil	Home Page, página inicial	домашяя страница
auf Honorarbasis	on a freelance basis	sur honoraires	por horas	на гонорарной основе
die Hotline, -s	hotline	la hotline	línea caliente / directa	горячая линия
I				
die Immobilie, -n	real estate; *Am* realty	la propriété immobilière	inmueble	недвижимость
importieren	import	*(données)* importer	*(datos)* importar	импортировать (данные)
inbegriffen	included	compris, inclus	incluido	включён, предусмотрен
der Industriekaufmann, -männer / -leute, die Industriekauffrau, -en	industrial clerk	l'agent technico-commercial	perito industrial	специалист / специалистка по экономике прмышленного предприятия
das Informationsmaterial, -materialien	printed information	la documentation	material informativo	информационный материал
informell	informal	informel	informal	неофициальный
die Initiale, -n *(meist Plural)*	initial	l'initiale	(letra) inicial	инициал
die Initiativbewerbung, -en	speculative application	la candidature spontanée	autocandidatura, solicitud enviada por iniciativa propia	заявление о приёме на работу по собственной инициативе
das Inkasso, -s / Inkassi	collection	le recouvrement, l'encaissement	cobro	инкассо
die Inkassokosten *(immer Plural)*	debt collection costs	les frais d'encaissement	gastos por / a cobrar	издержки на инкассо
der Inserent, -en, die Inserentin, -nen	advertiser	l'annonceur, l'annonceuse	anunciante	помещающий / помещающая объявление в газете

im Interesse von	in the interests of	dans l'intérêt de	en interés / beneficio de	в чьих-л. интересах
der Interessent, -en, die Interessentin, -nen	potential customer	la personne intéressée	interesado, -a	заинтересованное лицо
das Internet	internet	l'internet; Internet	Internet	интернет
die Internetseite, -n	web page	la page Internet	página de Internet	страница в интернете
der Internetzugang, -zugänge	internet access	l'accès à l'internet	acceso a Internet	доступ в интернет
J				
der Jahresabschluss, -abschlüsse	annual accounts	le bilan annuel	balance anual, liquidación de fin de año	конец года; годовой баланс
der Jahreswechsel, -	new year	le nouvel an	año nuevo	наступление нового года
juristisch	legal(ly)	juridique	jurídico	юридический
K				
das Kalenderjahr, -e	calendar year	l'année civile	año natural	календарный год
die Kalenderwoche, -n	calendar week	la semaine calendaire	semana (del año)	календарная неделя
die Kalkulationsdaten *(immer Plural)*	calculation data	les données de calcul	datos de cálculo	сметные данные
die Kampagne, -n	campaign	la campagne	campaña	кампания
Kasse gegen Dokumente	cash for documents	paiement comptant contre présentation des papiers	pago a la entrega de los documentos	наличные против документов
die Kategorie, -n	category	la catégorie	categoría	категория
der Kaufpreis, -e	purchase price	le prix d'achat	precio de compra	покупная цена
die Kaution, -en	deposit	la caution	garantía, depósito	залог, обеспечение
klammern	to attach with a paper clip	attacher avec un / des trombone(s)	fijar / sujetar con un clip	скреплять скрепкой
die Klausel, -n	clause	la clause	cláusula	оговорка

Deutsch	Englisch	Französisch	Spanisch	Russisch
die Kommunikationsschulung, -en	training course in communications skills	la formation en communication	cursillo / curso de comunicación	обучение коммуникации
kompetent	competent, skilled	compétent	competente	компетентный
die Kompetenz, -en	competence, skill	la compétence	competencia	компетентность
komprimieren	*(data)* to compress	*(données)* comprimer	*(datos)* comprimir	ужимать (данные)
die Kondition, -en	term, condition	la condition	condición	условие
das Kondolenzschreiben, -	letter of condolence	la lettre de condoléances	carta de pésame	письмо с выражением соболезнования
die Konfektionierung, -en	finishing; sizing and packing	la confection	confección, montaje	подготовка к отправке, упаковка
die Konkurrenz	competition	la concurrence	competencia	конкуренция
konkurrenzfähig	competitive	compétitif	competitivo	конкурентноспособный
der Konkurs, -e	bankruptcy	la faillite	quiebra	банкротство
kontaktieren	to contact	contacter	contactar	установить контакт, обратиться
der Kontoauszug, -auszüge	bank statement	le relevé de compte	extracto de cuenta	извлечение из счёта
die Korrespondenz, -en	correspondence	la correspondance	correspondencia	корреспонденция, переписка
die elektronische Korrespondenz	electronic correspondence	la correspondance électronique	correo electrónico	электронная переписка
der Korrespondenzpartner, -	correspondent	le correspondant	correspondiente	партнёр по переписке
die Kostenerstattung, -en	refund of costs	le remboursement des frais	reembolso, restitución de gastos	возмещение расходов
der Kostenvoranschlag, -voranschläge	*(price)* quote	le devis	presupuesto	предварительная смета расходов
außer Kraft setzen	to make void	*(ordre, règlement)* annuler	abolir, derogar	отменить, аннулировать
in Kraft treten	to come into effect	entrer en vigueur	entrar en vigor	вступить в силу
der Kredit, -e	credit, loan	le crédit	crédito, préstamo	кредит

die Kulanz	courtesy, gratia (payment)	l'obligeance	amabilidad, buena voluntad	предупредительность, любезность
das Kultusministerium, -ministerien	Ministry of Education	le ministère de l'Éducation et de la Culture	Ministerio de Educación y Ciencia	министерство культуры
der Kunde, -n, die Kundin, -nen	customer	le client, la cliente	cliente	клиент, покупатель; клиентка, покупательница
die Kundendatei, -en	customer database	le fichier de clients	fichero / archivo del cliente	файл, переданный клиентом
kündigen	*(contract, lease)* to terminate	*(contrat)* résilier; *(personne)* licencier	*(contrato)* rescindir, anular; *(vivienda)* anunciar el desalojamiento	расторгнуть (договор)
die Kündigung, -en	cancellation	*(d'un contrat)* la résiliation; *(d'une personne)* le licenciement	*(contrato)* rescisión; *(vivienda)* aviso de desalojamiento	расторжение, денонсация
die Kündigungsfrist, -en	period of notice	le délai de préavis	plazo de preaviso	срок для расторжения договора
kurzfristig	late, at short notice	*(changement, réponse négative)* impromptu	repentino	краткосрочный
das Kurzzeichen, -	abbreviation	le sigle	abreviatura	символ, условное обозначение

L

das Lager, -	warehouse	l'entrepôt	almacén	склад
ab Lager	ex warehouse	départ entrepôt	ex / franco almacén	со склада
der Lagerbestand, -bestände	stock level	le stock	existencias en almacén	складской запас
langjährig	longstanding	de longue date	de muchos años	многолетний
zu ... Lasten	at ... cost	à la charge de	a cuenta / cargo de ...	за счёт
der Lebenslauf, -läufe	CV (Curriculum Vitae); *Am* resume	le curriculum vitae	currículum vitae, currículo	краткая автобиография
der Lebensunterhalt	living costs	la subsistance	subsistencia, sustento	пропитание; средства к жизни
die Lebensversicherung, -en	life insurance	l'assurance vie	seguro de vida	страхование жизни

Deutsch	Englisch	Französisch	Spanisch	Russisch
der Lehrgang, -gänge	training course	le stage de formation	curso, cursillo	учебный курс
das leibliche Wohl	bodily well-being	le bien-être matériel	el bienestar físico	благосостояние
die Leistung, -en	efforts; service; benefits	*(d'un service)* la prestation	trabajo; prestación	произведённая или заданная работа
die Lieferanschrift, -en	delivery address	l'adresse de livraison	dirección de entrega	адрес поставки
der Lieferant, -en	supplier	le fournisseur	proveedor, suministrador	поставщик
die Lieferbedingung, -en	term(s) of delivery	la condition de livraison	condición de entrega	условие поставки
der Lieferschein, -e	delivery note	le bon de livraison	albarán (de entrega)	накладная
der Liefertermin, -e	delivery date	la date de livraison	fecha de entrega	срок поставки
die Lieferung, -en	delivery	la livraison, la fourniture	entrega, suministro	поставка
der Lieferverzug	delay in delivery	le retard de livraison	mora / demora en la entrega	задержка поставки
die Liquidität	liquidity	la liquidité	liquidez	ликвидность
der Liquiditätsengpass, -engpässe	cash flow problem	la difficulté de trésorerie	problema / falta de liquidez	дефицит ликвидных средств
der Listenpreis, -e	list price	le prix du catalogue	precio de lista / tarifa	цена брутто в прейскуранте
das Logo, -s	logo	le logo	logo(tipo)	фирменный знак, логотип
die Luftfracht	air freight	le fret aérien	flete aéreo	авиагруз
M				
der Mahnbescheid, -e	reminder	la lettre de rappel	orden monitoria / de pago	требование погашения платежа
die Mahngebühr, -en	reminder charge	les frais de rappel	gastos de requerimiento	пеня, штраф за просроченный платёж
das Mahnschreiben, -	written reminder	la lettre de rappel	carta monitoria / de aviso	письменное напоминание
die Mahnung, -en	reminder	le rappel	recordatorio, aviso	напоминание, предупреждение

die Mailbox, -en	mailbox	la boîte vocale	el mail-box, el buzón electrónico	электронный почтовый ящик
mailen	to send an e-mail	envoyer un courrier électronique	enviar por e-mail / correo electrónico	отпраить по электронной почте
das Mailing, -s	mailing	le mailing	mailing	рассылка рекламных материалов по почте
mangelhaft	faulty	défectueux	deficiente, defectuoso	дефектный
der Mangel, Mängel	deficiency, fault	le défaut	deficiencia, defecto	недостаток; дефект
die Mängelliste, -n	list of deficiencies	la liste des défauts	lista de desperfectos	перечень дефектов
die Mappe, -n	portfolio	*(de candidature)* le dossier	portafolios	папка
das Marketing	marketing	la mercatique, le marketing	marketing	маркетинг
der Marktauftritt, -e	corporate image	la présence sur le marché	presencia en el mercado	появление на рынке (новых изделий)
marktführend	leading the market	qui domine le marché	líder en el mercado	лидирующий на рынке
die Marktsituation	market situation	la situation du marché	situación del mercado	ситуаия на рынке
die Maßnahme, -n	measure	la mesure	medida	мера, мероприятие
die Medienagentur, -en	media agency	l'agence médiatique	agencia de publicidad	рекламное агентство
die Mehrkosten *(immer Plural)*	additional costs	les frais supplémentaires	gastos adicionales	дополнительные издержки
die Mehrwertsteuer	Value Added Tax	la taxe à la valeur ajoutée	impuesto sobre el valor añadido, IVA	налог на добавленную стоимость
sich melden (bei jdm)	to give someone a call, *GB* ring	se manifester chez qn	comunicarse	позвонить (кому-нибудь), дать о себе знать
die Miete, -n	rent	le loyer	alquiler	квартирная плата
mieten	to rent	louer	alquilar	снимать; арендовать
die Mietminderung, -en	rent reduction	la réduction de loyer	reducción del alquiler	снижение квартирной платы
der Mietspiegel, –	comparative level of rents	l'indice officiel des loyers	media del alquiler	уровень квартирной платы
der Mietvertrag, -verträge	tenancy agreement	le contrat de location	contrato de alquiler	договор аренды

Deutsch	Englisch	Französisch	Spanisch	Russisch
der Mitarbeiter, -, die Mitarbeiterin, -nen	employee	l'employé(e)	empleado, -a, trabajador(a), colaborador(a)	сотрудник, сотрудница
der Mitbewerber, -, die Mitbewerberin, -nen	competitor	le postulant, la postulante	competidor(a), aspirante	участник / участница конкурса, соискатель / соискательница
mitteilen	to inform	faire part de	comunicar	сообщить, уведомить
die Mitteilung, -en	information, message	la communication	aviso, comunicación	сообщение, уведомление
das Mobiltelefon, -e	portable phone	le téléphone sans fil	el teléfono móvil	мобильный телефон
das Muster, -	sample, example	l'échantillon	modelo, ejemplo; muestra	образец

N

Deutsch	Englisch	Französisch	Spanisch	Russisch
der Nachdruck	emphasis, vigour	l'insistance	énfasis, insistencia	ударение, упор
nachfolgend	following	suivant	siguiente	ниже, далее
die Nachforschung, -en	investigation	les recherches	investigación, indagación	разузнавание, добывание иформации
die Nachfrage, -n	demand	la demande	demanda	спрос; запрос
nachholen	*(appointment)* to make up	*(date)* reporter	*(cita)* recuperar	наверстать (упущенный срок)
der Nachlass, -lässe	reduction in price	la réduction	rebaja	скидка, уступка
nachliefern	to deliver later	livrer ultérieurement	enviar / entregar más tarde	поставить дополнительно
die Nachnahme, -n	cash; *Am* collect on delivery	le remboursement	reembolso	наложенный платёж
eine Nachricht hinterlassen	to leave a message	laisser un message	dejar un mensaje / recado	оставить записку, что-нибудь передать
nachstehend	following	ci-après	a continuación, siguiente	ниже, далее
nachvollziehen	to understand	suivre	comprender, entender	понять, распознать
nachweisen	to prove	prouver	comprobar, probar, demostrar	представить доказательства
die Nachzahlung, -en	excess fee	le supplément	pago adicional	доплата; последующий взнос; плата задним числом

Deutsch	Englisch	Französisch	Spanisch	Russisch
die Nebenkosten *(immer Plural)*	additional costs	les frais supplémentaires	gastos adicionales	побочные издержки
netto	net	net	neto	нетто
das Netzwerk, -e	network	le réseau	red	сеть
die Niederlassung, -en	branch office	la succursale	sucursal	филиал
der Nutzer, –	user	l'utilisateur	usuario	пользователь
O				
die Option, -en	option	l'option	opción	опцион
ordern	to order	commander	pedir, encargar	заказывать
P				
pachten	to lease, rent	louer	arrendar	арендовать
das Passwort, -wörter	password	le mot de passe	contraseña, password	пароль
der Personalchef, -s, die Personalchefin, -nen	Personnel Manager	le / la chef du personnel	jefe, -a de personal	начальник отдела кадров, начальница отдела кадров
die Pfändung, -en	seizure	la saisie	embargo	наложение ареста на имущество
der Pflegefall, -fälle	case for nursing	les soins constants	caso de invalidez	необходимость постоянного ухода
die Pflegeversicherung, -en	nursing care insurance	l'assurance dépendance	seguro de enfermedad para casos de invalidez	страхование на случай необходимости постоянного ухода
am Platz sein	to be at his / her desk	être à son poste	estar en su lugar de trabajo	быть на (своём) месте
die Police, -n	policy	la police d'assurance	póliza	страховой полис
die Postanweisung, -en	money order	le mandat postal	giro postal	почтовый перевод
das Postfach, -fächer	Post Office / PO Box	la boîte postale	apartado postal / de Correos	абонементный почтовый ящик

Deutsch	Englisch	Französisch	Spanisch	Russisch
das elektronische Postfach	e-mail account	la boîte postale électronique	buzón de correo electrónico, mail-box	почтовый ящик электронной почты
postlagernd	poste restante	poste restante	a / en lista de Correos	до востребования
postwendend	immediately	par retour du courrier	a vuelta de correo	с обратной почтой
das Potenzial, -e	potential	le potentiel	potencial	потенциал
die PR-Agentur, -en	PR agency	l'agence de relations publiques	agencia de relaciones públicas, RR.PP.	рекламно-информационное агентство
das Präsent, -e	gift	le présent	regalo, presente	подарок
die Präsentation, -en	presentation	la présentation	presentación	презентация
der Preisnachlass, -lässe	price reduction	la remise	rebaja, descuento	уступка в цене
die Privathaftpflicht-versicherung, -en	private third party insurance	l'assurance responsabilité civile privée	seguro privado de responsabilidad civil	личное страхование от ответственности
die Probe, -n	sample	l'essai, l'échantillon	prueba, muestra	образец
die Probezeit, -en	probationary period	la période d'essai	período de prueba	испытательный срок
die Produktpalette, -n	range of products	l'éventail / la gamme de produits	gama de productos	ассортимент продуктов
die Pro-forma-Rechnung, -en	pro forma invoice	la facture proforma	cuenta pro-forma / simulada	проформа-счёт
der Provider, -	provider	le fournisseur d'accès	provider, proveedor	провайдер
die Provision, -en	commission	la commission	comisión	комиссионное вознаграждение за услуги

Q

Deutsch	Englisch	Französisch	Spanisch	Russisch
die Qualifikation, -en	qualification	la qualification	cualificación	квалификация
das Quartal, -e	quarter	le trimestre	trimestre	квартал
die Quittung, -en	receipt	le reçu	recibo	квитанция

R

der Rabatt, -e	rebate	la rabais, la ristourne	rebaja, descuento	скидка
die Räumlichkeiten *(immer Plural)*	premises	les locaux	inmueble, edificio, salas	помещения
das Rechnungswesen	Accounting	la comptabilité	contabilidad	учёт, счетоводство
das Recht, -e	right	le droit	derecho	право
der Rechtsbeistand, -beistände	legal adviser	≈ le conseiller / la conseillère juridique	asesor jurídico	поверенный
das Rechtsmittel, –	legal options	le recours	medio / recurso legal	кассационная жалоба
der rechtsmittelfähige Bescheid	legally based notification	la réponse pouvant bénéficier des voies de recours	notificación de recursos	решение, могущее быть обжалованным
die Regulierung, -en	*(insurance)* adjustment	*(d'un dégât)* la régularisation	*(de un siniestro)* liquidación	оплата (причинённых убытков)
die Reklamation, -en	complaint	la réclamation	reclamación	рекламация
die Rentenversicherung, -en	pension insurance	l'assurance retraite	seguro de pensiones	пенсионное страхование
der Restposten, –	(remaining) stock	la fin de série	remanente	оставшаяся партия товара
die Rückfrage, -n	question	la demande de précisions	duda, pregunta	дополнительный запрос
der Rückruf, -e	return call	le rappel	la llamada de contestación	ответный звонок
nach Rücksprache mit	after consulting	après avoir consulté	tras consultar a	переговорив с
das Rundschreiben, –	circular	la circulaire	circular	циркуляр

S

der Sachbearbeiter, –, die Sachbearbeiterin, -nen	specialist (worker)	la personne chargée du dossier; le / la fonctionnaire d'encadrement	(oficial(a)) encargado, -a	делопроизводитель, делопроизводительница
sachgemäß	proper, correct	adéquat	adecuado, apropiado	надлежащим образом
Saldo, -s / Salden / Saldi	balance, payments	le solde	saldo	сальдо
sämtlich	all	tout / tous	todo	все без исключения

Deutsch	Englisch	Französisch	Spanisch	Russisch
die Satzkosten *(immer Plural)*	setting costs	les frais de composition	costes de composición	стоимость набора
säumig	in default	retardataire	moroso	просрочивший
der Schaden, Schäden	damage(s)	le dommage, le préjudice	daño, perjuicio	ущерб, убыток; дефект
der Schadenfreiheitsrabatt, -e	no-claims bonus	le bonus	bonificación por no / baja siniestralidad	скидка за предотвращение ущерба
schadhaft	damaged	défectueux	defectuoso	дефектный
die Schätzung, -en	estimate	l'estimation	estimación, valoración	оценка
Schicht arbeiten	to work shifts	faire les trois-huit	trabajar por turnos	работать в смену
schnellstmöglich	as quickly as possible	le plus vite possible	lo más rápido posible	скорейший; в кратчайший срок
das Schriftstück, -stücke	paper, document	le document	documento	официальная бумага
der Schulabschluss, -abschlüsse	school leaving qualification	le diplôme de fin d'études	título / diploma escolar	среднее (специальное) образование
die Schulbildung	school education; *Am* education to the end of high school	la formation scolaire	estudios, formación escolar	школьное образование
die Schuldzuweisung, -en	accusation	l'accusation	acusación	обвинение
die Schulung, -en	training course	la formation	curso, cursillo	обучение; курсы
der Selbstbehalt, -e	excess	la franchise	franquicia	страховая франшиза
selbstständig	self-reliant	indépendant	independiente, autónomo	самостоятельный
das Seminar, -e	seminar	le séminaire	seminario	семинар
sicherstellen	to ensure	garantir; saisir	asegurar, garantizar	обеспечить сохранность
die Signatur, -en	*(of e-mail)* signature	*(d'un courrier électronique)* la signature	*(de un e-mail)* signatura	сигнатура (на электронном послании)
der Sitz	*(of a company)* headquarters	*(d'une entreprise)* le siège social	*(de una empresa)* sede	местонахождение (фирмы)
die Sitzverlegung, -en	move of company headquarters	le transfert du siège social	traslado del domicilio social	перенос местонахождения

die Skala, Skalen	scale	la gamme	escala	шкала; градация
der / das Skonto, -s / Skonti	cash discount	l'escompte	descuento	сконто
die Skontobedingung, -en	condition for cash discount	la condition d'escompte	condición de descuento	условие предоставления сконто
die SMS	text message	le SMS, le texto	el mensaje SMS	SMS-сообщение
die Software, -s	software	le logiciel	software	программное обеспечение
das Sonderangebot, -e	special offer	l'offre promotionnelle	oferta especial	специальное предложение
die Sonderkondition, -en	special condition	la condition spéciale	condición especial	особое условие
der Sonderpreis, -e	special price	le tarif préférentiel	precio especial / de oferta	сниженная цена
sorgfältig	careful(ly), thorough(ly)	soigneux	cuidadoso, esmerado	тщательно; добросовестно
das Sortiment, -e	product range	la gamme de produits	surtido	ассортимент
der Spediteur, -e	*(person)* carrier, forwarding agent	le transporteur	transportista, agente de transporte	экспедитор
die Spedition, -en	*(company)* carrier, forwarding agent	l'entreprise de transport	empresa de transportes	транспортно-экспедиционное агентство
der Speditionskaufmann, -männer / -leute, die Speditionskauffrau, -en	forwarding agent	l'employé de transport diplômé	agente de transporte	специалист / специалистка по транспортно-экспедиторским операциям
die Spesen *(immer Plural)*	expenses	les frais	dietas, gastos reembolsados por la empresa	издержки, накладные расходы
spezialisiert sein auf	to be a specialist in	être spécialisé en	estar especializado en	специализироваться на чём-л.
die Sprachkenntnisse *(immer Plural)*	knowledge of languages	les connaissances de la / des langue(s)	conocimientos de idioma	знание иностранного языка
der Staatsbürger, -, die Staatsbürgerin, -nen	citizen	le citoyen, la citoyenne	ciudadano, -a	гражданин, гражданка
die Staffelmiete, -n	rent which gradually increases	l'augmentation progressive du loyer convenue dans le bail	alquiler progresivo / escalonado	дифференцированная квартирная плата
stammen von	to come from	être de	provenir de, proceder de	принадлежать кому-л.

Deutsch	Englisch	Französisch	Spanisch	Russisch
der Stammkunde, -n, die Stammkundin, -nen	regular customer	le client fidèle, la cliente fidèle	cliente, -a fijo, -a / habitual	постоянный покупатель, постоянная покупательница
der Standort, -e	site, venue	le lieu; le site	emplazamiento	место расположения
die Stellenanzeige, -n	job advertisement	l'offre d'emploi	anuncio de oferta de empleo	объявление о найме на работу
die Stellungnahme, -n	reaction, statement	la (prise de) position	parecer, comentario	отзыв
die Steuererklärung, -en	tax return	la déclaration d'impôt(s)	declaración de la renta	налоговая декларация
steuerfrei	tax free	hors taxes, exempt de taxes	libre de impuestos	не облагаемый налогом
stornieren	to cancel	annuler	anular	аннулировать
die Stornierung, -en	cancellation	l'annulation	anulación, cancelación	аннулирование
das Straßenverkehrsamt, -ämter	driving license office	≈ le service des Mines	oficina / jefatura de tráfico	ведомство уличного движения
strittig	controversial	*(point)* litigieux	disputable, cuestionable	спорный
die Stückkosten *(immer Plural)*	unit costs	les coûts unitaires	coste por unidad	издержки в расчёте на единицу продукции
die Stückzahl, -en	number, amount	le nombre de pièces	número de piezas	количество изделий в штуках
die Subvention, -en	subsidy	la subvention	subvención	дотация; пособие

T

Deutsch	Englisch	Französisch	Spanisch	Russisch
die Tagung, -en	conference	le congrès	congreso, simposio	заседание
der Tarif, -e	costs, charges; *(insurance)* payments	le tarif	tarifa	тариф
teamorientiert	team-oriented	orienté vers l'équipe	orientado al trabajo en equipo	ориентированный на совместную работу в коллективе
die Teilhaberschaft, -en	commercial partnership	l'association en participation	participación	участие (в прибылях)
die Teilkasko-Versicherung, -en	third party, fire and theft insurance	l'assurance au tiers collision	seguro contra robo, incendio y daños causados por fuerza mayor	частичное страхование каско

die Teilzahlung, -en	part payment	le paiement échelonné	pago a plazos	уплата в рассрочку
telefonieren	to phone, call; be on the phone	téléphoner	llamar por teléfono	разговаривать / говорить по телефону, (по)звонить
telefonisch	on the phone	par téléphone	telefónico	телефонный / по телефону
der Termin, -e	appointment, meeting	le rendez-vous	cita, fecha	срок, дата; встреча
der Termindruck	pressure of appointments	la pression due aux dates fixes	agobio de tiempo	штурмовщина
termingerecht	on time, punctual	dans les délais	en el plazo fijado, en la fecha prevista	своевременный
der Tippfehler, -	typing error	la faute de frappe	errata, error de tecleo	опечатка
zu Tisch sein	to be eating, be at lunch	être parti déjeuner	estar almorzando / en el almuerzo	обедать
der Trainer, -, die Trainerin, -nen	trainer	l'entraîneur, l'entraîneuse	instructor(a)	тренер

U

die Übereinstimmung, -en	agreement	l'accord	conformidad, consenso	соответствие
überfällig	overdue	en retard	vencido	просроченный
die Übergabe, -n	handing over	la remise	entrega	передача
übermitteln	to convey	transmettre	transmitir, comunicar	передать
die Übernachtung, -en	overnight stay	la nuit	pernoctación	ночёвка
die Übernahme, -n	take-over	la reprise	compra, adquisición	приёмка
übersichtlich	clear, orderly	clair	claro	легко обозримый, ясный
die Überweisung, -en	money transfer	le virement	giro, transferencia	перевод (денег)
der Überweisungsträger, -	bank money transfer form	le formule de virement	formulario para transferencias	субъект платёжного поручения
umfassen	to consist of	comprendre	comprender, abarcar	содержать в себе
umfassend	extensive	complet	amplio	обширный, всеобъемлющий

Deutsch	Englisch	Französisch	Spanisch	Russisch
umfirmieren	*(company)* to change the name	changer de raison sociale	cambiar de nombre	переименовать фирму
umgehend	immediately	prompt, dans les plus brefs délais	inmediato; de inmediato	срочный, незамедлительный
umstritten	controversial	controversé	controvertido, discutido	спорный
umstrukturieren	to restructure	restructurer	reestructurar	переструктурировать
der Umzug, Umzüge	move	le déménagement	mudanza	переезд
die Unachtsamkeit, -en	error, inattentiveness	l'inattention	falta de atención, descuido	невнимательность; небрежность
die Unannehmlichkeit, -en	inconvenience	le désagrément	molestia	неприятность
unaufschiebbar	urgent	impossible à différer	inaplazable	неотложный, безотлагательный
unberührt bleiben (von)	to remain untouched (by)	rester non touché (par)	no ser / verse afectado (por)	остаться незатронутым (чем-л.)
unfallfrei	free of accidents	sans accident	libre de accidentes	без аварий
die Unregelmäßigkeit, -en	irregularity	l'anomalie	irregularidad	нерегулярность
die Unstimmigkeit, -en	difference, discrepancy	le désaccord	inexactitud, imprecisión	несоответствие
unterbreiten	*(offer, suggestion)* to submit	*(offre, proposition)* soumettre	*(oferta, propuesta)* presentar, hacer	внести (предложение)
die Unterlage, -n	document	la documentation, le dossier	documentos, documentación	документ
das Unternehmen, -	company, concern	l'entreprise	empresa	предприятие
die Unternehmens-philosophie, -n	company philosophy	la philosophie d'entreprise	filosofía de empresa	философия предприятия
unterschreiben	to sign	signer	firmar	подписать
unterschriftsreif	ready to be signed	prêt à être signé	listo para firmar	готовый для подписания
unterzeichnen	to sign	signer	firmar	подписать
unumgänglich	unavoidable	inéluctable	indispensable, imprescindible	необходимо

unverbindlich	free of obligation	sans engagement	sin compromiso	ни к чему не обязывющий; необязатнльный
unverzüglich	immediately	immédiatement	en el acto, sin dilación	немедленно, безотлагательно
unvorhergesehen	unforeseen	imprévu	inesperado, imprevisto	непредусмотренный
der User, –	user	l'utilisateur	usuario	пользователь

V

veranlassen	to arrange (for)	faire le nécessaire pour	disponer, ordenar	распорядиться
verbinden	to connect	mettre en communication	comunicar	соединить, соединять
verbindlich	binding	ferme	vinculante, obligatorio	имеющий обязательную силу; обязывающий
die Verbindung, -en	connection	la communication	la comunicación	связь
sich mit jdm in Verbindung setzen	to get in touch with someone	prendre contact avec qn	ponerse en contacto con alguien	войти / вступить в контакт с кем-либо
verbleiben	to remain	≈ Je vous prie de croire, Monsieur, ...	quedar	пребывать, оставаться
die Verdienstbescheinigung, -en	certificate of earnings	le bulletin de salaire	certificado de ingresos	справка о доходах
vereinbaren	to agree	convenir de	acordar, concertar	договориться
vereinheitlichen	to standardize	uniformiser	uniformar, estandarizar	унифицировать
verfügen über	to have	disposer de	disponer de, tener	располагать чем-л.
zur Verfügung stehen	to be available to	être à la disposition (de)	estar a disposición	быть в распоряжении
zur Verfügung stellen	to make available	mettre à la disposition (de)	poner a disposición	предоставить в распоряжение
vergeben	*(job)* to award; *(room)* to give	*(poste, chambre)* attribuer	*(empleo, habitación)* adjudicar, dar	разместить (заказ); отдать (должность, комнату)
die Stelle ist bereits vergeben	the position is no longer vacant	le poste est déjà attribué	el puesto ya se ha adjudi-cado / está ocupado	(эта) должность уже занята
vergleichbar	comparable	comparable	comparable	сравнимый, сопоставимый

Deutsch	Englisch	Französisch	Spanisch	Russisch
die Verhandlung, -en	negotiation	la négociation	negociación	переговоры
verhindert sein	to be unavailable	avoir un empêchement	estar / hallarse imposibilitado	быть лишённым возможности
verkaufsfördernd	promotional	promotionnel	que promueve las ventas, de promoción de ventas	способствующий сбыту
der Verkehrsverbund, -verbünde	integrated transport system	la société des transports en commun	asociación de empresas de transporte público	объединение транспортных предприятий
die Verpflichtung, -en	obligation	l'engagement	obligación, compromiso	обязательство
verrechnen	to set off against, trade off	*(acompte)* déduire	compensar	рассчитаться
der Versand	dispatch	l'expédition	envío, expedición	отправка
die Versandkosten *(immer Plural)*	conveyance (or shipping) costs	les frais d'expédition	gastos de envío	издержки по отправке
versäumen	to neglect, omit	omettre	no observar	пропустить; упустить
verschieben	to postpone	ajourner, déplacer, reporter	aplazar	отложить, отсрочить
die Verschiffung, -en	shipping	le transport par voie maritime	embarque	перевозка морем, водным путём
verschulden	to owe	être responsable de	causar	задолжать
das Versehen, -	mistake	l'omission, l'oubli	error, descuido	ошибка, недосмотр
der Versicherer, -	insurer	l'assureur	asegurador, compañía aseguradora	страховщик
die Versicherung, -en	insurance	l'assurance	seguro; compañía de seguros	страхование
der Versicherungsschein, -e	insurance certificate	la police d'assurance	certificado de seguro	страховой полис
das Verständnis	understanding, sympathy; knowledge	la compréhension	comprensión	понимание
die Vertiefung, -en	deepening, extension	l'approfondissement	profundización, ahondamiento	углубление
der Vertrag, Verträge	contract	le contrat, l'accord	contrato	договор, контракт
die Vertragsdauer	life of a contract	la durée du contrat	duración del contrato	срок действия договора

der Vertreter, -, die Vertreterin, -nen	representative	le représentant, la représentante	representante	представитель, представительница
der Vertretervertrag, -verträge	representative's contract	le contrat de représentation (commerciale)	contrato de representación	договор на представительство
vervollkommnen	to perfect	perfectionner	perfeccionar	усовершенствовать
sich verwählen	to dial the wrong number	se tromper de numéro	equivocarse de número, marcar mal	неправильно набрать номер
verweisen an	to refer to	renvoyer à	remitir a	отослать к кому-л.
verweisen auf	to refer to	renvoyer à	remitir / referirse a	указать на что-л.
die Verzögerung, -en	delay	le retard	retraso, demora	затягивание
die Verzollung	payment of duty	le dédouanement	trámites aduaneros	уплата пошлины
die Verzugszinsen *(immer Plural)*	interest payable on arrears	les intérêts moratoires	intereses de demora / mora	пеня за просрочку платежа
die Vollmacht, -en	power of attorney	la procuration	autorización, plenos poderes	полномочие
die Vollstreckung, -en	enforcement	l'exécution	ejecución, apremio	приведение в исполнение
die Vorabüberprüfung, -en	pre-inspection	la vérification préalable	examen previo, revisión previa	предварительный контроль
im Voraus	in advance	à l'avance, d'avance	de antemano, previamente	заранее
vorausbezahlen	to make an advance payment	payer d'avance	pagar por adelantado	заплатить вперёд
voraussichtlich	provisional(ly)	prévu, probable(ment)	previsto; probablemente	предполагаемый
die Vorauszahlung, -en	down payment, advance payment	le paiement anticipé	pago anticipado / por adelantado	оплата вперёд
der Vorbehalt, -e	reservation, exemption	la réserve	reserva, restricción	оговорка
der (amtliche) Vordruck, -e	(official) form	l'imprimé	formulario / impreso (oficial)	бланк, формуляр
die Vorgabe, -n	instructions	les prescriptions	especificación	поставленная цель
der Vorgänger, -, die Vorgängerin, -nen	predecessor	le prédécesseur	predecesor(a), antecesor(a)	предшественник, предшественница

Deutsch	Englisch	Französisch	Spanisch	Russisch
die Vorgehensweise, -n	way of proceeding	le procédé	procedimiento, modo de proceder	образ действий
die Vorlage, (-n)	model; presentation	le modèle; *(le fait de présenter)* la présentation	modelo; presentación	представление (документа); проект, предложение
vormerken	to note, plan	enregistrer; noter; réserver, retenir	reservar; anotar	записывать
vorrätig	in stock	disponible, en magasin	disponible; en almacén	имеющийся (в запасе)
der Vorstand, Vorstände	Executive Committee	le comité directeur, le directoire	(junta) directiva	правление
der Vorstandssprecher, -, die Vorstandssprecherin, -nen	Spokesman / Spokeswoman for the Board	le porte-parole du directoire	portavoz de la junta directiva	представитель правления, представительница правления
der / die Vorstands-vorsitzende, -n	Chairman / Chairwoman of the Board	le président / la présidente du comité directeur	presidente, -a de la junta directiva	председатель / председательница правления
das Vorstellungsgespräch, -e	job interview	l'entretien d'embauche	entrevista de trabajo	собеседование
der Vorstellungstermin, -e	appointment for a job inter-view	la date de l'entretien d'embauche	fecha para un encuentro	срок для собеседования
vorübergehend	temporary; temporarily	momentané; momentanément	transitorio; provisionalmente	временный
der Vorzug, Vorzüge	preference	l'avantage	prioridad, preferencia	предпочтение
W				
das Wachstum	growth	la croissance	crecimiento	рост, развитие
wahrnehmen	to accept	*(rendez-vous)* se rendre à	acudir, asistir	соблюсти
die Ware, -n	good(s), merchandise	la marchandise	artículo, mercancía	товар
die Wareneingangskontrolle, -n	checking of incoming goods	le contrôle des arrivages	control de entradas	контроль поступления товаров
die Wartung, -en	maintenance	la maintenance	mantenimiento	техническое обслуживание

der Wartungsingenieur, -e, die Wartungsingenieurin, -nen	maintenance engineer	l'ingénieur de maintenance	ingeniero, -a de manteni-miento	инженер по техобслуживанию
die Webseite, -n	web page	la page Web	página web	страница вебсайта
die Website, -s	website	le site Web	sitio web	вебсайт
der Wechsel, –	bill of exchange	la lettre de change, la traite	letra de cambio, efecto bancario	смена, перемена
der Wechselkurs, -e	exchange rate	le taux de change	tipo de cambio	валютный курс
die Wechselkurskosten *(immer Plural)*	commission on money exchange	les frais de taux de change	comisión de cambio	издержки при обмене валюты
die Wechselschicht, -en	alternating shifts	l'équipe alternante	turno rotatorio	посменная работа
sich weiterbilden	to educate oneself	compléter sa formation	ampliar los conocimientos, hacer un curso de perfeccio-namiento	повышать свою квалификацию
die Weiterbildung, -en	adult education	la formation continue	cursos de perfeccionamiento	повышение квалификации
weiterhelfen	to help, be of assistance	aider	ayudar	помочь в чём-либо
weiterleiten	to forward	faire parvenir	reenviar	передавать дальше
weiterverbinden	to pass someone onto	passer qn	comunicar	соединить, соединять
weitervermitteln	to give	passer qn	volver a poner línea / con-mutar	соединить, соединять
das Werk, -e	factory; *(of an artist)* work	l'usine; *(d'un artiste)* l'œuvre	fábrica; *(de un artista)* obra	завод, предприятие; произведения
ab Werk	ex works	départ usine	en / ex fábrica	с завода (о поставке)
der Wettbewerber, –	competitor	le concurrent	concursante, competidor	конкурент
der Widerspruch, -sprüche	protest	la contradiction	contradicción	противоречие
Widerspruch einlegen	to protest	faire opposition	interponer recurso	заявить протест
auf Wiederhören	Goodbye	au revoir	¡adíos! ¡hasta luego!	до свидания, всего хорошего

Deutsch	Englisch	Französisch	Spanisch	Russisch
Z				
zahlbar	payable	payable	pagadero, abonable	подлежащий оплате
zahlbar rein netto	payable at net value	payable seulement net	abonable en neto	подлежащий уплате нетто
der Zahlungsaufschub, -aufschübe	moratorium	le report d'échéance	moratoria	отсрочка платежа
die Zahlungsbedingung, -en	condition(s) of payment	la condition de paiement	condiciones de pago	условие платежа
die Zahlungserinnerung, -en	payment reminder	la lettre de rappel	recordatorio de pago	напоминание о платеже
die Zahlungsmodalität, -en *(meist Plural)*	arrangements for payment	la modalité de paiement	modalidad de pago	способ платежа
die Zahlungsunfähigkeit	insolvency	l'insolvabilité	insolvencia	неплатёжеспособность
das Zahlungsziel, -e	credit period	l'échéance	plazo de pago	срок платежа
der Zins, -en	interest	l'intérêt	interés	(ссудный) процент
das Zinsniveau, -s	interest rate	le niveau d'intérêt	nivel de los tipos de interés	уровень поцента
zippen	*(data file)* to zip	*(données)* comprimer	*(fichero)* comprimir	передвигать файл мышью
der Zoll	customs	la douane	aduana	пошлина
zufrieden stellend	satisfactory	satisfaisant	satisfactorio	удовлетворительный
der Zugang, Zugänge	access; *(of written material)* arrival	l'accès	acceso, entrada	доступ
die Zugangsdaten *(immer Plural)*	access data	les données d'accès	datos de entrada	данные, обеспечивающме доступ
zukommen lassen	to have delivered	faire parvenir	hacer llegar	доставить
zulasten (von)	at ... cost	à la charge de	a cargo de	за счёт кого-л.
der Zulieferer, –	supplier	le sous-traitant	proveedor, suministrador	субпоставщик

zurückrufen	*GB* to ring, call someone back, *GB* to ring someone back	rappeler	volver a llamar	перезвонить
die Zusage, -n	consent	l'engagement	confirmación	согласие; обещание
zusagen	to accept	répondre positivement	aceptar una invitación	согласиться; пообещать
zusätzlich	additional(ly)	supplémentaire; de plus, en plus	adicional, suplementario;	дополнительный
zuschicken	to send to	envoyer	enviar, mandar	прислать
die Zuschrift, -en	reply	la lettre	carta	ответ (на объявление)
der Zuschuss, Zuschüsse	contribution	l'aide financière	ayuda financiera, subvención	приплата; дотация
zusenden	to send to	envoyer	enviar, mandar	прислать
die Zusendung, -en	sending, conveyance	l'envoi	envío	доставка
zustande kommen	to come about	avoir lieu	llevarse a cabo	осуществиться, состояться
zustellen	to deliver	distribuer	enviar, remitir; entregar	доставить
zutreffen	to be relevant	être juste	ser correcto / verdad	соответствовать действительности
zuzüglich	excluding	en sus	más, a lo que se suma	включая, включительно
die Zweigstelle, -n	branch	la filiale	sucursal, filial	филиал
der Zwischenbescheid, -e	provisional notification	la réponse provisoire	notificación provisional	предварительное решение
Zwischenverkauf vorbehalten	subject to prior sale	vente intermédiaire réservée	salvo venta	с правом продажи третьим лицам

Stichwortverzeichnis

A

B

M

N

O

P

R

S

T

U

V

W

Z

Kleiner Spickzettel für Telefongespräche

Sie möchten jemanden anrufen

Name und Firma nennen
Guten Tag, hier ist Dieter Maier aus München / von der Firma ...

Sich entschuldigen
Entschuldigen Sie bitte die (späte) Störung.
Entschuldigung, ich muss mich verwählt haben.

Den gewünschten Gesprächspartner verlangen
Ich möchte gern mit Herrn / Frau ... sprechen.
Ich würde gern mit jemandem vom Marketing / der Personalabteilung / der Buchhaltung / vom Kundenservice ... sprechen.

Den Grund des Anrufs nennen
Es geht um ...

Zuständigkeiten erfragen
Ich hätte gern mit jemandem gesprochen, der mir etwas über ... sagen kann.

Um Hilfe bitten
Können Sie mir da vielleicht weiterhelfen?

Um einen Termin bitten
Ich hätte gern einen Termin bei Herrn / Frau .... (Es ist sehr dringend.)

Erreichbarkeit erfragen
Wissen Sie vielleicht, wann er / sie wieder zu sprechen ist?

Eine Nachricht hinterlassen
Würden Sie Herrn / Frau ... bitte sagen, dass er / sie mich zurückrufen möchte?

Später nochmals anrufen
Ich rufe später noch einmal an.

Verständnis sichern
Tut mir leid, ich habe das nicht verstanden.
Könnten Sie das bitte noch mal wiederholen?

Zum Ende kommen
Ja, das war's auch schon.
Vielen Dank (für Ihre Hilfe).

Sich verabschieden
Auf Wiederhören.

Sie werden angerufen

Sich melden: Firma, Name, Gruß
Firma ..., (Abteilung ...,) mein Name ist Anja Müller, guten Tag.

Rückfragen stellen
Darf ich fragen, worum es geht?

Nach dem Namen fragen
Wie war noch mal Ihr Name bitte?

Den Anrufer weiterverbinden
Einen Moment, ich verbinde, bleiben Sie bitte am Apparat ...

Die gewünschte Nummer ist besetzt
Hören Sie? Tut mir leid, Herr / Frau ... spricht gerade.

Der gewünschte Gesprächs partner ist nicht erreichbar
Tut mir leid, Herr / Frau ... ist gerade in einer Besprechung / ist heute nicht im Haus / ist erst wieder ab dem ... im Haus.

Der gewünschte Gesprächspartner hat keine Zeit
Das ist gerade sehr ungünstig.

Hilfe anbieten
Kann ich Ihnen (vielleicht) weiterhelfen?

Eine Nachricht aufnehmen
Kann ich Herrn / Frau ... etwas ausrichten?

Wieder anrufen lassen
Können Sie vielleicht morgen / später / um ... Uhr nochmals anrufen?
Ich kann Ihnen gern die Durchwahl von Herrn / Frau ... geben. Sie lautet ...

Einen Rückruf anbieten
Kann Herr / Frau ... Sie zurückrufen?
Wie kann er / sie Sie am besten erreichen?
Hat er / sie Ihre Telefonnummer?

Einen Termin anbieten
Geht es bei Ihnen am Freitag um 15 Uhr 30?

Das Gespräch beenden
Vielen Dank für Ihren Anruf. Auf Wiederhören.